KB268133

약함으로부터의
선교

MISSION
FROM A POSITION
OF WEAKNESS

일러두기

◦ 이 책에 인용한 성경 구문들은 개역개정 성경에 따라 표기하였으며, 일
　부 문맥의 흐름에 맞춰 토씨를 변형하기도 하였다.
◦ 각 장에서 주로 다루는 성경의 인용은 첫 인용에서만 출처를 표기하고
　나머지는 생략하였다.

약함으로부터의 선교

지은이 | 정용갑
초판 발행 | 2026. 2. 25.
등록번호 | 제1988-000080호
등록된 곳 | 서울특별시 용산구 서빙고로65길 38 두란노빌딩
발행처 | 사단법인 두란노서원
영업부 | 02)2078-3333　FAX | 080-749-3705
출판부 | 02)2078-3331

책값은 뒤표지에 있습니다.
ISBN 978-89-531-5254-0　03230

독자의 의견을 기다립니다.
tpress@duranno.com　www.duranno.com

이 책은 2009년에 출간된 《약함으로부터의 선교》의 개정증보판입니다.

두란노서원은 바울 사도가 3차 전도여행 때 에베소에서 성령 받은 제자들을 따로 세워 하나님의 말씀으로 양육하
던 장소입니다. 사도행전 19장 8-20절의 정신에 따라 첫째 목회자를 돕는 사역과 평신도를 훈련시키는 사역, 둘째
세계선교(TIM)와 문서선교(단행본·잡지) 사역, 셋째 예수문화 및 경배와 찬양 사역, 그리고 가정·상담 사역 등을
감당하고 있습니다. 1980년 12월 22일에 창립된 두란노서원은 주님 오실 때까지 이 사역들을 계속할 것입니다.

약함으로부터의

선교

MISSION FROM A POSITION OF WEAKNESS

두란노

목차

3장 바울 신학에 나타난 약함으로부터의 선교 104

고린도전서에 나타난 약함을 통한 능력

십자가에 달린 메시아

고린도 신자들

5장 선별된 선교학 도서에 나타난 약함으로부터의 선교 178

추천사 1

· 다음의 추천사는 초판본(2008년)에 수록된 글입니다.

한국전쟁 이후 지난 반세기를 돌아볼 때 우리 민족은 사회 전반에서 커다란 성장의 축복을 누려 왔다. 특히 이 성장의 이면에 함께해 온 한국교회의 성장은 전 세계를 주목하게 만들었고 한국교회의 아름다운 전통과 한국형 교회 성장 원리는 새로운 영향력이 되어 전 세계 많은 교회의 모델이요, 도전이 되었다. 무엇보다도 한국이 세계 제2의 선교사 파송 국가로 발돋움한 것은 한국교회 사역의 큰 열매라고 볼 수 있으며 매우 감사한 일이다. 전쟁으로 폐허가 되었던 동방의 한 작은 나라에서 불과 반세기만에 수많은 선교사를 파송한 기적과 같은 일을 주님은 우리를 통해 이루신 것이다.

이제 한국교회는 21세기에 주님의 지상명령 성취를 이루는 최선두에 서서 세계 선교를 이끄는 막중한 책임을 부여받고 있다. 그러나 한국교회는 그 책임을 제대로 감당하기 위해 파송의 초기 단계인 지난 과거와는 다른 한국 선교의 역할에 대한 관점과 동기 그리고 태도와 전략을 새로이 정비해야 할 중요한 시점에 와 있다. 지난 선교의 발자취를 돌아보면 많은 미숙함이 함께

했던 것도 사실이기 때문이다. 하나님의 나라를 위해서라기보다는 우리 자신이나 교회를 위해서, 하나님의 성령에 의해서가 아니라 인간의 힘으로, 하나님의 나라보다는 세상의 강함을 추구하는 부끄러운 우를 많이 범하기도 했다.

성장은 때로 예기치 않은 혼란의 요소들을 수반하기도 하고 불가피한 변화를 요구하기도 한다. 이러한 시점에서 본서는 우리로 하여금 '약함으로부터의 선교'라는 주제와 함께 한국교회와 선교가 계속 성장하기 위해 반드시 잊지 말아야 할 기본과 뿌리가 무엇인지를 절실하게 질문하고 있다. '약함으로부터의 선교'는 예수 그리스도의 십자가상에서의 죽음과 부활에 근거를 두고 있다. "하나님의 미련한 것이 사람보다 지혜 있고 하나님의 약한 것이 사람보다 강하니라(고전 1:25, 개역한글)."

21세기에 한국교회와 선교가 새롭게 재도약하기 위해서는 반드시 이 '약함'의 원리로부터 모든 것을 재조명해 보아야 할 것이다. 이 약함은 하나님 때문에 겸손해지고 섬기는 것으로서 이 것이 사실상 천국적 의미로는 강한 것임을 의미한다. 본서는 새로운 선교적 사명과 역할 앞에 고민하고 있는 한국교회의 지도자들과 선교사 그리고 평신도들 모두에게 중요한 지침이 될 것이라 확신한다.

김준곤
한국대학생선교회(CCC) 총재

가장 저항하기 어려운 유혹 중 하나는 신성한 목적을 달성하기 위해 세상의 힘을 사용하려는 충동입니다. 예수님은 자신의 사명을 완수하는 지름길로 권력을 사용하라는 사탄의 유혹을 받았을 때 이 점을 이해하셨습니다. 그는 저항했고, 그의 추종자인 우리도 저항해야 합니다. 하나님의 강함은 언제나 약함 가운데서 '온전하게' 되어 왔으며 앞으로도 항상 그러할 것입니다.

예수님은 제트기를 타지 않으셨습니다. 그는 시속 3마일의 속도로 걸었습니다. 예수님은 전쟁을 통해 적들을 제거하지 않으셨습니다. 그는 그들의 잔인함에 자신을 내어 맡기고 자신의 목숨을 바쳤습니다. 바울은 가장 인상적인 결과를 얻기 위해 최신 전략을 사용하는 승리주의적인 선교사가 아니었습니다. 그는 자신의 손으로 생계를 꾸렸고, 놀라울 정도로 불편한 삶을 살았으며, 감옥에서 수년을 보냈고, 결국 처형당했습니다.

예수님과 바울은 세상을 뒤집어 놓았습니다. 하나님의 세상에서 하나님의 일은 반드시 하나님의 방식으로 이루어져야 함을 일깨워 준 저자에게 감사합니다. "(그리스도 예수께서) 오히려 자기를 비워 종의 형체를 가지사…"(빌 2:7).

조나단 J. 봉크
해외사역연구센터(OMSC) 대표

처음 3세기의 기독교 선교는 약한 자가 강한 자에게로 가는 방식 즉 약한 자로부터의 선교로 전파되었습니다. 이 책은 심지어 기독교공국(Christendom)의 상황에서도 약함으로부터의 선교가 어떻게 항상 성령의 가장 효과적인 도구가 되었는지를 보여 줍니다. 저자는 오늘날 세계화된 식민지 시대 이후의 세계에서 선교에 대한 중요한 통찰을 우리에게 주었습니다. 이 책을 주의 깊게 읽고 중요한 교훈을 배우십시오.

폴 E. 피어슨
풀러신학교 세계선교대학원 전 대학원장

지난 반세기 동안 기독교 교회와 선교단체들은 선교 활동이 주로 가진 자들이 갖지 못한 자들에게 자선을 보이는 사역을 포함한다는 가정을 점점 더 키워 온 것 같습니다. '강한 것에서 약한 것으로: 현명한 사람으로부터 무식한 사람에게로, 강한 위치에서의 선교'. 그러나 성경과 선교 역사는 우리에게 다른 그림을 제시합니다. 이 책은 예수님의 사역, 바울의 선교 가르침 그리고 선교 역사 전반에 걸쳐서 보여 주듯이, 하나님은 강한 사람, 교육받은 사람, 힘이 있는 사람들을 복음화하기 위해서 약한 사람들, 가난한 사람들, 박해받는 사람들, 교육받지 못한 사람들을 자주 사용하셨음을 명백히 보여 주고 있습니다. 내가 아는 그 어떤 책보다도 이 책은 우리에게 약함의 위치로부터 하나님의 선교에 참여하도록 요구하고 있습니다.

찰스 밴 엥겐
풀러신학교 세계선교대학원
아서 글래서(Arthur Glasser) 선교신학 교수,
라틴 아메리카 기독교 사역(LACM) 창립자 겸 CEO

추천사 2

· 다음의 추천사는 개정판(2026년)에 새롭게 수록된 글입니다.

저자인 정용갑 교수는 풀러신학교에서 '약함으로부터의 선교'라는 과목을 가르치며 수많은 선교사와 신학생들에게 깊은 울림을 준 학자입니다. 이 책에는 7년이라는 긴 시간 동안 강의실에서 치열하게 고민하고 다듬어 온 신학적 고민과 목회적 통찰이 고스란히 담겨 있습니다.

저자는 복음의 참된 능력이 우리의 화려한 성공이나 강함이 아니라, 오히려 하나님 앞에 드러난 '약함'을 통해 흘러간다는 역설적인 진리를 분명하게 보여 줍니다. 선교를 향한 열정을 가진 한국교회 목회자들과 성도들에게 이 책은 그 방향을 잃지 않게 해주는 소중한 나침반이 될 것입니다.

자신의 힘을 내려놓고 하나님의 능력을 더욱 깊이 신뢰하고자 하는 모든 분들께 이 책을 기쁜 마음으로 추천합니다.

이찬수
분당우리교회 담임목사

나는 원고를 읽으며 생각했다. '이 책을 나의 선교에 대한 평생의 지침서로 삼아야겠다.'

첫 장부터 마지막 장까지 이렇게 푹 빠져 읽어 본 원고가 오랜만이다. 아프고 깊고 묵직하다. 이 책은 말씀과 신학 그리고 세계 선교사 속에서 선교단체나 교회의 우월주의, 승리주의적 선교를 바르게 교정해 준다. 그리고 선교사들이 약함을 통해 겸손을 배우며, 그들이 사역하는 선교지는 교만과 야망이 지배하지 않는 건강한 사역지가 되기를 촉구한다.

저자인 정용갑 교수는 무엇보다 수용성과 개방성이 가득한 어린아이 같은 믿음의 사람들을 통해, 세계 선교 역사를 이끌어 가시는 하나님의 위대하심을 찬양한다. 모든 크리스천에게 이 책을 강력히 추천한다.

김형민

빛의자녀교회 담임목사,

햇불트리니티신학대학원대학교 이사

선교학자 데이비드 보쉬는 선교를 교회가 섬기는 자의 형상으로 경계선을 넘는 것이라고 정의했습니다(Mission is the Church crossing frontiers in the form of a servant). 이것은 성육신의 역사를 통해 낮음 가운데 우리에게 오신 예수 그리스도의 선교 사역을 압축하는 내용이라고 봅니다. 그런데 한편, 기독교 선교는 대부분 가진 자의 입장에서, 강한 자의 입장에서 이루어져 왔습니다. 이 저서는 우리에게 다시 한번 복음과 선교의 본질을 상기시키는 귀한 선교의 지침서입니다. 저자는 성경적, 교회사적, 신학적인 분석과 함께 한국의 선교 역사를 통해 약함으로부터의 선교를 우리에게 설득력 있게 보여 주고 있습니다. 한국교회는 초창기 권서인들과 여성 전도인들을 통해서 복음이 전파되고 교회 공동체가 형성되었습니다. 또한 일제 강점기의 지극히 가난하고 약함 가운데서도 열정을 가지고 모금해 산동으로 선교사를 파송한 귀한 선교의 본을 보여 주었습니다. 이 책이 강조하는 약함으로부터의 선교를 통해 우리의 사역을 돌아보고 또 한국교회의 선교를 재조명하는 귀한 계기가 되기를 바라며 모든 교인에게 이 책을 적극 추천합니다.

김창환
풀러신학교 로버트 와일리 공공신학 교수

영광 가운데 계신 예수께서는 지금도 십자가의 상처를 지니고 계신다.《약함으로부터의 선교》는 고난받는 종이요 동시에 통치하시는 주님이신 그리스도를 겸손히 따르도록 오늘의 기독교 선교에 던지는 시의적절한 도전이다. 정치적·경제적 권력과의 결탁은 선교의 '성공'을 빠르게 이루어 주는 것처럼 보일 수 있으나, 권력과 복음이 뒤섞이는 순간 그리스도의 구원 메시지와 겸손한 섬김의 복음은 필연적으로 왜곡되고 부패된다.

선교에 대한 모범적인 열정을 지닌 한국교회 성도들을 포함하여, 오늘의 모든 그리스도인은 성경과 역사 그리고 개인적 경험에서 길어 올린 저자의 설득력 있는 호소를 그 어느 때보다 절실히 필요로 하고 있다.

넬슨 제닝스

그리스도의 선교를 섬기는 네트워커이자 교수(커버넌트신학교),
《Global Missiology》편집자, Dictionary of Christianity in Asia(DCBA, 아시아 기독교 인물사 사전) 코디네이터, KGMLF(한국 세계선교지도자포럼) 회장

정용갑 목사는 이 책에서 누가 - 사도행전에 기초한 선교 이해, 바울 신학, 선교사들의 삶의 이야기로 풀어낸 선교 역사 그리고 선교 역사학자와 신학자들의 저술을 아우르며 선교에 대한 폭넓고도 깊이 있는 조망을 제시한다. 내가 최근에 집필한《타문화권에서의 팀워크(Teamwork Cross-culturally, 2022)》를 쓰는 과정에서, 정 목사의 통찰은 '약함의 자리에서 이루어지는 선교'라는 바울의 강조를 다시금 깊이 성찰하도록 이끌었다. 바울은 고린도 교회에 보낸 서신들에서 "우리는 십자가에 못 박힌 그리스도를 전하니 유대인에게는 거리끼는 것이요 이방인에게는 미련한 것이로되"(고전 1:23)라고 선언한다. 또 그는 "내가 너희 가운데 거할 때에 약하고 두려워하고 심히 떨었노라"(고전 2:3) 하면서 "내가 부득불 자랑할진대 내가 약한 것을 자랑하리라"(고후 11:30)라고 고백한다.

저자는, '그리스도께서 약함 가운데 십자가에 못 박히셨으나 하나님의 능력으로 살아 계신 것처럼, 우리 또한 그 안에서 약하나 하나님의 능력으로 말미암아 그와 함께 살게 된다'는 바울의 통찰을 힘 있게 풀어낸다. 따라서 '약함으로부터의 선교'란 결코 능력의 부재가 아니라, 하나님의 능력에 전적으로 의탁하는 신앙과 사역의 방식이다. 하나님의 세계 선교에 진지하게 헌신하고자 하는 모든 이들에게 이 책을 기쁨으로 추천한다.

셔우드 링겐펠터
풀러신학교 원로교수, 전 부총장

개정판에 부쳐

《약함으로부터의 선교》개정판이 단순히 오탈자를 바로잡는 일에 머물지 않고, 그동안의 여러 오역까지 세심히 다듬어 새 옷을 입고, 수차례의 손질을 거쳐 신선한 모습과 정제된 언어를 가지고 세상에 나오게 된 것을 무엇보다 기쁘게 생각합니다. 더 나아가 이 책에 대한 귀한 소개와 후기 등이 보강되어, 개정판이 지니는 의미를 더욱 깊이 새기게 되니 그 기쁨이 배가됩니다.

저자는 부족한 사람이지만, 이 책이 다루는 주제만큼은 결코 가볍지 않고 지극히 중요한 것이라 믿어 왔기에, 이번 개정판의 출간을 오랫동안 간절히 기다려 왔습니다.

이 책이 목회자와 평신도를 가리지 않고, 주님의 교회에 속한 모든 성도들에게 널리 사랑받는 귀한 동반자가 되기를 간절히 소망합니다. 아울러 이 책이 이렇게 새롭고 단정한 모습으로 다시 태어나기까지 힘써 주신 두란노서원의 가족에게 깊이 감사드립니다. 끝으로, 이 책을 손에 드는 모든 분들 위에 하나님의 크신 은혜와 평강이 늘 함께하시기를 기도합니다.

2026년 정용갑

감사의 글

이 책은 풀러신학교에 제출했던 나의 박사학위 논문을 토대로 집필된 것이다. 논문 지도교수인 찰스 밴 엥겐(Charles Van Engen) 박사께서는 긍정적인 태도와 탁월한 통찰력으로 큰 도움을 주셨다. 그분의 지도와 격려 덕분에 나는 자유롭게 연구를 이어 갈 수 있었으며, 그 과정에서 학문적 자유 또한 깊이 누릴 수 있었다. 이 자리를 빌려 깊은 감사를 드린다.

박사 과정 동안 나는 선교학의 여러 분야를 공부하면서 폴 E. 피어슨(Paul E. Pierson) 박사, 윌버트 R. 쉥크(Willbert R. Shenk) 박사, 박기호(Timothy K. Park) 박사 그리고 딘 S. 길리랜드(Dean S. Gilliland) 박사로부터 배울 수 있는 기회를 얻었다. 그들의 탁월한 가르침과 지도는 '약함으로부터의 선교'라는 주제를 보다 폭넓고 명료하게 이해하는 데 큰 기여가 되었다.

아울러, 피터 랭(Peter Lang) 출판사의 하이디 번스(Heidi Burns) 박사와 리처드 앳킨스(Richard Atkins)에게도 깊은 감사를 드린다. 이 책이 출판되는 전 과정에서 보여 주신 세심한 배려와 친절은 참으로 귀한 도움이 되었다.

끝으로, 언제나 곁에서 격려와 용기를 주는 아내 남수와, 여러모로 힘이 되어 준 자녀들 사라와 요한에게 특별한 감사를 전한다. 특히 사라는 최종 원고 정리 과정에서 큰 도움을 주었다. 가족의 사랑과 헌신이 없었다면 이 책은 결코 세상에 나올 수 없었을 것이다.

서문 1

성서에 따르면 그리스도인의 정체성은 십자가와 예수 그리스도의 부활에 그 기원을 둔다. 기독교 세례(침례)는, 믿는 자가 예수 그리스도에 대한 믿음을 통해 '죄에 대하여 죽고' '부활하여 새로운 삶을 시작'한다는 사실을 의미한다. 예수님의 전 생애와 사역도 중요하지만, 하나님의 아들이요, 세상의 구원자이심을 증명하는 상징적인 사건은 십자가와 부활이다. 이는 기독교의 모든 제자훈련, 예배, 증인, 기독교 실천에 관한 반성의 출발점이 우리를 대신하시는 예수 그리스도를 통한 하나님의 확고한 행동이라는 견해에서 비롯된 주관으로 보인다. 이 기쁜 소식은 하나님 안에 거한 우리 삶의 근간이요, 세상에 대한 우리의 증인이기도 하다.

기독교 선교는 세상을 향해 하나님의 말씀과 뜻을 선포하고 증명하기 위한 모든 활동을 의미한다. 선교적 증거는 남자와 여자가 이 세상의 지배자와 권세로부터 돌아서서 하나님, 예수 그리스도의 사역을 통해 계시되고 모든 사람들에게 주어지는 구원을 바라보라는 부르심이다.

정용갑 박사는 그의 논문 〈약함으로부터의 선교(Mission from a Position of Weakness)〉를 통해 선교신학들이 고난과 자기희생은 도외시하면서 다른 이념과 주제들만 선호해 왔음을 증명해 보이고 있다. 현대 선교운동에 관한 중요한 비평의 관점으로서, 이는 매우 흥미로운 견해가 아닐 수 없다. 저자는 승리주의(triumphalism) 및 지배의 정신을 폭넓게 비평하였다.

4세기 기독교 국가가 형성되어 유럽 식민주의가 종말을 고한 20세기에 이르기까지, 서구 기독교는 정복의 관점에서 기독교 운동을 이해하려 했다. 1492년을 기점으로 유럽인들은 무역에 대한 관심을 다른 대륙들에까지 뻗기 시작했다. 이 운동은 유럽인들에 의해 영토를 확장하여 식민지를 건설하는 것으로 발전했다. 1792년경 현대 선교운동이 시작되면서 기독교 선교는 부와 영토를 추구하는 서구 정부의 정책들을 뒷받침하는 종교적 보완책으로 간주된 것으로 보인다. 최근에 발표된 진지한 학술 논문들에 의하면, 이미 비평가들의 주장이 있기는 하지만, 식민지 정부와 선교 사이의 관계가 가깝지도 않았고 또 원만하지도 않았던 것으로 보인다. 하지만 그들의 비판에는 진실이 담겨 있다. 모든 유럽인들은 17세기 계몽주의에 의한 서구 문화를 내세우며 우월한 태도로 일관했다.

기독교 선교가 서구 팽창주의와 연합한 결과는 지금도 여전하다. 기독교인들이 승리주의와 우월성을 거부하지 않았다는 점 때문에, 기독교 신앙은 무시와 비판을 받고 있다. 기독교의 메시지는 예수 그리스도 안에 속한 우리에게 향하신 하나님의 은혜로운 역사에 관한 것이다. 선교적 증인이 세속적 가치와 정신에 동화될 때마다, 선교적 증인은 타협을 하게 되고 그에 따라 기쁜 소식은 나쁜 소식으로 변질된다. 복음의 능력은 하나님이 그리스도를 통해 죄와 어둠의 권세를 풀어 주시는 것이다. 하지만 하나님은 사랑과 속죄하는 희생을 통해 실천하길 원하신다.

이 책은 우리에게 선교적 증거에 대해 재고할 것을 주문한다. 예수님의 삶과 사역은 처음부터 끝까지 약함의 자리에서 사명을 완수한다는 확고한 의지가 반영되어 있다. 성경은 메시아 예수님이 십자가와 부활로 입증되었음을 선포한다(빌 2:6-11). 예수님의 본보기와 가르침은 기준점이자, 모든 선교적 증거일 뿐 아니라, 선교신학을 위한 영구적 토대가 되어야 한다.

2007년 겨울

윌버트 R. 쉥크

풀러신학교 세계선교대학원 선교역사

및 현대문화사 교수

서문 2

선교사는 누군가의 심부름을 하러 보냄 받은 사람입니다. 그러한 메신저가 대사입니다. 대사의 임무는 다른 사람(예: 왕, 황제, 대통령)을 대신하여 다른 국가 원수나 권위 있는 사람에게 중요한 메시지를 전달하는 것입니다. 대사는 절대로 자신의 권위로 발언해서는 안 됩니다. 이는 기독교 선교사 또는 대사가 하나님께서 온 세상을 위해 그분의 백성에게 맡기신 메시지를 전달하는 사람이라는 것을 의미합니다. 사도 바울은 이것을 잘 이해했습니다. "그러므로 우리가 그리스도를 대신하여 사신이 되어 하나님이 우리를 통하여 너희를 권면하시는 것같이 그리스도를 대신하여 간청하노니 너희는 하나님과 화목하라"(고후 5:20).

그러나 바울은 인간의 본성을 이해했습니다. 겸손하게 생활하고 다른 사람의 권위에 복종하는 것은 우리에게 어려운 일입니다. 자신의 의지를 주장하고 이기적인 목표를 추구하는 것은 인간의 본성입니다. 빌립보서 1장에서 바울은 모든 제자가 경험하는 긴장과 씨름합니다. 한편으로는 예수 그리스도의 주권에 전적으로 헌신하는 삶을 살고, 다른 한편으로는 우리를 둘러싼

매일의 요구와 유혹에 맞서 싸운 것입니다(빌 1:18-30).

사도 바울은 마침내 자신의 주장을 다음과 같이 결론 내립니다. "너희 안에 이 마음을 품으라 곧 그리스도 예수의 마음이니"(빌 2:5). 이것은 무엇을 의미합니까? 이 시점에서 바울은 할 말을 잃은 것 같습니다. 그는 자신의 생각을 표현하기 위해 감동적인 노래를 부릅니다. 우리는 초대교회 신자들이 그들을 예수 그리스도의 '마음'과 열정으로 강력하게 끌어들이는 이 메시아적인 찬송을 불렀다는 것을 알고 있습니다.

바울이 예수 그리스도의 '마음'이라고 부른 것은 또한 그리스도와 같은 심리, 즉 사고방식과 행동 방식으로 이해될 수 있습니다. 예수께서는 "하나님과 동등됨을 취할 것으로 여기지 아니하시고 오히려 자기를 비워 종의 형체를 가지사… 죽기까지 복종하셨으니 곧 십자가에 죽으심이라"(빌 2:6-8).

정용갑 박사는 우리가 첫 번째 선교사이신 예수 그리스도께서 보여 주신 모델로 돌아오도록 부름으로써 중요한 봉사를 하고 있습니다. 이 그리스도 중심 모델은 세상에서의 증거에 대한 초대교회의 이해에 기초가 됩니다. 사도 바울에게는 선교를 해석하는 다른 방법이 없습니다. 진정한 선교는 예수 그리스도의 동정심과 구속적 사랑을 세상에 반사하는 거울과 같은 것입니다.

예수님의 길을 버리려는 유혹은 많습니다. 어떤 사람들은 선교의 '성공'의 열쇠가 열정이라고 주장합니다. 또 어떤 사람들은 자신의 '세계 복음화 계획'과 자신이 개발한 전략을 신뢰합니다. 세계 복음화를 이룰 수 있는 특별한 계시를 받았다고 주장하는 사람들이 있습니다. 그러한 사고방식은 우리가 살고 있는 세상을 반영합니다. 이러한 세상적인 관점은 우리가 전략적 계획, 정교한 기술, 열정을 불러일으키는 능력 그리고 남다른 영적인 힘과 통찰력에 대한 주장에 큰 확신을 갖도록 격려합니다. 이는 승리주의 정신을 전달하며, 이는 예수님의 사명과 모순됩니다.

그와 같은 부름과는 달리, 하나님의 뜻이 우리가 하는 모든 일의 중심이 되도록 하기 위해 기꺼이 종의 역할을 받아들이고 '그리스도 예수의 마음'을 구하는 것이 필수적입니다. 이것이 바로 하나님께서 우리 안에서, 우리를 통해 '그분의 영광을 찬미하게' 일할 수 있게 하는 성별된 '약함'입니다. 이것이 바로 정 박사가 웅변적으로, 열정적으로 우리 앞에 제시하는 도전입니다.

2016년
윌버트 R. 쉥크
풀러신학교 세계선교대학원 선교역사
및 현대문화사 교수

1
서론

1장

서론

하나님 나라에 대한 나의 관심은 오래전부터 시작되었다. 서울에서 한 교회를 개척한 뒤 미국으로 유학 가면서 하나님 나라의 관점에서 선교를 연구하고자 결심했다. 학업을 이어 가는 동안 하나님 나라에 대해 더 많은 것을 배울 수 있었지만, 돌이켜 보면 정작 그 핵심 요소들에 대해서는 잘 알지 못했던 것 같다.

신학석사 과정을 마친 뒤 노스캐롤라이나주에 있는 한 교회를 섬겼고, 이후 풀러신학교에 입학해 공부를 계속했다. 선교학의 다양한 주제를 탐구하면서도 하나님 나라라는 주제는 내 마음속을 떠나지 않았다.

그러던 중 또 하나의 선교 개념이 새로운 방식으로 나를 사로잡기 시작했는데, 바로 '약함으로부터의 선교'였다. 내가 이 주제를 진지하게 붙잡게 된 계기는 1997년 여름, 나의 논문 지도교수인 밴 엥겐 박사가 자신의 개인적인 경험 속에서 이 주제를 언급했을 때였다. 그는 무릎에 입은 큰 부상과 관련된 고통스러운 기억을 진솔하게 들려주었고, 나는 그의 이야기에 깊이 감동받았다.

그때부터 나는 약함으로부터의 선교의 의미와 중요성에 관심을 가지게 되었고, 점차 이를 학문적으로 연구하기 시작했다. '약함으로부터의 선교'라는 표현은 원래 레슬리 뉴비긴(Lesslie Newbigin 1995:5)에게서 빌려 온 것이다. 시간이 흐르면서 나는 이것이 단순히 다른 이들의 문제가 아니라 나 자신의 문제이기도 하다는 사실을 깨달았다. 실제로 나는 이미 오래전부터 이 주제와 씨름해 왔음을 인식하게 되었고, 결국 하나님께서 그분의 섭리 속에서 내가 개인적으로나 학문적으로 이 문제와 마주하도록 인도하셨음을 고백하게 되었다.

젊은 시절

1997년 무렵, 우리 가족은 예상치 못한 경제적 어려움에 부딪혔다. 몇 해 동안 이어진 그 시간은 참으로 버거웠다. 앞이 보이지 않는 듯한 나날이었다. 그러나 그 고난 속에서 나는 자주 발걸음을 멈추고 '하나님께서 왜 나를 이 길로 인도하시는 걸까?' 하고 자문하곤 했다. 돌이켜 보면, 그 시간은 하나님을 더 깊이 찾게 만든 중요한 여정이었다.

조금 더 내 이야기를 나누자면, 나는 1954년 경기도에서 태어났다. 아버지는 유학(儒學)을 따르면서도 농민들을 계몽하는 일에 힘을 쏟은 공무원이자 지방 유지였고, 어머니는 자녀들이 배움을 통해 더 넓은 세상으로 나아가길 간절히 바라는 교육열이 높은 분이었다. 그 덕분에 우리 형제는 모두 서울의 대학에 진학할 수 있었다. 10남매 중 막내였던 나는 형들과는 조금 다른 길을 선택해 육군사관학교에 입학했다.

사관생도 시절, 나는 처음엔 눈에 띄지 않는 평범한 생도였다. 그러나 4학년에 진급하면서 제1연대 연대장 생도로 임명되었다. 이는 전체 생도 중 절반의 생도들을 지휘하는 리더의 자리였다. 전체 생도 가운데 두 번째로 높은 자리였다.

그 시절 한국 사회에서 육사 출신은 특별한 의미를 지니고 있었다. 연이어 세 명의 대통령이 육사 출신이었을 만큼, 그들은 사회 곳곳에서 영향력을 발휘했다. 나 역시 그 흐름 속에서 세속적인 야망을 품었다.

1977년 육사를 졸업한 나는 수도경비사령부로 발령받았다. 마치 세속적 영광을 추구할 운명이 기다리고 있는 것처럼 보였다. 하지만 한편으로는 그와는 전혀 다른 생각의 씨앗이 자라나고 있었다. 육사 3학년 때 받아들인 복음이 점점 내 안에서 성장하고 있었던 것이다. 그 복음은 시간이 흐를수록 내 안에서 힘을 얻으며 나를 새롭게 이끌고 있었다.

하나님께서 나에게 목회자 사명을 주셨음을 확신한 순간은, 내가 중대장이 되어 전방에서 일개 중대를 지휘할 때였다. 그때 나는 주님을 따르기로 결심했고, 다음 해 군을 떠났다. 이는 하나님의 종으로서 나의 영적 여행을 떠나는 시작에 불과했다.

한국과 미국에서 목회와 학문적 공부를 이어 가는 동안, 나는 늘 한 가지 질문을 안고 살았다. 하나님을 기쁘시게 하기 위해 어떻게 살아야 하며, 또 어떻게 사역해야 하는가? 선교에 관한 중요한 연구에 매진하면서도, 나는 항상 선교를 하나님 나라와 연결하려고 노력했다. 선교와 하나님 나라는 내가 가장 중요하게 생각하는 주제였다.

선교에서 하나님 나라가 가지는 신학적 의미를 몇 가지 측면에서 배우고 이해할 수 있었지만, 이를 포괄적인 관점으로서 '약함으로부터의 선교신학'과 연결하는 일은 쉽지 않았다.

지속적으로 공부하는 동시에 개인적인 고통을 겪으면서, 나는 서서히 '약함으로부터의 선교신학'이 내가 간절히 찾던 하나님 나라의 선교학(Kingdom of God missiology)임을 깨닫게 되었다. 그리스도의 약함이 영광스러운 하나님 나라의 중심에 위치한다는 사실은 내게 큰 충격이었다. 또한 선교가 하나님의 통치, 즉 하나님 나라를 영접하도록 돕는 것을 목적으로 한다면, 약함이 선교의 중심에 있어야 한다는 점을 알게 되었다.

하나님 나라의 선교학으로서 '약함으로부터의 선교신학'의 중요성을 완전히 이해하기까지는 오랜 시간이 필요했다. 단순해 보일 수도 있는 주제이지만, 내게는 결코 간단하지 않았다. 오랜 시간 학문과 사역을 거치면서, 나는 서서히 이 진리를 이해하게 되었다.

마침내 나는, 하나님께서 지금까지 나를 인도하신 길이 바로 약함으로부터의 선교를 연구하고 실천하도록 하신 것임을 깨달 았다. 이 주제를 이해하면서, 나의 소명, 군대 전역, 지난 사역과 학문 그리고 앞으로의 사명이 서로 맞물려 있음을 체감했다. 나 자신의 내면과의 싸움, 사람들과의 관계, 선교를 향한 동기의 평 가 과정은 모두 이 진리를 깊이 묵상하도록 나를 이끌었다.

약함으로부터의 선교란 무엇인가?

인류의 죄는 선교 방식을 왜곡시켜 왔다. 그리스도의 선교는 십자가의 가장 낮은 자리에서 성취되었지만, 역사 속 사람들의 선교는 많은 경우 강함과 권력으로 이루어졌다. 이에 비해 약함 으로부터의 선교는 겸손과 희생, 순종으로 성취된다. 십자가 위 에서 이루어진 예수님의 선교야말로 약함의 자리에서 성취된 선 교의 본보기라 할 수 있다.

인간의 관점에서 볼 때, 한 개인이나 집단이 힘과 능력 또는 높은 지위를 가지고 있다 하더라도, 그가 하나님 앞에서 겸손하 며 자신의 궁극적 연약함을 깨닫고 깊은 겸손 속에서 사명을 완 수한다면, 이는 약함으로부터의 선교가 된다. 다시 말해, 세력이 있거나 높은 지위를 가진 사람도 얼마든지 약함으로부터의 선교 를 수행할 수 있다.

한편, 하나님은 때때로 연약하고 억눌리며, 세상적으로 중 요하지 않거나 무시받는 사람들을 도구로 택하셔서 당신의 권능 을 나타내신다. 이러한 사람들은 모든 면에서 연약하기 때문에 전적으로 하나님께 의존할 수밖에 없으며, 그들의 선교가 바로 약함으로부터의 선교가 되는 것이다.

그러나 약함으로부터의 선교의 정의는 아직 완전하지 않다. 이 책을 통해 나는 점차 약함으로부터의 선교 개념을 심층적이고 포괄적으로 정의하고자 한다.

이 주제의 중요성

하나님 나라의 의미를 충실히 이해할 때, 우리는 약함으로부터의 선교의 중요성을 분명히 알 수 있다. 하나님 나라를 이해하는 열쇠는 예수 그리스도의 자기희생을 나타내는 십자가에 있다. 십자가는 하나님 나라의 숨겨진 모습이며, 십자가에 못 박힌 예수님은 하나님의 형상이다.

하나님 나라에 부합하지 않은 선교는 참된 선교가 아니다. 선교는 오직 하나님 나라를 위해 존재하며, 하나님 나라로부터 나오고, 그분의 통치를 위한 행위여야 한다. 따라서 예수님께서 하나님 나라를 위해 십자가에서 약함으로부터의 선교를 하신 것처럼 우리도 약함으로부터의 선교를 지향해야 한다. 주님의 발자취를 따르는 것만이 하나님 나라를 위한 신실한 선교의 길이다.

기독론을 살펴보면, 서로 상충하는 요소가 여럿 있음을 발견한다. 그렇다면 왜 우리는 십자가의 약함을 강조해야 하는가? 기독론에는 힘의 요소도 존재하며, 선교에서도 힘의 나타남을 추구할 수 있다. 그러나 십자가의 약함을 강조하는 이유는, 십자가가 하나님 나라의 비밀이자 동시에 하나님 나라의 계시이기 때문이다. 십자가의 약함의 관점으로 하나님의 일을 관조할 때, 우리는 전혀 새로운 시각을 얻게 된다. 레슬리 뉴비긴이 말했듯이, 하나님 나라의 복음은 열려 있으면서도 동시에 비밀로 남는다.

우리의 사역은 겉으로 드러난 성공이 아닌, 예수 그리스도의 발자취를 따라 각자가 자신의 사명에 얼마나 충실했는가로 평가된다. 약함으로부터의 선교를 시작하면서, 혹시 그 무력함 때문에 부실한 결과가 나오지 않을까 걱정하는 사람들이 있다. 그러나 실제로 가장 효과적이고, 열매가 풍성한 선교는 약함으로부터 이루어진 선교다. 선교의 외적 성공이나 눈에 보이는 효과를 우선시해서는 안 된다. 인간의 눈에 비친 성공은 헛될 수 있으며, 진정한 결실과 효과는 오랜 시간이 지나서야 나타나는 법이다. 종종 후대 사람들이 역사를 통해 보고서야 모든 것을 참되게 이해하게 된다.

역사적으로도 약함으로부터의 선교의 중요성은 분명히 드러난다. 하나님께서 보시기에 신실하고 희생적이며 많은 결실을 맺은 선교가 당시 사람들 – 심지어 기독교 지도자들 – 로부터는 인정받지 못한 경우가 많았다. 당장 눈에 보이는 성공을 거두지 못했다고 해서 실패한 선교로 단정될 때도 있었다. 그러나 역사를 길게 놓고 보면, 과거 속에 숨겨진 진실은 드러나게 마련이다. 표면상 실패로 보였던 선교가, 선교 역사상 가장 영향력 있고 모범적인 사례로 평가되기도 한다. 반대로, 겉으로 성공한 것처럼 보이는 선교가 사실상 실패였음이 밝혀지기도 한다. 이런 점에서, 역사는 풍성한 교훈의 보고(寶庫)다.

역사는 또한 선교가 주님을 향한 사랑과 신실함에 의해 이루어져야 함을 보여 준다. 주님에 대한 신실함은 우리의 선교가 약함에서 비롯되었는지 여부로 판가름 난다. 이러한 사실들이 바로 이 주제가 지니는 중요성을 잘 보여 준다.

선교학 (missiology) 과의 관계

현대뿐만 아니라 전체 역사를 통해 볼 때, 그리스도의 교회는 참된 선교는 어떠해야 하는지를 알기 위해 몸부림쳐 왔다고 볼 수 있다. 하나님의 백성들은 그와 같은 선교를 실천하고자 했으며, 동시에 많은 실패를 거듭했다. 이러한 문제에 대해서는 다음 장에서 보다 구체적으로 논의할 것이다.

그러나 오늘 우리가 살아가는 시대와 장소 안에서도, 먼 과거로 거슬러 올라갈 필요 없이, 약함으로부터의 선교와 힘에 의한 선교라는 두 가지 상반된 양상을 쉽게 발견할 수 있다. 식민정책, 선교사를 파송한 국가들, 경제 구조, 선교의 유형 등 모든 것이 약함으로부터의 선교 혹은 그 반대 개념인 힘에 의한 선교를 드러낸다. 우리의 선교가 십자가에 대한 이해와 깊이 연결되어 있으며, 십자가가 하나님의 연약함을 상징한다는 점에서, 이러한 모든 문제는 결국 약함으로부터의 선교신학의 틀 안에서 검토되어야 한다.

선교학(missiology)은 선교 전반을 학문적으로 연구하는 분야를 가리킨다. 이에 비해, 약함으로부터의 선교신학은 선교학 중에서도 선교를 신학적으로 성찰하는 선교신학(mission theology 혹은

theology of mission)의 범주에 속한다. 선교학은 학문적 성격을 지니는 동시에, 실제 선교 현장에 적용될 수 있어야 한다는 특징이 있다.

약함으로부터의 선교신학은 그 본질상 즉각적인 적용을 요구한다. 이는 이 신학이 선교의 방법이나 전략 이전에, 선교의 근본적 성격 자체를 다루기 때문이다. 이러한 이유로 약함으로부터의 선교신학은 선교학 전반에 걸쳐 실제적으로 적용될 필요가 있으며, 이 점에서 선교신학(mission theology)과 선교학(missiology)은 긴밀하게 연결된다.

더 나아가, 나는 이 신학이 다양한 선교적 차원에서 실제로 적용되어야 함을 강조하고자 한다. 이는 개인적 사역의 차원에서뿐 아니라, 지역 교회의 삶, 교단 차원의 선교 정책, 나아가 교파 간 연합 사역에 이르기까지 동일하게 해당된다. 다시 말해, 약함으로부터의 선교신학은 선교학 전체에 보편적으로 적용될 수 있으며, 선교 이론과 실제 선교 모두와 깊이 연결될 수밖에 없다.

이 책의 내용

이 책은 약함으로부터의 선교라는 주제의 정당성을 설명하고자 한다. 하나의 주제를 중심으로 다양한 시각에서 접근하였다.

• 제2장과 제3장: 성경적 접근

누가-행전, 고린도전서와 후서 그리고 바울의 화해(reconciliation)의 신학에 나타난 약함으로부터의 선교를 설명한다.

• 제4장: 역사적 접근

세계 역사 속에서 나타난 약함으로부터의 선교 사례로, 켈트교회와 윌리엄 캐리의 선교 방식을 설명한다.

• 제5장: 신학적 접근

약함으로부터의 선교와 관련된 신학자들과 선교학자들의 사상을 소개하고 설명한다.

• 제6장: 한국교회와의 연관성

한국교회, 특히 주요 교단인 장로교회를 중심으로 약함으로부터의 선교를 설명하며, 역사적 접근을 취하였다.

• 제7장: 결론

약함으로부터의 선교 연구를 통해 얻은 교훈을 정리하고, 앞으로 나아갈 방향을 제시했다.

부가적으로 덧붙이자면, 이 책은 약함으로부터의 선교에 초점을 맞추기 위해, 힘에 의한 선교에 대한 설명은 일부러 최소화했다. 다만 제6장에서는 한국교회의 역사를 전체적으로 이해하기 위해 힘에 의한 선교의 측면도 포함했다.

이제 본론으로 들어가겠다.

2

누가-행전에 나타난 약함으로부터의 선교

2장

누가-행전에 나타난 약함으로부터의 선교

누가복음은 가난한 사람들과 사회로부터 소외된 주변인들을 다룬 책으로 알려져 있다. 이 책에는 하나님이 권능을 행하시기 위해 인간의 나약함을 이용한 사례들로 가득 차 있다. 이 점을 염두에 두고, 나는 누가-행전에 나타난 약함으로부터의 선교의 관점에서 선교신학을 추론하고자 한다.

웹스터 사전(Webster's New Collegiate Dictionary 1981:1326)은 '약함(weakness)'을 "약한 것의 특성 또는 상태" 또는 "약한 것의 사례 또는 기간"으로 정의한다. 하지만 이러한 정의는 약함으로부터의 선교라는 주제를 설명하는 데 별 도움이 안 된다. 이 책의 주제는 하나님 앞에 선 인간의 궁극적 약함에 관한 것이다. 하나님이 중심이신 세상 속에서 인간은 궁극적으로 약함의 자리에 위치한다.

이 약함이 최종적으로 구현된 것은 예수 그리스도께서 십자가에 매달리셨을 때다. 약함으로부터의 선교는 약함 그 자체를 위한 것이 아닌, 또한 능력 없음을 의미하는 것도 아닌, 이 세상의 힘을 이기는 하나님의 방법이다. 이것이 바로 예수의 오심으로써 시작된 새로운 시대에 하나님께서 세상을 마주 대하는 방법인 것이다. 이 장에는 하나님이 약함으로부터의 선교를 참다운 선교의 표준으로 정하셨다는 사실을 설명해 주는 다양한 사례들이 소개되어 있다.

나는 누가복음과 사도행전이 두 권으로 구분되어 있지만 사실상 두 권으로 구성된 한 책이라는 헨리 J. 캐드버리(Henry J. Cadbury 1958:8-11)의 견해에 동의한다. 또한 나는 저자 누가가 누가복음과 사도행전에서 시종일관 의도적으로 약함으로부터의 선교의 문제를 다루고 있다고 믿는다. 이에 기초하여, 나는 누가-행전이 한 권의 책으로서 약함으로부터의 선교를 위한 견고한 선교적 토대를 제공한다는 점을 설명하고자 한다.

누가복음에 나타난 약함으로부터의 선교

누가복음 전체를 여러 개의 카테고리로 구분한다는 것은 사실상 불가능하다(Crockett 1966, Ⅱ:366-367). 섣불리 구분을 시도하다간 복음서라는 하나의 아름다운 그림을 망가뜨리기 십상이다. 그러나 저자 누가가 복음서를 통하여 약함으로부터의 선교에 대한 관심을 표명했다는 점에서, 나 또한 누가복음에 나타난 약함으로부터의 선교가 어떤 것인지를 여러 개의 그룹으로 나누어 설명하고자 한다. 결코 완벽하지는 않겠지만, 그렇게 함으로써 그다음으로 이어지는 사도행전에 나타난 약함으로부터의 선교를 설명하기 위해 사전 준비를 갖추는 셈이 될 것이다. 누가복음 본문을 설명하기 전에, 구약성서에서 약함으로부터의 선교에 대한 신학적 토대가 되는 부분을 찾고자 한다.

‘약함으로부터의 선교’라는 구절 자체는 구약이나 누가복음에서 찾을 수 없다. 하지만 나는 누가가 ‘가난한 자’라는 단어를 특별한 의미로 사용했다고 믿는다. 누가는 누가복음 4장 18, 19절에서 ‘가난’이라는 의미를 설명하기 위해 구약, 특히 이사야[1] 70인역 성서(Septuagint)[2]와 연관시켰다. 그는 가난한 자를 새로운 방식으로 정의하는 대신 이사야 70인역 성서의 전통을 따랐다. 이는 래리모어 클라이드 크로켓(Larrimore Clyde Crockett)의 주장이기도 하다(Crockett 1966, I:66). 구약에 나타난 가난한 자(히브리어로 anawim, 아나윔)의 의미를 고찰하면서[3] 누가복음에 나타난 약함으로부터의 선교를 위한 성서적 토대를 제시할 것이다.

약함으로부터의 선교는 이스라엘의 역사와 애굽에서의 노예 생활과 더불어 시작된다. 하나님은 이스라엘의 해방만을 위해 출애굽시키신 것이 아니었다. 이스라엘로 하여금 특별한 방법으로 하나님을 섬기고 복종시키기 위함이었다. 하나님을 섬긴다는 것은 유일하며 참된 신이신 하나님께 예배 드리는 것일 뿐 아니라, 수평적으로는 다른 사람들과 바른 관계를 맺는 것을 의미했다.

애굽에서 굶주리고 억압받다가 야훼 하나님의 인도로 해방된 이스라엘이 다른 민족을 억압할 수는 없는 일이었다. 다른 민족을 억압한다는 것은 야훼께서 그들을 돌보신 목적에 배치되는 것이었다(출 22:21, 23:9; 레 19:34; 신 10:18, 14:28, 29, 15:1ff). 해방된 바로 그 사람들이 가난한 사람들을 억압하는 자가 된다는 것은 그들 스스로 죄인이 되는 것이고, 출애굽하도록 인도하신 하나님을 배반하는 것이 된다(Guinan 1981: 23).

가난한 자와 압제받는 자는 자신을 지킬 힘이 없어 전적으로 하나님을 의지할 수밖에 없기 때문에 용이하게 경건하면서도 신실한 사람이 된다. 가난한 자와 압제당하는 자의 부정적 상황은 그들을 위해 긍정적인 종교적 조건을 창출하기 시작한다. 그래서 가난한 자와 압제당하는 자가 '경건하면서도 신실한 자'라는 것이다(Guinan 1981:53).

아나윔(anawim)의 의미는 구약성서가 진행되면서 발전해 갔다. 그것은 '가난한, 비천한, 고통받는' 자를 의미하는 복수의 명사다. '경제적으로 가난한 사람들'을 의미하지만, 사실은 더 넓은 함축적 의미가 내포되어 있다. 자신의 힘을 믿지 못하고 오직 하나님만 신뢰하는 사람들을 또한 의미한다. 아나윔의 반대 의미는 부유한 자가 아니라, 교만하고 스스로 족하다고 생각하는 자다. 바로 하나님을 필요로 하지 않는 자들이다(Brown 1977:350-351).

래리모어 클라이드 크로켓은 가난한 자의 개념을 다음처럼 보다 다양하게 분류했다.

1) 문자 그대로의 의미로 '가난한 자' - 재정적인 도움을 필요로 하는 사람들
2) 개인이나 집단으로부터 박해를 받은 희생자. 하지만 그 압제당하는 희생자들이 의롭다는 의미가 내포됨

3) 적대 세력에 포위되어 있는 불쌍한 사람 혹은 사람들

4) 하나님의 위대함에 비해 초라한 사람들

5) 하나님의 위대함에 비해 초라하지만 하나님이 그들을 사용하여 적을 물리치고 승리를 얻게 하시는 사람들. 즉 2와 3에 공히 해당되는 사람들(1966, I:91-94)

크로켓의 연구에는 약함으로부터의 선교에 관한 신학적 이론들이 풍성하게 설명되어 있다. 다음의 아이디어들이 그 가운데에 포함되어 있다고 할 수 있다.

(1) 인간은 전능하신 하나님 앞에선 궁극적으로 가난하고 약한 존재다. (2) 의롭고 가난한 자들은 적대적인 세력들에 포위되어 있다. (3) 이들은 하나님께서 권능을 이행하는 데 쓰임받는 도구이며, 하나님께서 승리를 안겨 주는 대상으로서 하나님 안에서 가난하고 궁핍한 자들이다.

하나님은 자비와 공의의 하나님이시라는 점에서, 하나님이 물질적으로 가난한 자들에게 관심을 기울인다는 사실을 간과해서는 안 된다. 그러므로 우선 가난한 자의 의미를 폭넓은 관점에서 정의하고 글을 시작할 필요가 있다(Crockett 1966, I:91-94). 이제 누가복음의 본문을 살펴보자.

| 예수님의 탄생에 대한 예언과 마리아의 찬가 |

예수님의 탄생에 관한 예언(눅 1:26-38)과 마리아의 찬가는 상황이 역전되는 누가복음 전체 내용의 분위기를 예측하는

데 중요한 역할을 한다.[4] 마리아의 찬가를 살펴보기 전에, 1장 26-45절을 살펴보는 것이 중요하다. 십 대 처녀는 하나님의 천사로부터 그녀가 하나님의 은혜를 얻어 아들을 갖게 되었다는 말을 듣고 '크게 번민했다'(1:29). 마리아의 놀람은 인간 삶에 대한 하나님의 갑작스러운 개입, 느닷없는 상황의 역전을 의미한다.

하나님의 관점에서 보면, 이 알려지지 않은 시골 소녀야말로 하나님의 "은혜를 입었다"고 말할 수 있는 것이다(A. Marshal 1976:221). 마리아는 하나님께서 당신의 목적을 성취하시기 위한 도구인 셈이다. 상황을 이해하지 못하고 "나는 남자를 알지 못하니 어찌 이 일이 있으리이까"(1:34)라는 마리아의 논리적 질문에 대한 가브리엘의 답변에는 누가가 성령과 지극히 높으신 하나님의 능력을 강조하고 있다는 것을 잘 반영한다. 지존하신 하나님의 권능이 겸손한 처녀와 함께하는 부분은 이사야 57장 15절을 생각나게 한다. "내가 높고 거룩한 곳에 있으며 또한 통회하고 마음이 겸손한 자와 함께 있나니 이는 겸손한 자의 영을 소생시키며 통회하는 자의 마음을 소생시키려 함이라"(Crockett 1966, Ⅱ:272).

1장 36절에는, 마리아가 비천한 상태에 있었다는 내용과 더불어 엘리사벳이 수태치 못했다는 사실이 언급된다. 엘리사벳에 대한 언급으로, 하나님께서는 약한 자를 높이시고 교만하고 높은 자를 낮추신다는 사실이 분명해진다.

엘리사벳은 수태하지 못하는 늙은 여인으로서, 아이를 달라고 주님께 부르짖어야 했던 전형적인 아나윔이었다. 하지만 그녀의 꿈은 절망스럽게도 사라질 것만 같았다. 이런 와중에 약하고 낮은 자의 편에 계신 하나님 아버지는 그 기도를 들으셔서, 그 늙은 여인의 수치를 제거하시고 오히려 그녀를 높여 주셨다. 하나님께서 함께하신다면 불가능이 없다는 것을 보여 주신 것이다. 그렇게 엘리사벳은 수태한 상태였다. 아마도 엘리사벳의 사례가 마리아에게 견고한 믿음을 심어 준 계기가 되었을 것이다. 하지만 마리아 역시 하나님의 약속을 받을 준비가 되어 있었기에 하나님의 부름에 곧바로 응할 수 있었다.

분명한 위험이 따르는 약속의 말씀에 신실하게 복종한 처녀를 통해 메시아는 곧 이 세상에 오시게 된다. 새로운 시대가 도래하고 있었다. 마리아의 찬가 후반부에서 마리아는, 주께서 자기와 같이 천한 신분의 여인을 통해 위대한 일을 하셨다는 것을 확인하면서 자신도 그 새 시대를 미리 맛보고 있다고 고백하고 있다.

마리아가 이르되 주의 여종이오니 말씀대로 내게 이루어지이다 하매 천사가 떠나가니라(눅 1:38)

"말씀대로 내게 이루어지이다"(1:38)라는 그녀의 말은 주님에 대한 겸손하지만 확고하고 담대한 응답이었다. 말로 표현할 수 없는 하나님의 은혜와 축복이 처녀에게 주어졌고, 변혁가이자 혁명가이신 하나님은 그녀의 신분을 극적으로 역전시켜 놓으셨다. 이 역전이야말로 누가복음에 나타나는 모든 역전의 핵심이라 할 수 있다.

마리아의 찬가(1:46-55)에 나타난 역전에 관한 주제는 처음에는 가브리엘 천사를 통해 하나님의 말씀을 접한 마리아 자신의 개인적인 경험의 표현이었다(1:48, 49). 그녀가 자신의 입술로 영감 어린 찬양을 드리는 가운데, 그 경험은 인간 삶에서의 전반적인 역전의 범위로까지 신학적으로 점차 확대되었다(1:50-53). 따라서 이 찬양은 단순한 찬송가가 아니다. 그녀가 잉태한 메시아를 통해 인간 사회의 모든 영역에서 역전이 일어난다는 강력한 선언인 것이다. 이러한 역전은 반복과 대조적 표현들로 강조된다. "종의 비천함"(1:48)과 "능하신 이"(1:49) "교만한 자들을 흩으셨고"(1:51) "권세 있는 자를 내리치셨으며"(1:52)와 "비천한 자를 높이셨고"(1:52) "주리는 자를 좋은 것으로 배불리셨으며" 그리고 "부자는 빈손으로 보내셨도다"가 그것이다(1:53, Tannehill 1986-90, I:26-30).

마리아로 하여금 찬가를 부르게 한 그녀의 개인적 경험을 고찰해 보면, 하나님이 마리아와 소통하시는 방법이 바로 아나윔과 대면하여 소통하시는 방법 중의 하나라는 것을 알 수 있다. 전능하신 하나님이 가난하고 천한 사람을 만나 주셔서, 자비를 베푸사 낮은 자를 높이시고, 약한 자를 통해 위대한 일을 이루신다. 따라서 마리아는 약함으로부터의 선교를 위한 모델이 아닐 수 없다(Crockett 1966, I:91-94).

약함으로부터의 선교를 설명함에 있어서 누가복음 4장 16-30절을 중요하게 생각해야 한다. 예수님이 당신의 사명(mission)에 대한 말씀을 담고 있기 때문이다(Tannehill 1986-90, I:61). 예수님은 나사렛 사람들을 만난 자리에서 당신의 선교 사명에 대해 이사야 58장 6절의 말씀 일부와 더불어 61장 1, 2절을 인용하여 말씀하셨다. 예수님의 전체 사역을 예시(foreshadow)하는 사건이 아닐 수 없다(Fitzmyer 1981-85, I:526).

하나님의 도구로서 여느 가난한 사람(아나윔)과 다름없이, 예수님은 가난한 자들에게 복음을 전하시기 위해 당신이 직접 '가난한 자(anaw)'가 되었다. 그분에 대한 성령의 기름 부으심은 '굴욕과 거부당하는 선교(a mission of humiliation and rejection)'를 준비시키기 위한 것이었다(Crockett 1966, II:274-275). 이 점에서, 예수님의 선교는 약함으로부터의 선교 모델이다. 차후, 예수님의 제자들도 동일한 방식의 선교를 반복하게 된다.

누가복음 4절 18, 19절을 이해하기 위해선, 닐스 빌헬름 룬드(Nils Wilhelm Lund)가 분류해 놓은 것처럼 4장 16-20절을 교차 대구 구조(chiastic structure)로 고찰할 필요가 있다. 룬드의 분류는 다음과 같다.

| 예수께서 그 자라나신 곳 나사렛에 이르사 |

안식일에 늘 하시던 대로 회당에 들어가사

　성경을 읽으려고 서시매　　　　　　　　　　　...A

　　선지자 이사야의 글을 드리거늘

　　　책을 펴서 이렇게 기록한 데를 찾으시니 곧

　　　　주의 성령이 내게 임하셨으니

　　　　　가난한 자에게 복음을 전하게 하시려고 내게 기름을 부으시고

　　　　　　나를 보내사 포로 된 자에게 자유를,

　　　　　　　눈먼 자에게 다시 보게 함을 전파하며　　　...B

　　　　　　눌린 자를 자유롭게 하고

　　　　　전파하게 하려 하심이라

　　　　주의 은혜의 해를

　　　책을 덮어

　　그 맡은 자에게 주시고

　앉으시니　　　　　　　　　　　　　　　　...A'

회당에 있는 자들이 다 주목하여 보더라 (Lund 1942:236)

　　　이 교차 대구 구조를 분석하면 이 구절을 보다 잘 이해할 수 있다. 하지만 여기서 두 가지 사례에 대해 보다 심층적으로 언급하고자 한다.

　　　첫째, '나를 보내사 포로 된 자에게 자유를 전파하게 하신다'라는 구절과 '눌린 자를 자유롭게 하려고 보낸다'라는 구절이 평행구절이라는 점이다. 이 구절들을 평행구절로 만들기 위해 이

사야 58장 6절의 문장을 인용해 절의 중간에 삽입한 것이 분명하다. "압제당하는 자를 자유하게 하며"라는 구절이 있는 이사야 58장의 문맥은 하나님께서 원하시는 참 금식이 사회 정의, 구체적인 행동으로 말한다면, "주린 자에게 네 양식을 나누어 주며 유리하는 빈민을 집에 들이며 헐벗은 자를 보면 입히며 또 네 골육을 피하여 스스로 숨지 아니하는 것"(사 58:7)과 같은 행동을 이야기하고 있음을 의미한다. 이는 예수님의 사명 선언서에 가난한 자를 실제적으로 돌보라는 명령이 있음을 명백하게 지적한 것이다(Crockett 1966, Ⅱ:282).

둘째, 이사야 61장 1, 2절과 58장 6절이 누가복음 4장 18, 19절에 섞여서 하나가 되었다는 점에서, 이사야 61장 1, 2절에 대한 연구는 필수적이다. 이사야 61장 1, 2절이 누가복음 4장 18, 19절에 인용되었다는 것은, 이 구절의 본래 문맥에서의 의미가 고스란히 누가복음에 반영되었다는 것을 암시한다. 이사야 61장 6절에서 "이방 나라들의 재물을 먹을" 사람들이라는 언급이 있는데, 여기서 '먹다'라는 동사의 주체는 1-3절에 표현된 '비천한 자'를 의미한다. 이사야는 가난한 자, 마음이 상한 자, 포로된 자, 갇힌 자, 애통하는 자가 메시아 앞에 나아가 그분이 베푸시는 만찬에 참여할 것이라 말한다. 따라서 누가복음 4장에서 예수님이 비천한 자들을 대상으로 한 설교는 '가난한 자, 눈먼 자, 병든 자, 애통하는 자'들을 종말론적인 메시아의 축제로 초대하신다는 선언인 것이다(Crockett 1966, Ⅱ:280-282).

누가복음 4장 21-30절에는 예수님이 이사야서를 인용하신

후에 나사렛 사람들이 보인 반응이 잘 나타나 있다. 예수님이 '여호와의 은혜의 해'를 선포하신 것과 '어떤 예언자도 자기 고향에서는 환영을 받지 못한다'고 한 말씀이 대조를 이룬다. 누가복음에서 나사렛 사람들이 예수님에게 적대적이란 사실을 의도적으로 표현한 것은 차후 사도행전의 저자가 유대인들이 일반적으로 점점 더 복음에 적대적인 자세를 취한다는 것을 보여 주기 위해서인지도 모른다(Crockett 1966, Ⅱ:342).

본문에는 예수님이 이방인들에게 가서 환영을 받은 선지자 엘리야와 엘리사에 대해 언급하신 내용도 있다. 그의 선교의 시작점부터 예수님은 자신도 과거에 기름 부음 받은 예언자들처럼 자기 고향 사람들에게서는 거절당하고, 하나님 나라의 복음이 이방인들에게 전해진다는 것을 말씀하시는 것이다. 누가복음이 핵심적으로 말하고 있는 것은, 이방인은 주변에 위치해 있고, 예수님의 사역과 복음 운동이 안에서 밖으로, 중심에서 주변으로 흐르게 된다는 것이다. 이런 점에서 이방인을 향한 선교는 약함으로부터의 선교와 연관된다.

세리와 죄인

예수님은 누가복음 7장 34절에서 세리와 죄인을 친구라 부르셨다. 5장 27-32절, 7장 31-35절, 15장 1-32절, 19장 1-10절에도 같은 표현이 등장한다. 세리와 죄인의 친구가 됨으로 의로우신 예수님은 신성한 아이러니와 역전을 연출하셨다. 예수님이 그들과 식탁 교제를 하신 일이 종종 "먹고 마셨다"(Crockett

1966, Ⅱ:294)는 표현 등으로 누가복음 여러 곳에 나타난다(5:27-32, 7:31-35, 19:1-10). 예수님이 그런 사람들과도 친밀한 교제를 나누셨다는 것을 의미한다. 바리새인들은 세리와 죄인들과 허물없이 어울리길 좋아하시는 예수님이 의인일 수 없다고 생각했다. 하지만 예수님은 그들이 불의한 자이기 때문에 만나야 하고, 그래서 그들의 상황을 역전시킬 필요가 있다고 생각하셨다. 예수님은 "내가 의인을 부르러 온 것이 아니요 죄인을 불러 회개시키려 왔노라"(5:32)고 말씀하셨다.[5]

주님께서 생각하신 죄인은 참된 유대주의의 변방에 처한, 버림받은 자들이었다. 그들에게는 의인이 될 수 있는 기회가 주어지기는커녕 수치도 모르는 자들이라는 낙인이 찍혀 있었다. 당시의 종교적 제도로부터도 버림받은 사람들이었다. 하지만 변방에 속해 있다는 점 때문에 그들은 오히려 제일 먼저 하나님 나라의 복음을 받아들였다. 주변으로부터의 선교가 다시 시작된 것이다(J. T. Sanders 1987:136-137).

15장에는 바리새인과 서기관들이 "죄인을 영접하고 음식을 같이"(15:2) 잡수신 것을 비난하자, 예수님이 세 가지 비유를 들어 설명하신 것이 소개되어 있다. 그것은 잃은 것을 찾기 위한 것이라는 말씀이었다(15:6, 9, 24, 32). 세 번째 비유에서의 역전은 보다 극적이면서 양면적이다. 방탕한 둘째 아들이 돌아오면서 잔치가 시작되었다. 첫째 아들은 사태를 파악하고 잔치에 참여하는 것을 거절한다. 축제는 그의 동생의 귀환을 축하하기 위한 것이었다. 동생을 쫓아내길 원한 형은 동생이 잔치를 즐기는 동안 자기를 소외시키는 위험을 자초한다.

여기에서 방탕한 둘째 아들은 세리와 죄인을 대변하고, 그와는 정반대인 의로운 맏아들은 바리새인과 서기관을 대변한다. 관련 비유에 의하면, 예수님에 대한 바리새인과 서기관의 비난은 옳지 않다. 세리와 죄인으로부터 분리되고 멀어지는 식으로 자기 의를 세우려 한 독선적인 사람들은 이 비유 속의 사랑이 많은 아버지 즉 용서하시는 자로부터 환영받고 용서받을 기회를 놓칠 위험이 높은 사람들이다(York 1991:151-154).

19장 1-10절에 소개된 삭개오의 경우에서도 죄인에 대한 예수님의 태도를 알 수 있다. 부유한 사람들에게는 부정적인 태도를 보이신 예수님이 부자인 삭개오에게는 호의적이셨다. 명예심과 수치심을 중심 가치로 여기는 사회에서 삭개오는 부자임에도 불구하고 존경을 받지 못했다. 로버트 태너힐(Robert C. Tannehill 1986-90, I :123)은 그가 뽕나무에 올라간 것은 예수님을 맞는 군중들 사이에 낄 수 없었기 때문이며, 이는 군중이 그를 증오한 증거라고 주장한다.

예수님이 삭개오를 불러 그의 집을 방문하신 것은 죄인과 연합하셨다는 것을 상징한다. 이에 대한 사람들의 반응은 누가복음 5장 27-32절, 7장 31-35절, 15장 1, 2절에서처럼 동일하게 나타난다. 예수님은 자신의 재산을 사람들에게 돌려주고 또 나누겠다는 삭개오의 회개를 인정하셨다. 삭개오는 파렴치한으로서 사람들로부터 따돌림당하는 사람이었다. 그는 공개적으로 자신이 유대인이라 말할 수 없었다. 하지만 예수님은 삭개오도 아브

라함의 자손이라고 말씀하심으로써 그의 명예와 유대인으로서
의 정체성을 회복시켜 주셨다. 삭개오는 하나님 나라의 복음을
받아들임으로써 자신의 신분을 역전시킬 수 있었던 것이다(York
1991:158-160).

| 부유한 자와 가난한 자 |

이 주제(6:20-26, 7:18-23, 8:14, 12:13-21, 32-34, 16:1-15, 19-31,
18:18-30)는 부자와 가난한 자 또는 이 둘 사이의 대조에 관한 것
이다.[6] 평지설교(6:20-26)는 누가복음에서 가난한 자가 '허기진
배를 움켜잡고 있는 것이 무엇인지 아는, 세상에서 가진 것이 없
는 자'라는 사실을 분명하게 밝히고 있다(Himmelman 1976:76). 누가
는 마태와 같이 가난한 자의 의미를 영적으로 해석하지 않았다
(마 5:3). 예수님이 전파한 복음은 경제적으로 가난한 자들에게 좋
은 소식이고, 그로 인해 하나님 나라의 복음이 그들의 신분을 역
전시키는 원동력이다. 모든 인간은 하나님 나라에 들어가기 위
해 자기 스스로 가난한 자가 되지 않으면 안 된다. 그렇지 않고
선, 다가올 시대에는 신분이 역전되는 위험에 처하게 될 것이다.
하나님 나라를 위해 자신을 가난한 자로 낮출 때 비로소 약함으
로부터의 선교를 하게 된다.

누가복음 6장 20-26절, 7장 18-23절, 12장 22-34절에서 중
요한 세 단어가 나타나는데, 그것은 바로 '복음' '하나님 나라' 그
리고 '가난한 자'다. 이들은 서로 관련 있을 뿐만 아니라, 예수님
의 사역이 어떠한 것인지를 엿보게 해준다. 6장 20-26절에서 가

난한 자는 하나님 나라가 그들의 것이기 때문에 이미 복받은 신분인 반면, 부자는 생존 시에 안락을 누렸기 때문에 화가 임할 것이라 쓰여 있다. 공의의 하나님은 하나님 나라를 가난한 자에게 허락함으로써 부자와 가난한 자 사이의 불균형을 공평하게 하신다. 하나님 나라에 들어가길 원하는 자는 가진 것을 가난한 자와 공유하지 않으면 안 된다. 가난에 처한 삶의 의미를 깨달아야 하고, 그런 다음에는 자신의 소유를 팔아 가난한 자들에게 주어야 한다. 그래야만 하늘의 보화를 갖게 될 것이다(12:32, 33).

하지만 가난한 사람에게 구원이 임하는 것은 그들이 정의롭거나 또 그만한 자격을 갖추었기 때문이 아니라, 하나님이 자비롭고 공의로우시기 때문이다. 하나님 나라가 가난한 자에게 주어지는 것은 그들이 가난해서 자동적으로 의롭게 되기 때문이 아니라, 이 세상에 아무런 희망을 가질 수 없기 때문에 다가오는 하나님 나라에 마음의 문을 열기 때문이다(Hoyt 1974:116). 이것이 바로 하나님 나라의 복음이 가난한 자들에게 전파되는 이유다.

누가복음 12장 13-21절, 16장 1-13절, 16장 19-31절, 18장 18-30절에 소개된 네 가지 비유는 역전이라는 공통점을 지닌다. '어리석은 부자의 비유(The Parable of the Rich Fool, 12:13-21)[7]에선, 부자는 자기 자신을 위해 풍부한 곡식을 쌓아 두었지만, 밤을 맞아 영혼이 떠나갔을 때는 불행하게도 하나님 나라에 들어갈 자격을 전혀 갖추지 못했다. 이 비유는 12장 22-34절의 예수님 말씀과 관련이 있다. 예수님은 제자들에게 이 세상에서의 삶을 염려하지 말고(12:22), 다만 하나님 나라를 바라봐야 한다고 말씀하셨다(12:31). 그래야만 하늘의 아버지가 기꺼이 하늘나라를 주신 다는 것이다(12:32). 자신의 소유를 팔아 가난한 자에게 주어야만 (12:33) 하늘의 보화가 주어진다는 점에서, 이 비유는 가난한 자들에게 베풀고 그들과 어울려야 한다는 제자들에 대한 조언을 담고 있다.

'불의한 청지기의 비유(the Parable of the Dishonest Manager, 16:1-13)' 는 이해하기가 쉽지 않다. 하지만 이 비유는 몇 가지 면에서 분명한 성격을 지닌다. 첫째, 15장 3절에서 드러난 바와 같이, 예수님이 바리새인과 서기관들에게 말씀하시는 가운데 이 비유를 드셨다는 점이다. 예수님은 그들을 청중으로 삼아 15장 3-32절에 기록된 바와 같이 세 가지 비유를 하나씩 설명하셨다. 15장의 주제를 잃은 것을 찾을 때의 기쁨으로 정의한다면, 16장의 두 가지 비유 즉 '불의한 청지기' 비유와 '부자와 나사로' 비유는 소유에 대한 청지기 정신을 다루었다고 볼 수 있다(Fitzmyer 1981-85, Ⅱ:1095).

주인이 불의한 청지기에게 어떻게 칭찬할 수 있는가에 대한 질문은 약간 제쳐 두고, 이 비유가 바리새인과 서기관에게 말하고자 하는 것은 다음과 같다.

'불의한 청지기는 불의한 돈으로 친구를 사귀었다. 바리새인과 서기관들은 이 시대에 그들이 가진 돈으로 영원한 친구를 만들겠는가?' 이에 대한 대답은 그들의 몫이다. 하지만 이에 대한 답변에 따른 책임은 영원히 져야 한다는 것이 문제다. 이 비유에선 가난한 자에게 베풀어야 한다는 것을 직접적으로 언급하지 않았다. 하지만 누가복음 전체와 이 비유에서 돈에 대해 일반적으로 말하는 것을 놓고 보면 예수님의 의도가 분명하게 드러난다.

부자와 나사로에 관한 비유에선 역전이 더 극적이고 뚜렷하다. 두 사람의 도덕적 수준에 대한 언급은 없다. 부자는 가난한 사람을 돌보지 않은 채 매일 호의호식했고, 거지 나사로는 그 부자의 집 문 앞에 누워 있었다. 이 사실 하나만으로도 부자는 영원한 심판을 피할 길이 없다. 역전은 정해진 것이고 또 되돌릴 수 없다(16:19-26, Pilgrim 1981:116). 이 비유는 이 세상에 실제로 불공평이 존재함을 그리고 하나님이 이 현실에 무관심하지 않으시다는 것을 암시한다. 이 세상에서 발생하는 부자와 가난한 자 간의 불공평은 사후 세계에서 시정되게 되어 있다. 이 세상에서 책임지지 않는 부유함은 다가올 세상에서 비극적 결과를 초래한다.

이야기는 계속된다. 부자는 아브라함에게 여전히 죄 중에 살고 있는 그의 다섯 형제가 회개하도록 나사로를 그들에게 보내 달라고 간청하는데, 이는 또 다른 이슈가 아닐 수 없다. 이에 대한 아브라함의 반응은 그의 형제들을 위해 모세와 선지자들 즉 구약성경만으로도 충분하다는 것이었다. 그들에게 무서운 형벌이 기다리고 있다는 사실을 알려 주기 위해 구태여 이미 죽은 나사로를 그들에게 보낼 필요가 없다는 것이다. 가난한 자를 돌보라는 주제는 분명 구약성경의 중심에 흐르고 있다. 아브라함이 언급한 모세와 선지자들은 구약성경을 말하는 것이다. 그 책을 무시하는 부자의 형제들은 이미 큰 소리로 외치는 하나님의 음성을 듣는 데 실패하고 있으며, 설사 죽었다 살아난 사람이라도 그의 말을 듣는다는 보장이 없다(Pilgrim 1981:118).

'부자 관원(the Rich Ruler)'의 이야기는 18장 18-30절에 있다. 이 이야기는 이 관원이 예수님을 "선한 선생님"(18:18)이라 부르는 것으로 시작된다. 사실 이 이야기는 이 호칭으로 인하여 처음부터 예기치 않은 방향으로 발전한다. 이 선한 선생님이라는 호칭에 예수님에 대한 관원의 생각이 반영되어 있는 것이다. 18장 19절에 기록된 "네가 어찌하여 나를 선하다 일컫느냐 하나님 한 분 외에는 선한 이가 없느니라" 한 예수님의 말씀은 관원 앞에서 당신의 신성을 부정하기 위한 것이 아니라, 관원이 예수님이 누구인지 모르는 상태에서 그런 말을 했다는 것을 지적하기 위한 것이다.

예수님에 대해 정확하지 않은 인식을 갖고 있는 관원과 예수님 간의 대화가 진행될수록 서로의 거리는 더욱 멀어진다. 관원은 어려서부터 모든 계명을 지켜 왔다고 생각했다. 하지만 예수님은 "네게 있는 것을 다 팔아 가난한 자들에게 나눠 주라"(18:22)고 말씀하심으로써 관원과 그리고 독자들에게 그 관원이 모든 계명 중에 가장 중요한 계명인, "너는 마음을 다하고… 네 하나님 여호와를 사랑하라"(신 6:5)와 "네 이웃 사랑하기를 네 자신과 같이 사랑하라"(레 19:18)는 계명을 지키지 않고 있음을 보여 주고 있다.

더욱이 "그리고 와서 나를 따르라"(18:22)는 예수님의 말씀에 관원이 심히 근심했다는 것으로 분명하게 문제가 드러난다. 그와 하나님의 이미지이자 완전한 계시이신 예수님 사이에 세상적인 부(富)가 치명적인 장애 요인으로 버티고 있는 것이다. 불행하게도 관원은 선한 사람이었을지는 몰라도 예수님을 따라야 할 이유를 알지 못했고, 또 따를 수 없었다(Himmelman 1976:76).

이 이야기는 바로 앞의 18장 15-17절의 어린아이들에 대한 언급과 급진적인 대조를 이룬다. 아이들은 자신이 무슨 행동을 했다고 자랑하면서 주님에게 접근하지 않았다. 도덕이나 종교적 지식을 언급한 것도 아니다. 하나님 나라에 들어갈 자격이 있다고 말한 것도 아니다. 투명한 개방성과 깨끗한 수용성만으로 주님에게 다가간 것이다. 아이들과 예수님 사이에는 그 어떤 장애 요인도 존재하지 않았다. 이들과 비교했을 때, 부자 관원은 약함으로부터의 선교의 부정적인 모델인 셈이다(Fitzmyer 1981-85, Ⅱ:1193).

이 이야기는 "나를 따르라"는 주님의 말씀에 제자들은 다르게 반응했다는 사실로 이어진다. 즉 제자들은 관원이 실패한 것을 성취했는데, 곧 모든 것을 버리고 예수님을 따른 것이다. 예수님을 따르기 위해 자신의 소유를 포기한 제자들은 자신을 가난한 자와 동일시했다. 그들은 실제로 가난한 자가 되었다. 예수님은 그런 그들에게 이 시대에서뿐만 아니라 다가올 시대에서도 상급을 보장해 주셨다. 이 이야기는 6장 20-26절의 축복과 화에 대한 주님의 말씀을 설명해 주는 사례가 될 수 있다. 부자는 고통을 받게 되는 반면, 가난한 자는 하나님 나라를 유업으로 받게 된다는 부분이 핵심이다(Tannehill 1986-90, I:121-122).

결론적으로 말한다면, 공의와 자비의 하나님께서 예수의 인격과 사역을 통해 하나님의 통치, 바로 왕국의 도래 가운데 가난한 자들을 위해 행동하셨으며, 이 하나님의 왕국은 가난한 제자들에게 속했음을 보여 주고 있다.

| 여성 |

누가복음 8장 1-3절에서는 갈릴리에서 온 몇 명의 여자들이 항상 예수님을 따랐다는 것을 볼 수 있다. 누가복음의 처음부터 끝까지 등장하는 이 여자들은 갈릴리에서부터 예루살렘까지, 심지어는 예수님이 죽는 장소까지 예수님을 추종했다. 당시의 유대 랍비들은 여성을 제자로 받아들이지 않았다. 여자와 함께하는 것조차 상상할 수 없던 시절이었다. 이런 상황에서 예수님이 여자들과 함께하셨다는 것은 사회적 장벽을 제거하고 새로운 교제를 경험할 수 있는 새로운 공동체를 창조하셨음을 의미한다. 여자들은 자신의 소유로 예수님과 그분을 따르는 무리를 섬겼다(8:3). 그들은 예수님이 매달리신 십자가 앞을 끝까지 지켰을 뿐만 아니라, 예수님이 부활하신 무덤에도 제일 먼저 찾아갔다(Kingsbury 1991:114). 예수님의 중요한 시기마다 그들이 섬기는 자의 역할을 했다는 것은 괄목할 만한 것이며, 이는 남자 제자들의 태도와 대조를 이루고 있다고 말할 수 있다.

예수님의 일행을 섬기는 자세 그리고 당시 문화에서 그들의 낮은 신분을 봤을 때 그들이 약함으로부터의 선교를 이행했다는 것을 알 수 있다.

7장 36-50절에 소개된 죄 많은 여인의 이야기가 8장 1-3절의 이야기 바로 앞에서 언급된 것은 우연이 아니다. 이 죄 많은 여인[8]은 바리새인 시몬과 대조되는 인물이다. 시몬은 남자이고 이 죄인은 여자다. 시몬은 자기 의가 강한 바리새인이고, 이 여인은 공적으로 불명예스러운 죄인이다. 시몬은 현장의 중심에서 예수님과 함께 앉아 있는 주인이지만, 이 여인은 초대받지 못한 처지로 예수님 뒤에 서 있다. 여인은 자신의 머리카락으로 눈물을 훔치며 울었다. 그 눈물로 예수님의 발을 적시고 그분의 발에 입을 맞추며 향유를 부었다(7:38). 이에 대한 시몬의 반응은 예수님과는 근본적으로 달랐다. 예수님은 진리의 말씀을 전하심으로써 바리새인인 시몬과 죄인인 이 여성의 상황을 역전시켰다.

여자의 명예 문제를 다룬 이 이야기는 누가-행전의 문화적 관점에서 이해해야 한다. 명예를 추구하는 것이 최고의 사회 문화적 가치인 시절이었다. 명예는 성 구분에 따라 두 개의 카테고리로 나뉜다. 남성은 명예, 여성은 부끄러움. 이러한 시대 상황에서 '부끄러움'이란 자신의 가치에 대해 다른 사람들이 어떻게 생각하고, 말하며, 행동하는가에 대한 여인의 감수성이다. '명예'란 외부 지향적인 것으로서 권력, 존경, 성적으로 공격적인 권위, 가족 명예의 수호, 명성에 대한 관심과 관련이 있다.

여자의 부끄러움은 내부 지향적이고 권위에 대해 성적으로 배타적인 복종, 위험에 대한 거부, 수줍음, 존중심, 수동성, 소심함 그리고 조신함과 관련 있다. 한 번 잃으면 다시는 회복할 수 없는 것이다. 여자의 부끄러움은 아버지, 남편, 오빠나 남동생 같은 남성적 권위의 도움 없이는 보호받을 수 없다. 남자는 자신의 명예를 위해 '여자의 성적 순결성과 배타성'을 보호한다(Malina and Neyrey 1991:41-44).[9]

　　이 여자 죄인의 불명예스러운 삶은 이미 만천하에 드러난 셈이었다. 더 이상 얼굴을 들 수 없는 신세였다. 그녀는 버림받은 자였지만 죄에 대한 회오와 주님에 대한 사랑 그리고 주님과 코이노니아(koinonia, 여기서는 거룩한 교제라는 의미)를 갖고자 하는 거룩한 열망 속에서 주님 앞에 나온다. 예수님과 이 여자 죄인의 관계는 파격적이다. 바리새인 시몬은 심리적, 물리적으로 이 여인과 거리를 유지하려 한 반면, 예수님은 의도적으로 '여인의 아낌없는 향유, 눈물 그리고 입맞춤의 봉헌'을 받으셨다(D. Lee 1996:11). 예수님은 용서하는 분으로서 그녀의 죄를 용서하셨을 뿐만 아니라, 그녀의 행동이 진정한 디아코니아(diakonia, 봉사)임을 인정하셨다. 다시 말하면 그녀를 통해 종교 지도자들을 바로잡으신 것이다(Siem 1994:92-95). 여인이 예수님에게 값비싼 향유를 아낌없이 드리고, 또 마음속에서 우러난 정성을 표현한 것은 시몬의 냉랭함과 무관심과는 극한 대조를 이룬다. 이러한 점으로 인해, 이 여인은 다음 구절(8:2, 3)에서 나오는 여자 제자들의 섬김 모델이 된다(D. Lee 1996:10-14).

　　예수님은 또한 그녀를 구하기 위해 문화적으로 제한된 성적 경계를 넘으셨고, 그녀의 명예를 회복시키셨으며, 사건의 중심에 그녀를 두어서 역전을 일으키셨다. 그녀를 변호하시는 가운데, "예수님은 당신의 정체성을 중심(남자 손님)에서 주변(여자 방해자)으로 옮기셨으며, 그녀와 공동체를 확립하면서도 시몬으로부터는 거리를 두셨다". 예수님은 그녀의 입맞춤을 환영의 표현으로 받으시고 그녀의 신분을 매춘부에서 안주인으로 바꾸셨다. 예수님은 "의로움과 죄, 남성과 여성, 내부자와 버림받은 자, 깨끗함과 더러움 사이의 소통 불가능한 영역"을 통과하심으로써 바리새인인 시몬과 죄인인 여인의 세계에서 중심과 주변을 역전시키셨다(D. Lee 1996:13).

이 이야기에서 특정의 한 사람(예수님 또는 여인)의 선교만을 예리하게 분리해 낸다면, 한 편의 아름다운 이야기를 파괴하게 된다. 이 이야기는 예수님과 섬기는 여인 사이의 코이노니아에 관한 아름다운 묘사인 것이다.

이방인과 사마리아인

여섯 편의 이야기(7:1-10, 9:51-56, 10:25-37, 11:29-32, 13:22-30, 17:11-19) 중에서, 백부장의 종을 치료하는 이야기(The Cure of the Centurion' Servant, 7:1-10)는 평지 설교 바로 뒤에 등장하고, 나머지 다섯 편의 이야기는 예수님이 예루살렘에 도달할 때까지 사역하시면서 들려주신 것이다(9:51-19:48). 이 다섯 편의 이야기 중 사마리아에서 예수님을 받아들이지 않은 이야기(Samaritan Opposition), 선한 사마리아인의 비유(10:25-37), 치유받은 열 명의 문둥병자 이야기(17:11-19)는 공통되게 사마리아인과 관련된 주제를 다룬다. 사마리아인의 거부(9:51-56), 좁은 문(13:22-30), 치유받은 열 명의 문둥병자 이야기는 특이하게도 예수님이 예루살렘으로 가는 도중에 하신 말씀을 앞세운다. 누가는 9장 51절에서 "예수께서… 예루살렘을 향하여 올라가기로 굳게 결심하시고", 13장 22절에서 "예루살렘으로 여행하시더니", 17장 11절에서 "예수께서 예루살렘으로 가실 때에…"라고 말한다(Dupont 1979:12).

평지 설교에서 부자와 가난한 자 간에 역전을 일으키신 뒤 바로 다음으로 따라 나오는 백부장 종의 치유(7:1-10) 이야기는 또 다른 유형의 역전을 나타낸다. 백부장은 유대인이 아니지만 하나님을 두려워하는 이방인이다. 예수님은 백부장의 믿음이 큰 것을 기이하게 여기셨다. 심지어 이스라엘에서도 이 같은 믿음을 만나 보지 못했다고 하셨다. 이 이방인은 이스라엘의 어떤 유대인보다 위대한 믿음을 가지고 있었는데, 이는 영적인 의미에서 이방인과 유대인의 위치를 역전시킨 것이었다.

백부장이 자신은 이방인이기 때문에 예수님을 자신의 집 지붕 밑으로 모실 자격이 없다고 말했을 때, 약함으로부터의 선교의 진정한 의미를 느낄 수 있다. 그의 말에는 이스라엘의 그 누구보다 더 큰 신앙의 겸손함이 담겨 있다. 그는 스스로 비천해지자마자 높아졌던 것이다. 나중에 설명하겠지만, 사도행전에서 이방인의 역할을 고려해 보면, 복음서 전반부에서 백부장의 출현은 다소 전략적으로 보인다. 백부장의 겸손과 위대한 믿음은 유대인과 이방인 사이에 발생하는 역전의 근본적 원인이 된다.

선한 사마리아인의 비유(10:25-37)는 율법사가 "내가 무엇을 하여야 영생을 얻으리이까?"라는 중요한 질문을 던지자 예수님이 순수한 유대인의 입장에서 "율법에 무엇이라 기록되었느냐"고 대답하시는 과정에서 등장한다(I. Marshall 1978:440). 율법사가 '내 이웃'을 정의함에 있어서 분명한 인위적인 영역을 설정함으로써 자신을 정당화하기 위해 "그러면 내 이웃이 누구니이까?"(10:29)라고 질문했을 때, 예수님은 정의(定義)의 영역을 넓혔을 뿐만 아니라 적절한 예시의 하나로 선한 사마리아인을 비유하셨다. 사마리아인이 어떻게 예시되고 있는가? 이 이야기는 무엇을 해야 영생을 얻느냐는 율법사의 질문으로 시작되어, '유대인 종교 지도자와 같지 않고, 사마리아인과 같이' 행동해야 한다는 예수님의 말씀으로 끝난다(J. T. Sanders 1987:145). 사마리아인은 영생을 얻는 사람들의 모델이었고, 유대 종교 지도자들과는 대조되는 인물이었다.

치유받은 열 명의 문둥병자 이야기(17:11-19)에 등장하는 사마리아인 문둥병자는 다른 아홉 명의 유대인 문둥병자들과 대조되는 인물이다. 그는 하나님께 찬양을 드리기 위해 예수님께 돌아왔다. 어떤 종교적 특권도 누리지 못한 채 버림받은 이 문둥병자는 다른 아홉 명의 유대인들보다도 더 하나님에 대한 존경심을 표현했다. 그의 이 행동은 예수님에 대해 감사하는 행동이면서 동시에 하나님(예수님)과의 진실된 관계성을 지적하고 있다. 그는 홀로 예수님의 말씀을 들었고, 예수님은 그의 구원을 선언하셨다.

앞에서 언급한 바 있지만, 이방인과 사마리아인에 관한 이야기(7:1-10은 제외)는 예수님이 예루살렘으로 가는 도중에 행하신 사역을 통해(9:51-19:48) 나타난다. "예수께서 예루살렘을 향하여 올라가기로 굳게 결심하실" 때(9:51), 예수님은 예루살렘이 당신이 체포되실, 즉 영광받으실 곳임을 알고 계셨다. 이는 당신이 죽임을 당해야 함을 알고 계셨다는 것을 말한다. 의인화된 예루살렘이 예수님을 죽인다는 것이다. 누가-행전 당시 종교와 정치의 중심지인 예루살렘을 향해 가면서, 예수님은 이방인과 사마리아인에 대해 언급하셨고, 이들을 유대인 종교 지도자들과 일반 유대인들 그리고 예루살렘과 대조해 보이신 것이다. 선한 사마리아인, 남방 여왕과 니느웨 사람들(11:29-32), 동서남북에서 온 사람들(13:22-30) 그리고 사마리아인 문둥병자는 모두 종교적 중심에 있는 사람들과는 정반대되는 인물들이다. 이 이방인과 사마리아인은 주변인들이었지만, 하나님은 그들을 높이시고 옹호하시고 영광스럽게 하셨다. 하나님은 약함으로부터의 선교의 하나님이다.

| 과부들 |

누가-행전 당시에 힘없는 사람 중의 하나가 바로 과부다 (7:11-17, 18:1-8, 20:45-47, 21:1-4). 남성 지배 사회에서 일반적으로 여성은 혜택을 받지 못한다. 과부는 더욱 그러하다. 누가 시대에 여성은 어머니, 아내, 딸 또는 자매로서 남자의 보호 아래 있었다. 남성의 보호 아래에 있지 않으면, 여성의 명예를 잃는 것으로 간주되어 부끄러움의 대상이 되었다. 명예의 문제뿐만 아니라, 과부는 남편으로부터 경제적 도움을 받을 수 없는 형편이기 때문에 가난할 수밖에 없다(Malina and Neyrey 1991:44). 이러한 과부들 역시 약함으로부터의 선교의 주제를 설명하는 데 특별한 역할을

담당하게 된다.

나인성 과부의 아들을 살리는 이야기(7:11-17)는 구약성경에 등장하는 엘리야의 이야기(왕상 17:8-24)를 생각나게 한다. 예수님은 성문에 가까이 오실 때(눅 7:12) 나인성 과부와 마주치신다. 엘리야의 경우는 그가 사르밧에서 성문에 이를 때(왕상 17:10) 나뭇가지를 줍는 과부를 보았다. 예수님은 과부의 아들을 살리셔서, 어머니인 그녀에게 돌려주신다(눅 7:14-15). 엘리야 역시 과부의 아들을 살리고, 어머니인 그녀에게 아들을 돌려준다(왕상 17:20-23). 과부의 아들을 그의 어머니에게 주신다는 표현은 두 경우가 동일하다. 이 유사성으로 인해, 사람들은 예수님을 큰 선지자(7:16)로 여긴다(Fitzmyer 1981-85, I:656). 더 나아가, 이는 예수님이 구약의 선지자들처럼 행하심으로써 과부들에 대해 하나님과 동일한 관심을 갖고 계신 것을 보여 준다.

이 장면에서 과부의 절망이 강조되어 나타난다. 남편의 도움 없이 살아온 과부는 지금 아들의 장례를 치르고 있다. 이 장례 행렬은 인간의 극한적 불행을 상징하고, 이 고통은 예수님의 긍휼을 유발한다. 하나님에 대한 과부의 신앙은 그리 큰 역할을 하지 않는다. 하지만 예수님은 과부를 보자마자 그녀에게 가셨다(7:14). 예수님은 동정 어린 사랑으로 그녀의 아들을 살리신다. 인간의 비극에 대한 예수님의 경이로운 사역을 통해, 사람들은 인간을 향하신 하나님의 참 긍휼을 분명하게 인식할 수 있었다. 그들은 하나님께서 그의 사람들을 찾으신다는 사실을 고백하면서, 하나님께 찬양을 드린다(I. Marshall, 1978:283).

20장 45-47절과 21장 1-4절, 이 두 구절은 '과부'라는 단어로 밀접하게 연결되어 있다. 20장 45-47절에서, 예수님은 서기관의 악한 행동에 대하여 그의 제자들에게 경고하신다. 서기관들은 자신의 종교적 권위, 존경과 섬김 받음을 즐겼다. 그들은 자신의 옳지 않은 행동을 가리기 위해 종교적 경건을 거짓되게 이용했다. 과부들에게 법률적 도움을 주면서, 파렴치하게도 그 대가로 돈을 받아 챙겼다. 자신의 경건함을 과시하기 위해 많은 사람들이 보는 앞에서 오래 기도함으로써 사람들의 신뢰를 얻는다는 행위는 종교적인 악일 수밖에 없다. 그래서 예수님은 그들에 대해 하나님의 엄중한 정죄가 있을 것이라고 선언하셨다. 이 구절에서 하나님은 분명하게 압제당한 자, 과부의 편에 서셨다(Fitzmyer 1981-1985, II :1317-1318; I. Marshall 1978:749).

다음 구절(21:1-4)에서는 부자와 가난한 자가 서로 대조를 이룬다. 부자는 가난한 자보다 더 많은 헌금을 한 것이 분명하지만 예수님은 그 이상을 보신다. "…이 가난한 과부가 다른 모든 사람보다 많이 넣었도다" 하신 예수님의 말씀은 (1) 헌금의 참 가치는 얼마나 많이 드렸는가가 아니라 그 후에 얼마나 남아 있는가에서 드러나며, (2) 헌금을 드리는 정신 자체가 얼마나 드렸느냐보다 더 값지고, (3) 가진 것을 전부 드린 것을 볼 때 그 헌금이 참으로 가치 있는 헌금임을 알 수 있으며, (4) 자선과 값진 헌물들은 그 사람이 가진 부에 비해 부족함이 없이 행해져야 하고, (5) 이 이야기가 베풂에 대한 예수님 당신의 태도를 잘 반영한다(Fitzmyer 1981-1985, II :1320-1321; Wright 1982:257-258)는 것을 의미한다.

이 구절과 이전의 구절과 관련하여, 누가는 서기관들이 거짓 경건을 과시한 반면, 서기관 같은 종교 지도자들로부터 배운 가난한 과부는 예수님께서 종교 지도자들 속에서 보기 원하신 참 경건을 보여 주었다고 말한다. 이 과부의 선교는 위대한 것이었고 참된 것이었다(Fitzmyer 1981-1985, Ⅱ:1320-1321; I. Marshall 1978:750).

| 아이들 |

예수님의 파격적인 가르침은 아이들과 관련된 이야기들을 통해서도 엿볼 수 있다(9:1-50, 10:21-24, 18:15-17). 여기서 '아이들'은 위대함, 지도력, 하나님 나라에 들어가기 위한 자격, 하나님의 뜻을 받기에 합당한 자 등을 대표하는 강한 상징이 된다. 하나님 나라에서는, 위와 같은 것들에 대한 인간적·세상적 이해가 옳지 않다는 것을 보여 주고 있다. 예수님이 지상에서 사역하는 동안, 가르침을 받던 제자들은 위대함이나 지도력의 참다운 의미, 혹은 하나님 나라에 들어가기 위한 자격 조건 등에 대해서 잘 이해하지 못했다. 그들의 학습 과정은 길고도 느린 것이었다. 종종 예수님은 제자들이 자신의 가르침을 제대로 이해할 수 있도록 어린아이들을 앞에 두었다.

9장 46-48절에는 제자들이 서로 누가 더 큰 자인가를 두고 다투는 장면이 나온다. 제자들 간에 이런 논쟁은 반복적으로 일어나지만 여기서 처음으로 나타난다. 제자들의 생각, 지식, 태도를 고치기 위해 예수님은 어린아이를 옆에 세우고 그들을 가르치셨다. 예수님은 당시에 하찮은 존재로 여겨지던 어린아이 하나를 자기 이름으로 영접하는 것이 예수님과 그를 보내신 아버지를 영접하는 것과 같다고 말씀하신다. 이 말씀에서, 어린아이 하나는 예수님의 이름으로 보냄 받은 선교사만큼이나 중요하다(10:16, Tannehill 1986-90, I:255)는 것이다.

하나님을 영접하고 존중히 여긴다는 것은 '인간 사회에서 지극히 작고 약한 자'를 영접하고 존중히 여긴다는 것을 의미한다. 따라서 참된 위대함은 힘에 있지 않고, 한 어린아이 뒤에 계신 예수님의 완전한 임재와 권위를 알아보는 겸손에 있다. 제자들은 그들의 주님 즉 스스로 낮은 자가 되시고 심지어 자기들을 위해 십자가에서 죽게 될 예수님을 닮아야 하는 것이다. 그러나 그들은 위대해지기 위해 오히려 세상적 야망과 열정으로 가득차 있었다. 이것이 바로 9장 43-45절(바로 앞의 구절들-역주)에서, 제자들이 인자(예수)가 장래 받을 고통에 대해 이야기하는 것을 이해하지 못했을 뿐만 아니라, 그 점에 대해 묻기를 두려워했던 이유임을 암시한다(Fitzmyer 1981-85, I:816).

10장 21-24절에서는, "어린아이들" 혹은 "아기들(헬라어로 nepios)"이라는 단어가 지혜롭고 슬기로운 자들(원문에서는 learned, 즉 배운 자들-역주)과 대조를 이루는 표현으로 등장한다. 예수님은 하나님께서 지혜롭고 슬기로운 자들에게는 종말론적 비밀을 감추어 두시고, 어린아이들에게는 밝히신 것에 감사하신다. 예수님의 기도에서 사용된 '어린아이들'이라는 단어는 실제 어린아이가 아닌 당신의 제자들을 의미한다. 제자들을 아이들과 동일시하고 지혜롭고 슬기로운 자들과 대조시키면서, 예수님은 "천지의 주재이신 아버지"(10:21)가 아이들과 같은 제자들 즉 어떤 학문적 성취도 주장하지 않고 오직 온전히 그들의 부모만을 의지하는 아이들과 같은 사람들에게 그의 비밀을 밝히기를 기뻐하신다는 것을 가르치신다. 그러나 하나님은 자기가 하나님의 계시를 받을 자격이 있다고 생각하는 지혜롭고 슬기로운 자들(배운 자들)에게는 밝히길 원치 않으셨다(Fitzmyer 1981-85, Ⅱ:1193).

제자가 감당할 희생(Cost of discipleship, 9:57-62), 제자들에 대한 예수님의 지시(10:1-16), 제자들의 사역 보고(10:17), 그 보고에 대한 예수님의 견해(10:18-20)와 같은 긴 진술이 있은 후, 아버지께 드린 기도에 나타난 제자들에 관한 예수님의 말씀을 이해하면 이 구절의 중요성은 더 커진다(I. Marshall 1978:430). 선교는 근본적으로 삼위일체 하나님으로부터 시작되어 인간에 의해 성취된다. 따라서 선교는 궁극적으로 삼위일체 하나님과의 관계성으로 평가되어야 한다. 선교가 하나님의 선교(missio Dei)라는 점에서, 인간에 의한 선교는 삼위일체 하나님과의 교제(fellowship)를 통해서만 그 참 의미를 찾을 수 있다. 10장 21-24절에 설명된 바와 같이, 72명의 제자들로부터 사역 보고를 받으신 예수님은 성령과 아버지와 친밀한 관계를 가지고 계심을 보여 주신다. "성령으로 기뻐하신"(10:21) 예수님은 아버지께서 무엇을 기뻐하시는지(10:21)를 확신을 가지고 말씀하신다. 뿐만 아니라, 예수님은 기도를 통해 제자들이 종말론적 비밀을 받도록 허락받았으며, 실제로 그 교제 안으로 들어가도록 허락받았다는 것을 인정하신다(10:23, 24). 그들은 '작은 어린아이들'로서 계시를 받도록 선택되었고(Crockett 1966, I:95-96) 하나님의 선교에서 파트너가 되었다. 여기에 약함으로부터의 선교가 자리 잡는다. 제자들이 지혜롭고 슬기로운 자들이 아닌 어린아이들과 같을 때, 삼위일체 하나님의 교제(펠로십)에 동참할 수 있게 되었고, 또 하나님의 선교에서 삼위일체 하나님과 함께할 수 있게 된 것이다.

18장 15-17절은 어린아이들을 대하는 제자들의 태도, 어린아이들에 대한 예수님의 평가, 어린아이들 또는 어린아이 같은 사람들과 하나님 나라 사이의 관계를 다루고 있다. 제자들은 예수님께 어린아이들을 데려오는 사람들을 비난했다. 이 부분에서 그들은 다시 한번 영적 무지를 드러낸다. 이 구절 바로 앞에서 바리새인과 세리의 비유가 나오는데, 예수님은 여기서 "무릇 자기를 높이는 자는 낮아지고 자기를 낮추는 자는 높아지리라"(18:14)고 말씀하신다. 바로 그다음에 이 구절이 등장하고 있다. 여전히 제자들은 앞으로 벌어질 또 다른 종류의 역전 즉 예수님이 어린아이들을 어떻게 평가하시는지를 이해하지 못하는 것이다(Tannehill 1986-90, I:228).

예수님에 따르면, 하나님 나라는 어린아이와 같은 사람들의 것이다. 어린아이들은 누가-행전 시대의 사회에서는 가치 없는 존재였다. 하지만 하나님 나라는 이와 같은 사람들에게 주어진다. 그들은 '개방성과 순전한 수용성'을 지닌다. 그들은 순수하다. 그들은 무엇을 성취했다고 표방하지 않는다. 예수님은 그들이 죄가 없다고 말씀하시지 않는다. 우리가 이런 방식으로 예수님의 말씀을 이해한다면, 핵심을 놓치는 것이다. 예수님은 어른들에게 없는 것 즉 순수한 수용성을 갖추고, 무엇을 성취했다고 주장하지 않는 자세를 갖춘 어린아이들이 주님께 이끌리며, 하나님 나라는 그들과 같은 사람들에게 속한다는 것을 가르치시는 것이다(Fitzmyer 1981-85, Ⅱ:1192-1193; I. Marshall 1978:682-683).

어린아이들이 하나님 나라를 상속받을 것이라는 당위성은 바로 그다음 구절에 부정적인 모델로 등장하는 부자 관원과 대비되어 설명된다. 그는 순전한 수용성을 소유하지 못했을 뿐만 아니라, 자신의 성취에 대해 주장하는 자세를 견지한다. 어린아이들이 아무 조건 없이 예수님을 좇은 반면에, 부자 관원은 자신의 부와 지위에 집착하고 있다. 그래서 부자 관원은 하나님 나라에서 분깃을 가질 수 없는 것이다. 바로 앞 구절과 뒷구절 사이에서, 이 구절(18:15-17)은 어린아이들이 하나님 나라에 들어갈 자격을 갖는 긍정적 모델이 되는 이유를 명확히 설명한다.

| 식탁 담화(dinner talk)와 하나님 나라 |

누가복음에는 식사를 나누며 대화하는 이야기가 많이 등장한다. 이 이야기들은 어떻게든지 하나님 나라와 관련되어 있거나, 다가올 나라에서 열리게 될 잔치와 관련되어 있다.[10] 하지만 여기서 다룰 이야기들은 다른 것들보다 더 명료하게 하나님 나라의 주제를 다루고 있고, 이를 통해 하나님 나라의 가치가 보다 명료하게 설명되리라 본다(14:7-11, 12-14, 15-24, 22:24-30). 따라서 나는 이 구절들을 하나로 묶어 처음부터 끝까지 공통된 주제들을 밝혀낼 생각이다.

14장 7-11절, 14장 12-14절, 14장 15-24절, 이 세 구절은 연속적으로 이어지는 내용으로서, 예수님이 식사 중에 계속해서 말씀하신 것이다. 각 구절은 각기 다른 주제를 다룬다. 하지만 하나님 나라의 통합된 주제를 향해서 각각의 주제가 연결되어 진행되며, 하나님 나라의 종말론적 연회의 큰 그림을 그리고 있다.

14장 7-11절에서 예수님은 스스로 높이는 사람이 어떻게 낮아질 것인지, 스스로 낮추는 사람이 어떻게 높아질 것인지를 현명하고 명백하게 밝힌다. 예수님의 가르침은 분명하고 강력하다. 예수님은 다가올 나라에 관해 어떤 것도 언급하시지 않지만, 이야기 자체는 현재의 삶에서 틀림없이 유용하며, 진리 그 자체 또한 하나님 나라의 핵심 가치를 뚜렷하게 표현해 주고 있다. 예수님이 한 유력한 바리새인의 집에서 저녁식사를 하셨다는 사실을 고려한다면, 예수님의 질책은 공식석상에서 스스로를 높이는 종교 지도자들을 겨냥한 것이었다.

또 다른 구절, 14장 12-14절은 점심이나 저녁에 초대받는 사람들을 다루고 있다. 시간대가 갑자기 넓어진다. 이는 결정이 영원의 관점에서 내려져야 함을 암시한다. 점심이나 저녁에 초대할 사람을 결정할 때 그 손님이 답례할 수 있을지 여부가 고려 대상이 되어야 한다. 주인은 이기적으로 현세에서의 답례를 기대할 것이 아니라, 답례할 수 없는 사람들을 초청함으로써 "의인들의 부활"(14:14) 시에 보상받을 것을 기대해야 하는 것이다.

따라서 이렇게 가난하고 약한 자들을 초대하면 그들이 하나님 나라에서 오히려 초대한 사람이 보상받도록 하는 역할을 하게 된다. 예수님의 이 말씀에는 당신의 말씀을 듣는 자들을 보상이 주어지는 하늘의 참 잔치로 초대하신다는 뜻도 포함된다. 예수님은 주인이 되고 듣는 자들은 잠재적인 손님이 된다. 듣는 자는 예수님께서 지금 선언하시는 하나님 나라의 복음을 받아들일 것인지를 결정해야 한다.

예수님은 권위가 충만한 그의 복음 선포를 가난한 자의 문제와 연결시킨다. 예수님은 듣는 자들에게 '너희는 약한 자들 뒤에 계신 하나님의 권위를 보는가?' '너희는 너희의 저녁식사에 초대할 사람들에 대한 너희의 행동이 얼마나 중요한지 아는가?' '너희는 가난한 자, 불구자, 저는 자, 눈먼 자와 식탁 교제를 할 만큼 그렇게 겸손한가?'라고 물으신다.

다음 구절 14장 15-24절은 큰 잔치 비유다. 하나님 나라와 잔치의 개념이 이전의 두 구절에도 반영되어 있지만, 그 명백한 표현은 여기서 나타난다. 예수님이 이 비유(14:16-24)를 손님들 중에 "하나님의 나라에서 떡을 먹는 자는 복되도다"라고 말한 사람에게 주는 답변이었다는 점에서, 이는 하나님 나라에서의 종말론적 잔치에 관한 비유일 수밖에 없다.

이 비유에서, 처음 초대받은 사람은 부자들이었다. 이 사람들이 주인에 의해 두 번씩이나 초대되었다는 사실은 이들이 부자라는 것을 암시한다(Jeremias 1963:176-177). 부자는 주인의 초대를 무시했고, 그래서 화가 난 주인은 하인에게 "가난한 자들과 몸 불편한 자들과 맹인들과 저는 자들"을 데려오라고 했다(14:21).

이 네 종류의 사람은 예수님께서 점심 또는 저녁을 베푸셨을 때 듣는 자들에게 초대받으리라고 하신 그 사람들과 동일한 사람들이다. 그래도 빈자리가 있어서 더 많은 사람들이 초청받았다.

이때 하인은 "길과 산울타리 가"로 나갔고(A. Marshall 1976:303) 그들을 억지로 들어오게 했다. 이 비유가 누가-행전 전체를 통해서 일어나고 있는 일이 무엇인가라는 관점에서 해석된다면(거꾸로 누가-행전이 이 비유에 의해 해석되어서는 안 된다는 의미다. J. T. Sanders 1987:135), 이 비유는 이러한 의미로 설명될 수 있다. 하나님은 원래 부유한 유대 사람들을 초대했지만, 그들은 초청을 무시했고 그래서 종말론적 잔치에 참여할 기회를 잃었다. 그 결과 유대 사회에서 가난하고 약한 자들, 심지어 유대 지역을 벗어나 살고 있는 이방인이 그 자리를 대신 채우게 되었다. 비유에서 주인이 "내 집을 채우라"(14:23)고 말한 것처럼, 유대인이 불복종한다고 해서 하나님의 계획이 좌절되는 일은 없는 것이다(Fitzmyer 1981-85, II:1054). 비참하게도, 처음에 초청받은 손님들 중 누구도 잔치를 맛보지 못하게 될 것이다. 하나님의 미션에 가난하고 약한 자 그리고 후에는 이방인이 참여하게 되는 것이다.

22장 14-30절의 최후의 만찬과 고별 설교는 제자들 사이의 경쟁과 예수님의 응답에 관한 이야기를 포함한다. 예수님이 죽기 전 제자들과 마지막 만찬을 하시고, 그를 기념하여 성만찬을 집행하셨다는 사실을 고려할 때, 가장 큰 자가 되려는 제자들의 투쟁은 임박한 죽음에 직면한 예수님의 마음과 극명하게 대비된다(Tannehill 1986-90, I:254).

22장 15절의 시작 부분에서, 예수님은 제자들과 유월절 식사를 함께하기를 간절히 원하신다. 그는 다가올 나라가 완성되기까지 더 이상 유월절 식사를 하지 못하시기 때문이다. 이 저녁 식사는 예수님께서 간절히 고대하신 하나님 나라에서의 잔치를 상징한다. 그는 또한 고난을 피하지 않고 직면하게 될 유월절 어린양이다. 그는 속죄로 죽을 운명이었다. 즉 하나님의 계획에 포함되어 있던 것이다(Tannehill 1986-90, I:254). 그다음 벌어지는, 떡을 떼고 포도주를 마시는 성만찬 예식에서, 예수님은 식사와 교제의 중심에 당신의 죽음으로 인한 속죄 사역이 자리하고 있음을 다시 한번 충실히 설명하신다.

이 분위기와 극명한 대조를 이루는 것으로, 예수님은 그를 배반하는 자와 가장 큰 자가 되려 한 제자들 간에 일어난 분쟁에 대해 언급하기 시작하신다. 동일한 분쟁이 한 번 이상 발생했다는 사실(9:46)은, 예수님의 공생애 동안 제자들이 이와 같은 인간 본성의 죄악된 면으로 인하여 계속적인 문제를 야기해 왔음을 암시한다(I. Marshall 1978:11). 9장 45절은 제자들이 인자의 고통에 대해 이해하지 못했음을 알려 준다. 9장 46절에서, 그들은 서로 경쟁하고 다투었다. 인자의 고통에 관한 이해 능력 부재는 누가 큰 자인가에 관한 싸움과 직접 관련된다. 그들의 무지는 명백했다. 똑같은 문제가 이 마지막 만찬에서도 발생한 것이다(Tannehill 1986-90, I:262).

죽음이 임박했음을 예견한 예수님은 종으로서 당신의 역할을 묘사하려 노력하셨다. 그는 하나님과 인간을 섬기기 위해 죽으실 참이었다. 저녁을 먹을 때 예수님은 자신을 식사 중에 있는 사람과는 반대의 입장에서 식탁에서 섬기는 역할 즉 웨이터와 같다고 생각하셨다(I. Marshall 1978:814).

하지만 인자의 수난은 제자들에게 감추어졌고, 그래서 그들은 다시 다투었다. 이방인의 임금들이 저희를 주관하고, 사람들을 집권하는 자들은 은인이라 불리게 된다(22:25, I. Marshall 1978:812). 하지만 이는 제자들을 위한 길이 아니다. 가장 위대한 자는 가장 어린 자 즉 "구조화된 집단 속에서 가장 나중에 들어온 자"(Fitzmyer 1981-85, Ⅱ:1415)와 같아야 하고, 지배하는 자는 섬기는 자가 되어야 한다(22:26). 여기서 핵심은 가장 어린 자와 종이 식사 중에 섬겨야 하고, 제자들도 또한 섬기는 자가 되어야 한다는 것이다. 예수님은 당신이 그들 사이에서 섬기는 자라고 말씀하신다. 당신은 이미 제자들 앞에서 종으로서의 모델을 보여 오셨다. 제자들은 주 예수님을 따를 준비가 되어 있어야 했지만, 그렇지 못했다(I. Marshall 1978:811). 이러한 제자들의 문제는 사도행전 1장에 이를 때까지도 해결되지 못한다. 주 예수님의 죽음과 부활을 목격하고 나서야 제자들은 결국 그전과는 다른 삶을 영위하게 된다. 그때까지 예수님은 기다리신다.

제자들이 궁극적으로 그들의 사역이 종 됨임을 이해하게 될 것이라는 것, 그들이 교회의 지도자가 될 것임을 아시는 예수님은, 당신의 아버지께서 그에게 하신 것처럼 나라를 그들에게 수여하신다. 그들은 다가올 하나님 나라에서 이스라엘의 열두 지파를 심판하기 위해서 세워진다. 이는 유대의 권세자들이 이스라엘의 지도자로서 사람들을 섬기는 일에 실패했기 때문에, 섬기게 될 새로운 지도자로 대체된다는 것을 의미한다(Kingsbury 1991:28). 식탁으로 상징화된 종말론적 잔치와 하나님 나라에 대해서 말씀하시면서, 예수님은 하나님 나라의 핵심 가치를 나타내신다. 즉 섬김이다. 하지만 제자들에 의한 섬김의 참된 실천은 아직 나타나지 않고 있다.

| 구레네 사람 시몬, 백부장 그리고 아리마대 요셉 |

킹스버리(Kingsbury 1991:33-34)는 예수님의 수난 이야기에 등장하는 특별한 무리에 대해 언급한다. 그들은 '구레네 시몬, 십자가 아래의 백부장, 아리마대 요셉'(23:26, 47, 50)이다. 누가복음에서는 제자들이 수난 기간 동안 주님을 버리는 것이 나타나지 않는다. 하지만 유다는 배반자가 되고, 베드로는 종교 지도자들이 예수님을 붙잡아 갈 때 "멀찍이" 예수님을 따르다가(22:54), 후에 예수님을 세 번이나 부인했다. 모든 제자들은 예수님이 십자가에 못 박혀 죽는 것을 멀리 서서 보았다(23:49).

제자들과는 대조적으로, 위의 세 인물은 예수님을 위해 제자들이 당연히 해야 할 일을 대신했다. 예수님께서는 자신의 제자 되는 조건이 십자가를 지고 당신을 따르는 데 있다고 여러 번 말씀하셨다(9:23, 14:27). 예수님이 십자가를 지고 사형장에 끌려가실 때, 제자들이 아닌 구레네 시몬이 십자가를 대신 지고 예수님을 따랐다(23:26). 베드로는 예수님이 하나님의 그리스도(9:20)라고 고백한 바 있다. 그리고 제자들은 군중과 함께 예수님을 주의 이름으로 오시는 왕으로서 환호했다(19:38).

하지만 예수님이 십자가에서 홀로 죽으시고 굴욕당하실 때, 하나님을 찬양하며 예수님을 의인이라고(23:47) 주장한 사람은 제자 중의 하나가 아닌 백부장이었다. 베드로는 죽기까지 주님을 따르겠다고 맹세한 바 있다(22:33). 그리고 제자들은 예수님의 공생애 동안 예수님을 가장 가깝게 따르던 이들이었다. 그런 제자들이 예수님이 수난받으시는 동안 권세자들에게 접근하는 것조차 두려워하고 있을 때, 동료들이 공회에서 결정한 것에 동의하지 않은 아리마대 요셉은 빌라도를 찾아가 예수님의 시체를 요구했고, 명예로운 장례를 치러 드렸다(Kingsbury 1991:33-34).

이 예를 통해 볼 때, 약함으로부터의 선교는 어떤 특정한 사람이나 그룹을 통해서만 이루어지는 것이 아님이 명확해진다. 누구든지 하나님의 선교에 포함되거나 제외될 수 있다. 예수님의 수난사에서는 위의 세 사람이 제자들을 대신했다. 이 사건은 제자들을 겸손하게 만든다. 약함으로부터의 선교가 항상 어떤 개인이나 집단의 관점이 아닌 하나님의 관점으로 이해되어야 한다는 것을 보여 주는 좋은 실례다.

| 그 외의 고찰 |

여기서 나는 약함으로부터의 선교 관점에서 하나의 큰 그림으로서 누가복음을 이해하고, 몇 가지 쟁점을 다루고자 한다. 어떤 특정 논제 아래 다룰 수 없는 몇몇 비평적 논점들이 존재하는 것 같다. 하지만 그것들도 여전히 약함으로부터의 선교라는 주제

에 밀접하게 관련되어 있다. 다음 다섯 가지를 제시하고자 한다.

첫째, 예수님의 약함으로부터의 선교가 예루살렘 또는 예루살렘의 역할과 대조적이라는 점이다.[11] 일반적으로 누가복음의 구조는 다음 네 단계로 구분될 수 있다. (1) 예수님의 사역을 준비하는 단계, (2) 갈릴리에서 예수님의 사역, (3) 예루살렘까지 가는 길에서 예수님의 사역 그리고 (4) 예루살렘에서 예수님의 사역이다(Van Engen 1998a:35).[12] 예수님이 여행하시고 예루살렘에 접근하심에 따라, 우리는 예수님의 약함으로부터의 선교가 예루살렘의 이미지와 근본적으로 모순되며, 또 예루살렘에 의해 배척받는다는 것을 분명하게 알게 된다. 누가복음의 첫 부분에서는 예루살렘이 단순히 예수님의 목적지인 것처럼 여겨진다. 하지만 차후에 우리는 예루살렘, 혹은 의인화된 예루살렘(19:41-44)이 적대감을 가지고 예수님을 기다린다는 것을 알게 된다. 그러므로 예수님은 예루살렘을 향해 올라가기로 굳게 결심하신 것이다(9:51). 결국 예루살렘은 예수님을 반대하고 그를 죽인다. 불행하게도, 예루살렘은 예수님을 죽임으로, 당신께서 약함으로부터의 선교를 완성하시는 데 도움을 주게 된다. 예루살렘은 예수님이 당신이 죽을 장소(exodus, 즉 별세하실 장소, 출애굽과 관련 있음-역주)로 알고 계신 곳이다(9:31). 따라서 예루살렘에 대한 최종 심판은 19장 43, 44절에서 선언된 셈이다

둘째, 누가가 예루살렘을 다루는 데 있어서 급진적이면서도 보수적이었다는 점을 추가하고자 한다(Tannehill 1986-90, I:31). 누가의 생각에는, 예루살렘은 종교 권세자들이 사람들에게 힘을

행사하는 곳인 동시에, 하나님의 백성들의 사랑을 받는 거룩한 도시다. 예루살렘에는 경건한 사람들이 하나님을 예배하는 성전이 있다. 누가복음의 첫 부분에서 예루살렘은 거룩한 도시로, 성전이 있는 거룩한 곳으로 아름답게 묘사되어 있다. 사가랴는 성전에서 가브리엘 천사를 보았고, 어린 예수님은 부모와 함께 예루살렘으로 올라가(2:22) 성전을 보신다(2:27). 경건한 시므온은 성전에서 예수님을 맞이하고(2:28), 선지자 안나는 성전 안에서 예수님을 보고 하나님께 감사를 드린다. 예수님은 열두 살이 되었을 때도 유월절을 지키기 위해 예루살렘으로 올라가셨다.

복음서의 마지막 부분도 예루살렘과 성전이 예수님과 제자들에게 여전히 중요한 존재라는 점을 설명한다. 제자들은 예수님이 죽은 후에도 여전히 예루살렘에 남는다(24:33). 부활하신 예수님은 제자들에게 능력을 입을 때까지 예루살렘에 머물라고 말씀하신다(24:49). 예수님은 제자들에게 당신의 이름으로 죄 사함과 회개가 예루살렘을 시작으로 모든 족속에게 전파될 것이라고 말씀하셨다(24:47). 예수님의 승천을 목격한 제자들은 감람산을 떠나 예루살렘으로 돌아와서는 늘 성전에 있었다(24:53). 누가는 이처럼 예루살렘에 대해 균형을 잃지 않고 언급하고 있다. 약함으로부터의 선교도 마찬가지로 균형을 잃지 않아야 한다.

셋째, 십자가상에서 예수님의 죽음은 누가복음에 나타난 약함으로부터의 선교의 궁극적인 예다. 그분의 죽음은 극단적이면서도 아름다운 겸손, 종 됨 그리고 하나님의 약함을 보여 주고 있다.

넷째, 누가복음에서 제자들은 아직 약함으로부터의 선교를 배우거나 실천하지 못하고 있다. 그러나 예수님은 이미 그들을 약함으로부터의 선교의 동역자로서 간주하신다(예를 들면, 10:21, 18: 28, 29, 22:28-30).

다섯째, 이방인을 위한 선교라는 주제의 발전이 이미 누가복음에 자리 잡고 있다. 적어도 한 명의 이방인(7:2-10)과 서너 명의 사마리아인이 유대인들과 대조되는 인물로 등장한다. 그러나 완벽한 설명은 사도행전에서 나타날 것이다.

사도행전에 나타난 약함으로부터의 선교

누가는 사도들의 선교 이야기가 당연히 예수의 이야기를 이어 가야 한다고 보았다. 이유는 초대교회의 선교가 이미 예수님에 의해 예언되었고, 선교의 모델 역시 예수님에 의해 세워졌기 때문이다(Dupont 1979:13). 따라서 사도행전은 누가복음서를 이어 가지만, 한편으로는 그 자체만으로 독특하다. 사도행전에서는, 예수님이 가르치고 설명하신 모든 것이 성령에 의한 교회의 공동 생활을 통해 나타난다. 일어난 일련의 역사적 사건들은 예수님께서 이미 말씀하신 것들에 구체적인 의미를 부여한다.

이로 인해 제임스 A. 버그퀴스트(James A. Bergquist 1986:1)가 가난한 자를 위한 복음이라는 주제, 혹은 주변에 처한 사람에 대한 예수님의 관심 즉 약함으로부터의 선교라는 주제가 사도행전에서는 점차 희미해진다고 말했는데, 이는 잘못된 이해에서 비롯된 것임을 알 수 있다. 오히려 이와는 정반대로, 약함으로부터의 선교 가치는 초대교회의 역동적인 복음화 운동을 강하게 뒷받침하고 있다.

1장 17, 25절에 등장하는 봉사를 나타내는 헬라어 디아코니아는 누가복음 22장에서 예수님과 제자들이 나눈 대화 그리고 그때 언급된 리더십과 디아코니아에 관한 예수님의 말씀을 기억나게 한다. 예수님의 십자가 죽음, 부활, 승천을 목격한 제자들은 이제 오순절이 오기 전이지만 이미 자신들이 감당해야 할 사역의 성격을 이해하게 된다. 1장 17절에서, 베드로는 지상 사역 당시의 예수님과 함께한 사도의 사역이 봉사직이었음을 지적하면서, 가룟 유다가 다른 열한 명과 함께 디아코니아 역할을 맡았다고 설명한다.

1장 25절에서 언급된 베드로의 말에 의하면, 봉사직은 사도직 이전에 주어지고, 봉사직과 사도직은 열한 명과 유다를 대신할 사람에게 있다는 것이다. 따라서 제자들의 사역과 초대교회 사역의 중심에 봉사직이 있다. 이는 또한 자신들의 사명이 봉사직이라는 것을 이해하지 않고 오순절이 일어날 것을 기대해서는 안 된다는 것을 보여 주는 것이기도 하다. 성령과 그의 능력을 받는 것은 단지 하나님과 다른 사람들을 섬기기 위한 것이다. 이것을 넘어선 어떤 것도 하나님 나라의 복음에 위반되는 것이다. 누가복음은 22장 24-30절 이후로 제자들의 태도에 거대한 변화가 일어났음을 묘사하고 있다.

6장 1-4절에서는 '디아코니아'라는 단어가 세 번 등장한다(Van Engen 1998a:131).[13] 사도들은 사람들에게 일곱 집사를 선택하도록 허락했다(성경에는 그들이 집사였다는 증거가 없다). 헬라파 유대인 과부들이 매일의 구제에서 빠지는 바람에(행 6:1), 이 문제를 해결하기 위해 베드로와 열한 사도는 사람들을 구제로 섬기는 것(diakonize)을 담당할 일곱 집사를 선택하도록 허락했다(6:3, Van Engen 1998a:134, 135). 이렇게 해서 일곱 집사가 선택되면 사도들은 말씀으로 섬기는 데(디아코니아) 전념할 수 있게 된다(6:4).

두 종류의 섬김이 있다. 구제로 섬기는 것(serving tables)과 말씀으로 섬기는 것(the service of the word). 둘 다 섬김이지만, 사도들에게는 말씀으로 섬기는 것이 우선되어야 했다(Tannehill 1986-90, Ⅱ:82). 누가복음에서 과부들은 언제나 중시되었고, 역전을 통해 높임을 받았다. 사도행전에서도 그들은 하나님이 위대한 일을 하시는 데 도구로 사용된다. 과부들을 돌볼 필요성이 하나님에 의해 사용되는 것이다. 이 연약한 과부들을 섬겨야 하기 때문에 두 가지 섬김의 사역이 발전된다. 이 섬김의 사역으로 인해 하나님의 말씀이 흥왕하게 되었다(6:7).

어떤 점에서, 사도행전의 이야기는 디아코니아의 주제에 의해 전개된다고 말할 수 있다. 디아코니아의 필요성 때문에 일곱 명이 선발된다. 음식을 제공하던 일곱 명 중에 처음 두 사람이 바로 스데반과 빌립이다. 스데반은 첫 번째 순교자가 된다. 빌립은 스데반의 순교가 원인이 된 박해 이후 전방 복음 전도자로서 사마리아로 간다. 사울이라 불리던 청년은 스데반이 하나님 오른

편에 서 계신 영광스러운 예수님을 바라보며 죽어 가는 장면을 지켜본다. 후에 심각한 기근이 로마 제국에 퍼졌을 때 안디옥의 제자들은 바나바와 바울의 손을 통해 유대의 형제들에게 디아코니아(부조-역주)를 보낸다(11:29). 유대의 형제들을 위해 디아코니아를 완성한 사울은 사도행전의 중요한 인물의 하나로 등장하기 시작했고, 이후로 핵심적인 인물로 나타난다(Van Engen 1998a:138).

초기 공동체의 생활방식[14]

누가복음에 나타난 주변인과 가난한 사람들에 대한 누가의 관심은 사도행전에서 갑자기 사라지지 않는다. 사도행전이 역전의 주제에 대해 그렇게 강조하지 않은 것처럼 보이는 이유는 2장 42-47절과 4장 32-37절의 두 요약에서 찾을 수 있다. 죽으시고 부활하신 예수님의 새로운 공동체 안에서 대립이 해결된 것이다. 사람들은 가난한 사람들의 필요를 충족시키기 위해 그들의 소유를 팔았다. 공동체 생활 속에서 낮은 자들은 높아지고 높은 자들은 십자가에 못 박히신 예수님의 이름으로 낮아지게 되었다. 공동체의 존재 그 자체가 역전의 결과다.

공동체에서 디아코니아는 구성원들로 하여금 참다운 코이노니아를 경험할 수 있게 한다. 예수님의 명령은 서로 돌보며 연합된 제자들을 통해 성취된다. 열두 제자는 누가복음에서처럼 다투지 않는다. 그들은 지도력에 있어서도 놀랄 만한 일치를 보인다. 무엇보다 공동체가 외부 관찰자들의 관심을 끈 것은 믿는 자들이 소유를 나누는 공동 생활을 했다는 것이다. '누구도 자기

의 소유를 자기 것이라고 하는 이가 없었고, 소유한 모든 것을 공
유했다'(4:32, Tannehill 1986-90, Ⅱ:46).

믿는 자들이 급진적이라고 할 만큼 자기 소유를 공유하는 생
활은 이상적인 디아코니아와 코이노니아를 분명하면서도 구체
적으로 보여 주는 것이다. 이 공유를 통하여, 공동체는 새로운 시
대가 시작된 것을 주위 사람들에게 보여 줄 수 있었다. 리처드 베
이티(Richard Batey)의 다음 진술은 옳다.

예수님이 제자들에게 디아코니아를 수행하라고 명령하심
으로써 이루어진 이 연합은 아나니아와 삽비라 사건에 의해 위
협을 받았다. 아나니아와 삽비라의 죽음(5:1-11)은 그들의 개인
적 부정직 때문만이 아니라 그들의 행위가 이제 막 탄생한 어린
교회의 연합을 위협하기 때문이었다. 그들의 거짓말은 초대교
회가 열어 놓은 새로운 삶의 방식을 직접적으로 방해하는 행위
였다.

후에 헬라파와 히브리파 간의 논쟁(6:1-6)은 교회의 일치를
다시 위협했다. 제자들은 일곱 집사를 세움으로 이 위협을 다시

피할 수 있었다. 다른 말로 디아코니아와 코이노니아에 대한 위협은 새로운 종류의 디아코니아 구조를 세우고 이 봉사를 실행함으로 제거되었다(Tannehill 1986-90, Ⅱ:47).

스데반의 설교

사도행전에서 스데반의 설교(7:2-53)는 신학적, 선교학적으로 중요한 패러다임의 변화를 가져왔다. 이 설교 이전에는, 기독교는 유대인들과 성전에 묶여 있는 것같이 보였다. 하지만 이 설교 이후로 기독교는 유대의 종교와 성전의 지역성으로부터 자유롭게 된다. 그리고 복음은 다른 장소와 다른 사람들에게로 옮겨가기 시작한다(O'Neil 1961:70).

성령과 지혜, 하나님의 은혜와 권능이 충만한 스데반은 설교를 통해 이스라엘의 장구한 역사를 비평함으로써 유대인들과 공감대를 형성하게 된다. 하지만 그의 태도는 유대인들에게 중립적이지 않다. 스데반에 따르면, 하나님이 아브라함에게 하신 약속을 이루실 때마다 이스라엘 백성이 하나님을 거부했다는 것이다. 하나님은 이스라엘을 애굽으로부터 자유하게 하셨지만, 이스라엘은 마음속으로 애굽으로 돌아가기를 원했다. 하나님은 백성에게 가나안 땅을 주셨지만, 백성은 하나님을 믿지 않고 거절했다. 하나님은 그들에게 "이곳에서"(7:7) 그를 섬길 것을 허락하셨지만, 그들은 "하늘의 군대"(7:42)를 섬겼다.

하나님이 역사를 통해 아브라함에게 하신 당신의 약속을 지키셨음에도, 이스라엘 백성은 하나님께 합당하게 감사하지 않았다. 그들의 불복종과 완악함의 누적이 결국 그들이 기다려 온 메시아인 예수님을 거절하는 결과를 가져왔다. 메시아를 거절하고 죽였으므로 이제 그들이 순종하지 않았다는 것이 분명해졌다. 그의 설교는 설교를 듣는 사람들에게 던지는 고발장이었다 (Tannehill 1986-90, Ⅱ:83-87).

사도행전에서 스데반의 설교는 어떤 면에서 누가복음 4장 16-30절과 그 궤를 같이한다. 이 두 설교는 복음이 궁극적으로 유대인에게서 이방인으로 돌아서게 될 것을 예시한다. 스데반은 복음이 성전에서 벗어날 것이라 예언했는데, 예수님 당시에 이미 그러한 일이 예수님의 고향 나사렛에서 일어났다. 예수님과 스데반은 이스라엘 백성의 선조가 주님께 복종하지 않았다는 구약의 이야기들을 인용했다. 그 결과, 예수님과 스데반은 듣는 사람들이 분노하도록 만들었고 심지어 살해하도록 유발했다. 그래서 이 두 설교는 누가복음과 사도행전의 이야기가 어떻게 전개될 것인가라는 그 방향을 제시하는 기능을 한다(Crockett 1966, Ⅱ; O'neill 1961:83).

스데반의 이야기는 극단적이면서도 비극적인 역전을 다룬다. 설교는 청중과 공유할 수 있는 역사로 시작한다. 청중은 그들 자신의 역사를 익히 알고 있다. 그러나 이야기가 펼쳐질수록 이스라엘 백성의 반복된 실패가 더 분명히 드러난다. 이스라엘은 위대한 약속과 희망으로 시작했지만 실패를 되풀이했다. 그럼에도 마침내 위대한 약속이 성취되는 때가 다가왔다. 이스라엘 백성이 말할 수 없는 기쁨과 엄청난 기대감으로 약속의 성취를 경험해야 하는 바로 그때에, 그들은 메시아와 그분으로 인한 희망을 거절했다. 비극적인 역전이 아닐 수 없다(Tannehill 1986-90, Ⅱ:88-92).

　사람들의 반응은 적대적이었다. 그들은 스데반이 "거룩한 곳"과 율법(6:13)을 범한다고 비난했다. 성전과 율법은 이스라엘 백성의 종교 생활에서 가장 중요한 두 기둥이었다. 스데반은 성전 자체를 반대한 것이 아니라, 그것에 집착하고 성전으로 오신 메시아를 거절하는 사람들을 반대한 것이다. 그분이야말로 참 성전이요, 성전의 영광이다(Crockett 1966, Ⅱ:309-310). 아래 인용한 래리모어 클라이드 크로켓(Larrimore Clyde Crockett)의 말이 옳다.

　성전 그 건물 자체는 우상숭배 행위도 아니고 성령을 거스르는 것도 아니다. 그러나 그것에 완강히 집착하고 그것을 대신하기 위해 오신 분을 죽이는 행위를 함으로써, 스데반의 청중은 성전을 우상으로 만들었다는 점에서 광야에서 모세를 거절한 후에 금송아지를 만들어 "그들의 손으로 만든 것을 즐거워하는" 사람들과 다를 바 없다. 이러한 관점에서, 스데반의 설교는 우선적으로 성전에 관해 잘못된 관점을 갖는 것을 반대하고 있지만, 누가복음에서 성전이 또한 "아버지의 집" 역할을 할 수 있다고 보는 긍정적인 면도 공존하여 조화를 이룰 수 있는 것이다(Crockett 1966, Ⅱ:309-310).

　율법에 대해서 스데반은 계속해서 사람들을 고발한다.

율법을 범한 사람은 스데반이 아니라 그들이었다. 그들은 성전과 율법 둘 다 반대하는 자들이었다. 그들이 메시아를 거부하고 죽였다는 사실만으로도 그들의 범죄가 드러난다.

그들의 실패는 단순히 신학적 오해와 무지에 기초한 것이 아니었다. 인간의 마음속에 자리한 죄 된 본성이 바로 실패를 야기한 것이었다. 사람들은 그들의 신학, 제도, 전통, 종교적 정통에 집착함으로써 힘의 자리를 추구했다. 여기에, 메시아 예수와 성령의 오심을 통해 사람들의 위치는 비극적 역전이 된 것이다. 이 역전은 누가복음에서 여러 차례 언급되는 것처럼 주님에 의해 수행되었다. 스데반은 순교의 순간에 담대하게 이 역전을 선언한 것이다.

| 스데반의 순교와 박해 |

스데반의 순교는 그 자신에게뿐만 아니라 초기 기독교 복음 운동의 과정 전체에 강력한 영향을 미쳤다(7:54-8:3, 8:4-8, 14-17, 25, 11:19-26). 이 사건을 약함으로부터의 선교 관점에서 보는 것이 중요하다. 왜냐하면 사도행전에서 드러나는 바와 같이 역사적 사실들이 이 선교가 아래로부터 그리고 약함으로부터 일어났음을 보여 주기 때문이다. 역사적 사실은 초기 기독교의 성장과 발전이 스데반의 순교와 그에 따른 박해와 직접적인 관련이 있음을 입증한다.

위에서 언급한 것처럼, 스데반은 초대교회가 과부들을 더 잘 돌보고 디아코니아를 위한 또 다른 종류의 사람들을 임명하면서 두각을 나타낸다. 여기서 스데반은 디아코니아의 원형이다. 약함으로부터의 선교를 설명하는 데 있어서, 나는 스데반의 순교가 어떻게 사도행전 7장 54절 이후부터 사도행전 이야기의 구조 속에서 시작점으로 자리 잡게 되었는지를 설명하고자 한다.

첫째는 스데반과 예수님의 관계다. 스데반의 죽음은 예수님의 죽음을 상기시킨다. 위협하는 권세자들 앞에서 스데반은 예수님이 "하나님 우편에 서신 것"(7:56)을 증거한다. 이것은 종교적 권세자들 앞에 선 예수님이 "이제부터는 인자가 하나님의 권능의 우편에 앉아 있으리라"(눅 22:69) 한 말씀을 상기시킨다. 이 두 사람은 임박한 죽음에 직면하고 있지만, 그들의 눈은 죽음을 초월한 너머의 실체에 초점을 맞추고 있다. 예수님과 스데반에게는 이 실체가 너무나도 강력한 것이기에, 참으로 약한 자는 이들의 목숨을 위협하는 종교적 권세자들이지 죽어 가는 그들 자신이 아니었다(Tannehill 1986-90, Ⅱ:98, 99).

돌에 맞아 쓰러진 스데반이 "주 예수여 내 영혼을 받으시옵소서" 그리고 "주여 이 죄를 저들에게 돌리지 마옵소서"라고 부르짖은 것은, 순서만 바뀌었지 예수님의 말씀과 아주 흡사하다 (눅 23:34, 46). 이 점에서 스데반은 약함으로부터의 선교를 행한 예수님의 계승자와 같다(Tannehill 1986-90, Ⅱ:98-99).

둘째, 스데반과 바울의 관계다. 스데반이 돌에 맞았을 때 그를 지켜본 사울이라는 젊은 남자가 있었다. 그를 죽이는 사람들을 용서해 달라고 주님께 드리는 스데반의 기도는 확실히 공허한 것이 아니었다. 사울이라 부르던 바울은 스데반의 죽음을 찬성하는 증인의 옷을 보관함으로써 스데반의 살인에 가담한 셈이었다. 그러나 그는 용서를 구하는 스데반의 기도의 수혜자 중 하나가 된다. 그는 후에 스데반이 겪은 것과 유사한 많은 고난을 경험한다. 더 나아가 21장 28절에서 그는, 스데반이 그런 것처럼 (6:13-14) 율법을 어기고 성전을 모욕했다는 비난을 받게 된다. 그리고 그는 스데반이 그런 것처럼(7:2, 22:1), 그 책임 추궁에 반응해 설교를 시작한다. 14장 19절에서, 바울은 돌에 맞고 거의 죽을 뻔했다(Tannehill 1986-90, Ⅱ:100).

스데반이 죽는 순간, 예수님과 스데반, 바울이 한자리에 나타난다. 스데반의 고통은 예수님의 것과 닮았다. 이후 바울이 받은 일련의 재판은, 특히 22장 24절 이후는 예수님의 재판과 유사하다. 11장 29, 30절에서 바나바와 바울(사울)은 유대에 살고 있는 형제들에게 디아코니아를 전하게 된다.

바울은 스데반이 그런 것처럼 디아코니아의 사람이 되었음을 증거한다. 마치 계승의 라인이 있는 것처럼 보인다. 예수님-스데반-바울. 이런 점에서 바울은 스데반의 계승자와 같다

(Tannelhill 1986-90, Ⅱ:99-101).

셋째, 박해와 사마리아 복음 전파의 관계다. 대박해는 스데반의 설교가 일으킨 직접적인 결과였다. 박해 직후, 복음이 빌립을 통하여 사마리아에 전해졌는데, 이 빌립은 일곱 명의 일꾼을 선택했을 때(6:5) 스데반의 이름 바로 뒤에 언급된 이름이다. 빌립은 스데반을 대신하는 일을 한 것이다. 그는 스데반이 행한 것처럼 놀라운 표적을 행한다. 그는 구제를 위해 섬겼지만(diakonize tables, 6:2) 이제 말씀을 위한 섬김(diakonia of the word)을 한다. 예수님의 예언(1:8) 성취로서, 더 나아가 스데반의 순교 이후 박해가 시작되면서 사마리아로 복음이 전파되기 시작한다.

넷째, 박해와 안디옥에서 그리스인들을 대상으로 한 복음 전파의 관계다. 박해로 인해 믿는 자들이 페니키아(Phoenicia), 구브로, 안디옥까지 흩어지게 되었다. 거기에서 그들은 처음에 유대인에게만 복음을 전했지만, 안디옥에서는 구브로와 구레네에서 온 무명의 사람들이 헬라인에게도 메시지를 전하기 시작했다. "주의 손이 그들과 함께하시매"(11:21) 많은 사람들이 주를 믿었다.

여기까지의 역사적 발전을 보면 흥미로울 뿐 아니라 어떤 통찰력을 얻게 된다. 과부를 돌보는 것이 구제를 위해 섬기는 일곱 명을 세우는 것으로 발전되었고, 다음에는 스데반의 순교, 대박해, 믿는 자들의 흩어짐, 익명의 믿는 자들이 복음 전도에 헌신, 이후로 변방 사람들(헬라인)에게로 복음이 전파되는 것으로 발전해 갔다. 결국 안디옥은 이방인 선교의 중요한 거점이 되었다.

여기서 사도행전의 중요 인물인 바울이 섬기는 지도자로 등장한다. 1장 8절의 예수님의 예언이 여기서 뚜렷하게 성취된 것이다. 참으로 역사는 한 사건이 또 다른 사건을 일으키며 전개된다. 그러나 내가 여기서 강조하고자 하는 것은, 과부를 돌보고 섬김의 사람들을 세우는 것과 같이 표면적으로는 별로 중요하지 않은 것처럼 보이는 요소들이 사실은 사도행전에서 전개될 중요한 사건들의 주요 원인이 되었다는 점이다. 약함으로부터의 선교 원리가 기독교 운동을 그 시작부터 강력하게 뒷받침하고 있음을 보는 것이다.

요약

누가복음에서는 다양한 사람들이 등장하고 약함으로부터의 선교의 다양한 측면들이 표면화된다. 그러나 이 모든 것을 하나로 묶는 것이 있다면, 이는 사람에 관한 것이라기보다는 하나님의 특성이 될 것이다. 하나님은 역전의 하나님이시다. 이는 누가복음에서는 마리아의 찬가에서 처음부터 언급된다. 이 역전을 통하여 약함으로부터의 선교는 복음서 전체를 통해 옹호된다.

사도행전에서 저자는 디아코니아라는 단어를 다루기 시작하고, 가난한 자에 대한 관심이 시작되는데 이 또한 디아코니아다. 이후 약함으로부터의 선교라는 주제는 초기 기독교 운동이 더욱 발전하는 데 중추가 된다.

저자인 누가에게는 누가복음과 사도행전이 신학적으로, 선교학적으로 서로 잘 연결되어 있으며 일관성을 가진다. 이 둘은 또한 약함으로부터의 선교를 강조하는 데 있어 통일성과 연속성을 가진다. 이 장의 서두에서, 누가복음과 사도행전이 두 권으로 된 한 책이라는 점을 주장한 바 있다. 누가복음과 사도행전이 약함으로부터의 선교 관점으로 분석된 지금, 이 주제를 다루는 데 있어 누가복음과 사도행전이 일치된다는 것이 분명해진다.

약함으로부터의 선교의 주제가 각각의 책에서 다른 형태로 표현될 수 있지만, 그 주제 자체는 궁극적으로 변하지 않는다. 이 차이는 이 주제에 관한 표현이 시간이 지남에 따라 어떻게 변화되어야 하는지를 나타낼 뿐이다. 누가복음에서는 역전이 일반적으로 유대인의 영역 안에서 발생하고, 사도행전에서는 그 테두리를 넘어서서 발생한다. 사도행전에서 그 영역은 심지어 유대인과 이방인 사이의 역전으로 뻗어 나가게 된다. 이는 하나님이 역전의 하나님이시기 때문이다. 하나님은 심지어 당신의 백성(유대인)조차 구하지 않으시고, 누가복음에서 발생하는 수많은 역전들은 사도행전에서 일어나는 역전의 당위성을 뒷받침한다. 하나님의 성품은 변하지 않는다.[15]

역사가요, 신학자로서 역사를 기록한 누가는 역사 그 자체가 신학적 문제들을 드러내도록 유도한다.[16] 듀폰(Dupont)이 말한 것처럼, 누가가 기록한 역사에는 "신학적인 의미가 부과되는 것이다"(1979:13). 그리고 이 역사는 급진적인 방법으로 약함으로부터의 선교를 확증한다.

오늘날, 하나님은 이 사회 속에서 지속적인 역전을 요구하신다.[17] 역전은 교회와 선교 갱신의 기초가 되고, 그 표현도 계속 달라질 것이다. 하나님 나라가 그 완성을 이룰 때까지 하나님에 의한 약함으로부터의 선교는 그의 종들을 통해서 이 세상에서 계속될 것이다.

이제부터 우리는 고린도전후서를 살펴볼 것이다. 이 서신들에서 사도 바울의 신학과 선교가 약함으로부터의 선교 관점으로 고찰될 것이다.

3

바울 신학에 나타난
약함으로부터의 선교

3장

바울 신학에 나타난 약함으로부터의 선교

이 장에서는 바울 신학(Pauline Theology)에 나타난 약함으로부터의 선교를 다룬다. 바울의 신학과 사역은 그리스도의 십자가와 밀접하게 관련되어 있어서, 그리스도 부활의 중요성을 약화시키기보다는 부활과 오순절 이후에도 십자가의 의미를 강조한다. 신학적으로 그리스도의 십자가를 강조했다는 점에서 바울은 십자가 신학자라 불린다(R. Martin 1981:121).[18] 이 장에서, 나는 바울이 희생과 겸손을 메시지의 중심으로 삼았다는 점에서 그가 십자가의 본질인 약함이라는 상징적 의미를 충분히 이해했다는 사실을 증명하고자 한다. 이렇게 독특한 약함의 자리에서 그는 자신의 사역을 이행했다.

나는 이 장에서 사도 바울이 다룬 모든 논점들을 설명하지는 않을 것이다. 그보다는 고린도전후서에서와 바울의 화해 신학에서 표현된 약함으로부터의 선교 요소들을 검증하고자 한다. 그렇다고 이 내용을 모두 철저하게 분석하겠다는 의도가 아니라, 약함으로부터의 선교에 관한 대표적인 부분들에 대해 설명하고자 한다.

첫 번째와 두 번째 서신의 내용이 서로 다르지만, 본문은 사도 바울이 직접적으로 큰 영향을 미친 동일한 고린도교회에 대해 기록한 것이다. 눈여겨보아야 할 것은, 약함으로부터의 선교 주제가 이 두 서신에 분명하게 드러난다는 점에서 이 서신들 사이엔 연속성이 존재한다고 말할 수 있다.

하지만 고린도전서에는 다양한 주제가 다뤄지고 있기 때문에 특정 주제가 서신 전체를 통해 지배적이라고 말할 수는 없다. 또한 임의의 주제로 전체를 묶을 수도 없다. 그러나 이 서신의 1, 2장을 보면, 이 서신은 하나님의 약함 즉 십자가에 달린 메시아를 강조하는 기독론으로 시작됨을 볼 수 있다. 그리고 이 주제는, 십자가에 달린 메시아가 '현재의 윤리적인 삶의 패러다임'(고전 4:9-13, Fee 1987:17)으로 제시되면서 서신 전체에서 근본적으로 중요한 주제로 남는다. 이 편지에서 우리는 바울이 세상적인 지혜와 모순되는 것으로서 십자가에 못 박힌 메시아의 복음을 나타내는 1장 18절-2장 5절을 조심스럽게 살펴볼 것이다.

| 십자가에 달린 메시아[19] |

1장 18-25절에서 사도 바울은 복음의 핵심인 십자가와 십자가에 매달린 그리스도를 설명한다. 십자가의 메시지는 멸망하는 자들에게는 단지 미련한 것일 뿐이다. 하지만 바울에 따르면(고전 1:19), 이는 하나님의 어리석음이 지혜로운 자들의 지혜를 멸할 것이라는 구약의 예언을 성취하는 것이다. 이 구절의 핵심 주제는 이 편지 전반에 걸쳐 중요하게 작용한다. 전능하신 하나님은 하나님의 약함을 즉 십자가에 달린 메시아를 통해서 사람을 구원하신다. 하지만 하나님의 약함이라는 이러한 신비로 인해, 고린도 사람들은 바울과 그의 복음을 오해한다. 참혹한 십자가 뒤에 숨은 하나님의 지혜와 전능하신 능력이 단순한 인간들에게 완전히 감추어진 것이다. 십자가는 하나님이 택하신 방법이라기엔 너무 굴욕적이라고 생각한 것이다(Fee 1987:68). 유대인에게 십자가는 저주의 상징(신 21:23)이라는 점에서 장애물이었고, 헬라인에게는 그것이 그저 우둔하게 비쳐졌기에 미련한 것이라고 치부해 버렸다(Lenski 1946:67). 그러나 이 어리석음이 바로 승리하는 것이다. 십자가에서 구약성경을 통해 약속된 위대한 역전이 이루어진다. 하나님은 복음의 미련함을 통해 믿는 사람들을 기꺼이 구원하시지만, 세상 사람들은 스스로의 지혜로는 하나님을 발견할 수 없었다. 하나님이 십자가상에서 성취하신 것 앞에서 이 세대의 지혜로운 자들의 지혜는 사라지고 만다(Lenski 1946:63; Fee 1987:70). 그래서 "하나님의 미련한 것이 사람보다 지혜롭고 하나님의 약함이 사람보다 강하다"(1:25).

고린도 신자들

1장 26-31절에서 바울은 고린도의 신자들을 '낮은 자들'이라고 표현한다. 이것은 그들을 그저 낮추기 위한 것이 아니라 복음 자체가 무엇을 의미하는지를 깊이 설명하는 데 있어 그들(고린도 교인) 자신의 위치도 포함되어 있다는 의미에서 그렇게 부른 것이다. 십자가에 매달린 메시아의 사역을 통해 복음을 선포하신 구원의 하나님은 약한 자와 낮은 자들을 그의 백성으로 삼으신다. 고린도 교인들은 그들의 비천한 근본을 지속적으로 상기하며 하나님의 약함이 그들처럼 낮은 자들을 구원하심에 잘 나타나고 있다는 걸 기억해야 마땅했다. 하지만 그들은 지금 세상적인 관점으로 바울과 그의 복음을 판단하고 있다(Fee 1987:79-80).

따라서 바울은 하나님께서 그들이 지혜롭고 강해서가 아니라 어리석고 약하기 때문에 그들을 택하신 이유는 지혜롭고 강한 자들을 부끄럽게 하려는 것이라고 강조한다. 하나님은 있는 것들을 폐하기 위해 없는 것들을 택하셨다. 하나님의 어리석음은 세상에서의 지혜로운 자와 강한 자들을 겨냥한 것이었다. 십자가에서 일어난 역전이 그들의 삶에까지 적용되어 마땅히 그들이 구속되고(redeemed) 하나님의 백성이 되었음을 이해해야 함에도, 그들은 그렇게 생각하지 않았다(Fee 1987:78).

바울은 "하나님께서 택하사"라는 구절을 네 번 반복한다(1:27, 28). 하나님은 어리석은 것, 약한 것, 낮고 천한 것, 멸시받는 것들을 그 정반대되는 사람들을 부끄럽게 하기 위해 택하셨다. 그러나 바울은 "없는 것들"(1:28)이라 언급하면서 "하나님께서 택하사"라는 말은 반복하지 않는다(헬라어 원어에는 여기에 "택하사"란 말이 없다-역주). "없는 것(the things that are not)"이라는 구절을 앞의 네 단어 그룹과 분리함으로써 바울이 "없는 것"이 다섯 번째 단어 그룹이 아니라 앞에 나온 네 단어 그룹을 대표해서 사용하고 있다는 걸 알 수 있다(Lenski 1946:76-77). 지혜는 어리석은 것들 속에 존재하지 않는다. 강함은 약한 것들 속에 존재하지 않는다. 훌륭한 것들은 하찮은 것들 속에 존재하지 않는다. 명예로운 것들은 멸시받는 것들 속에 존재하지 않는다. 바울은 하나님이 있는 것들(existence)을 폐하시려 없는 것(존재하지 않는 것, non-existence)을 택하신다고 말한다. 사실 이 세상에는 지혜, 힘, 권력, 훌륭한 것, 명예로운 것들이 존재한다. 그러나 바울은 그러한 것들은 가변적이어서 결국 사라지고 만다고 말하고 있는 것이다. 십자가를 통한 하나님의 종말론적 계시 앞에, 그들은 그림자 이외의 그 무엇도 아니다(Lenski 1946:78-79).

1장 29절에서, 바울은 1장 26-28절에 대한 결론을 내린다. "이는 아무 육체도 하나님 앞에서 자랑하지 못하게 하려 하심이라." 바로 이것이 낮은 자들, 고린도교회 그리고 우리를 "하나님께서 택하신" 궁극적인 목적인 것이다.

| 바울의 설교 |

바울은 복음과 고린도교회에 대해 언급하고 나서 2장 1-5절에서 자신에 대해 피력한다. 바울은 복음과 고린도교회뿐만 아니라 전도자도 약함의 특성을 지니고 있다고 선언한다(Fee 1987:89). 그에 따르면, 그의 약함은 그의 메시지에 어떤 흠도 가하지 않고, 하나님의 메신저로서 그의 권위의 진정성에도 손상을 주지 않는다. 오히려 이는 복음과 고린도교회에 공통적으로 존재하는 하나님의 약함의 표지라는 것이다. 그와 같은 목적을

위해, 그는 "예수 그리스도와 그가 십자가에 못 박히신"(2:2) 복음을 설교하고, 약하고 두려워하며(2:3) 그들에게 다가갔다. 그는 약함에 있어서 그의 주님과 닮았다.

그의 약함은 단순히 그 약함 자체를 위해 존재하는 것이 아닌, 세상의 지혜와 스스로 충족히 여기는 마음(self-sufficiency)을 뒤집고 하나님의 참 능력이 흐르는 통로가 되기 위한 것이다(Fee 1987:94). 그와 그의 메시지는 약함으로써 세상의 지혜와 구별되기 때문에, 성령은 이 메시지와 메신저와 함께하시고, 또 그들에게 힘과 능력을 허락하신다. 따라서 하나님은 고린도교회에게 하나님과 그의 메시지 안에만 그들의 믿음을 두도록 허락하신다. 이와 같이 바울의 메시지는 사람의 것이 아니고 하나님으로부터 온 것이라는 사실이 분명해짐으로써 바울 자신의 정당성을 입증받게 된다.

여기서, 바울의 설명이 오해되거나 왜곡될 여지가 있다. 바울의 설교(logos)와 선포(kerygma)는 단순히 설득력 있는 지혜의 말이 아니라 성령과 능력의 나타남이다. 어떤 점에서, 성령과 능력은 상호 교환적으로 사용된다(Fee 1987:95). 성령과 능력은 설득력 있는 지혜의 말과 대조된다. 성령과 능력은 바울의 메시지에 수반되는 이적과 기사를 의미하는 것일 수도 있다. 그러나 초점은 그의 사역과 은사의 표면적인 능력이 아니다. 만일 그가 말하고자 하는 것이 이런 것이라면, 1장 18절-2장 5절에서 약함에 대해 언급한 것을 배반하는 것이 된다. 그가 강조하는 것은 사역의 결과(열매) 즉 십자가에 못 박힌 메시아의 복음에 의해 일어난 고린도 교인의 개종과 변화에 관한 것이다. 고린도 교인의 삶의 변화는 바울에게 있어 그의 설교의 능력과 그가 추구하는 것의 가장 신빙성 있는 표적이다(Fee 1987:94-95). 이렇듯 고린도 교인들과 바울 간에는 그리스도와 그 복음을 이해하는 데 있어 궁극적인 차이가 존재했던 것이다.

고린도후서에 나타난 약함을 통한 능력

고린도후서에서, 약함으로부터의 선교 주제는 고린도전서보다 한층 더 깊이 있으며 범위도 광범위하다. 사실상 바울의 약함으로부터의 선교신학에서 봤을 때 이 서신이야말로 우리에게 가장 중요한 근거를 제공한다. 다양한 종류의 소주제들이 실제 상황과 뒤섞이면서 하나의 편지를 구성하지만, 우리는 이를 다음 네 가지의 소주제로 분류할 수 있다. (1) 고난을 통한 위로, (2) 죽음을 통한 생명, (3) 가난을 통한 부요 그리고 (4) 약함을 통한 강함(Savage 1996:1)이 그것이다. 이를 통해 나는 고린도후서 속에 나타난 약함으로부터의 선교적 주제가 편지 전체를 통해 더 분명하게 설명될 수 있기를 희망한다.

마거릿 E. 스랄(Margaret E. Thrall 1965:3-10)과 빅터 폴 퍼니쉬(Victor Paul Furnish 1984:35-54) 같은 학자들은 바울이 고린도교회에 다섯 통의 편지(A, B, C, D, E)를 보냈다고 믿는다. 편지A는 고린도전서보다 앞선다. 편지B는 현재의 고린도전서다. 편지C는 고린도전서와 후서 사이에 쓰였다. 그리고 나서 편지D(고린도후서의 1-9장)와 편지E(고린도후서의 10-13장)가 기록되었다. 학자들은, 현재의 고린도후서가 먼저 쓴 1-9장과 후에 쓴 10-13장의 두 편지를 합친 것이라는 주장에 동의한다(Barrett 1973:9-10; Furnish 1984:35).[20] 현재의 고린도후서가 두 개의 다른 편지를 합친 것이라는 사실을 고려한다 할지라도, 그것이 우리가 이해하고자 하는 고린도후서 전체를 통해 일관되게 나타난 약함으로부터의 선교 주제에 영향을 미친다고 말할 수 없다.

| 고난을 통한 위로(comfort) |

위로에 관한 바울의 언급은 고린도 사람들을 축복한 후에 바로 시작된다(고후 1:3). 신랄한 변명의 말을 길게 쓰기 전에 바울은 '위로(paraklesis)'와 같은 따뜻한 단어로 편지를 시작한다. 특히, 고통을 통해 경험한 위로에 관한 언급은 의심할 여지없이 고린도교회를 향한 참 목회자로서 그 마음을 표현한 것이다(Savage 1996:1). 그는 고린도교회를 향한 위로, 하나님의 위로를 소망했다.

하지만 이 위로는 하나님의 위로뿐만 아니라 사도들(바울과 디모데)을 통해 전해진 위로이기도 하다. 하나님의 위로는 우선적으로 고난 가운데 있는 사도들에게 전해졌고, 그다음에 환난 중에 있는 자들(1:4)에게 다시 전달되었다. 실제로 사도들의 고난으로 인해 고린도교회가 위로받을 수 있었다.

이때 사도들에 의해 위로를 받은 사람은 물론 고린도 사람들이다. 우리는 고린도의 믿는 자들이 어떠한 고난 가운데 있었는지 알지 못한다. 하지만 고통은 적대적인 세상에 살고 있는 성도들에게는 피할 수 없는 것이다(R. Martin 1986:10). 전체 그리스도의 몸이 그리스도의 고난에 동참하도록 부름받은 것같이, 그들도 그리스도의 몸 된 지체들로서 고통받고 있었다(Furnish 1984:121).

위로에 관한 한, 사도들이 그 근원 자체가 되는 것은 아니다. 그들은 위로를 전달하는 대행자일 뿐이다(Furnish 1984:121). 이러한 위로는 사도들의 고난을 통해 고린도교회에 전달된다. 따라서 사도들의 고난은 하나님으로부터의 위로를 고린도교회에 전달하는 도구가 되는 것이다.

1장 5절에서 바울은 '~한 것같이 ~도 또한(just as ~ so also)'의 구조를 사용한다. 바울은 '그리스도의 고난이 우리에게 넘친 것같이 그의 위로도 우리에게 넘치는도다'라고 기록할 수도 있었을 것이다. 그러나 그보다 문장 뒷부분에서 "우리가 받는 위로도 그리스도로 말미암아 (너희 속에) 넘치는도다"라고 언급한다(Furnish 1984:118). 이는 사도들이 모든 고난을 경험했기 때문에 위로가 다른 사람들에게 흘러넘친다는 것을 의미한다.

고난과 위로는 사도들과 고린도교회에서 공히 경험된다. 그 순서가 중요하다. 첫째가 고난이고 그다음이 위로다. 고린도 교인들은 고난의 참여자가 되면서, 또한 위로의 참여자가 된다. 하지만 이는 사도들의 고난이 고린도교회 고난의 원인이라는 의미가 아니다. 오히려 그들은 고린도교회에 위로와 구원을 전하는 통로가 된다(Furnish 1984:120). 이런 방법으로 사도들과 고린도교회는 특별히 긴밀한 관계를 맺는다.

여기서 중요한 것은 '약함 속의 강함'의 형태가 고난과 위로의 경험을 통해 분명해진다는 점이다. 시작부터 바울은 자신

에게 고난이 임한다고 해서 자신이 그리스도의 종이며 사도라
는 것이 부정되지 않는다고 주장한다. 오히려 그의 고난을 통
해 고린도교회의 믿는 자들이 위로를 경험한다고 했다(R. Martin
1986:10-11).

죽음을 통한 생명의 주제는 4장 7-15절에 나타난다. 여기서
바울은 죽음을 피할 수 없는 사도들의 인간조건과 그것이 오히려
복음을 전달하는 자에게 적합한 조건이 된다는 것, 그 상호관계
를 묘사한다(Furnish 1984:278). 영광의 복음이 사도들처럼 깨지기 쉬
운 질그릇에 담긴 이유는 이 모든 탁월한 능력이 사도가 아니라
하나님으로부터 말미암는다는 것을 보여 주기 위함이다(4:7).

계속해서 바울은 4장 8, 9절에서 흙으로 만들어졌지만 보호
받는 그릇으로서 그들의 고난에 대해 묘사한다. 그들이 가혹한
고난을 당하는 이유는 그들 안에 그리스도의 죽음을 가지고 있
기 때문이다(4:10a). 하지만 그들은 예수의 생명이 죽게 될 사도
의 몸 안에서 드러날 수 있도록 보호를 받는다(4:10b). 바울은 여
기서 예수의 죽음(4:10b)을 당신의 죽음을 목적으로 달려가신 예
수님의 전 생애 자체를 가리킨다고 이해했음이 분명하다. 그리
고 이것이 사도들의 삶에도 동일한 방식으로 여실히 드러나는
것을 본다. 이에 대해선 4장 11절에서 보다 더 확실하게 설명된
다. 사도들은 예수를 위하여 끊임없이 죽음으로 넘겨진다(Furnish
1984:283). "예수님을 위하여"라는 구절은 그리스도와 연합되었

다는 것을 의미한다. 그리스도와 연합한다는 개념에서 벗어난 죽음을 통한 생명 사역은 설명될 수 없는 것이다.

바울에게 생명과 죽음은 동전의 양면과 같다. '죽음'과 '생명' 모두가 그들 안에 있다(4:10). 그리고 '살아 있는' 사도들은 그리스도의 '생명'이 그들의 '죽어야 할' 몸 속에서 드러날 수 있도록 '죽음'에 넘겨진다(4:11). 하지만 이 말은 단순한 역설 이상을 의미한다. 그들의 죽음의 경험은 무엇보다 예수님을 위해서다(4:11, 참고 4:5). 게다가 고린도교회를 위한 것이다. 바울의 핵심은 4장 12절 안에 있다. 고린도교회가 영광의 복음을 위한 사역자인가를 두고 사도들을 의심하는 동안, 그들은 생명이 고린도교회에서 역사할 수 있도록 죽음을 경험한다는 것이다.

하지만 죽음을 통한 이 생명은 단순한 거래 행위가 아니다. 위에서 언급한 것처럼, 생명은 그리스도와의 연합을 통하여 나타난다. 그리스도는 죽었고 죽음에서 사셨다. 사도들은 그리스도와 함께 죽었다가 살아났다. 그리스도와 함께 그리스도의 죽음을 경험했고, 그 결과 그리스도와 함께 다시 살아났다. 그리스도의 생명이 사도들의 생명에서 넘쳐흘러 고린도교회의 생명으로 흘러들어 간다. 그 대가로, 고린도교회가 그리스도와 함께 똑같은 죽음을 경험해서 다른 사람들이 그들을 통해 그리스도의 생명을 경험할 수 있도록 해야 한다. 그러나 고린도교회는 이를 보여 주지 못하고 있었다. 그들은 생명을 경험하기를 원하면서도 죽음의 경험은 원치 않았다. 왜냐하면 그들은 죽음을 통해 생명이 역사한다는 진리를 알지 못했기 때문이다(Hooker 1979:81-82).

바울은 8장 1-15절에서 예루살렘의 믿는 자들을 위해 고린도교회에 헌금을 호소하고 있다. 바울이 교회에게 예루살렘교회를 지원해야 한다고 역설한 데는 적어도 두 가지 중요한 이유가 있다. 첫째는 소유가 많은 자신의 교회들이 예루살렘의 궁핍한 성도들을 위해 나누기를 원했다(8:13-15). 그래서 바울은 때때로 이 헌금을 디아코니아로 묘사했는데(롬 15:31; 고후 8:4, 9:1, 12, 13), 이는 실제로 적절한 표현이다(Furnish 1984:410-411).

둘째, 바울은 이 헌금을 통해 자신의 교회들과 도움을 받게 될 예루살렘교회가 하나로 뭉치기를 원했다. 그래서 바울이 이를 코이노니아라 표현한 것이다(롬 15:26, 27; 고후 8:4, 9:13). 이를 통해 우리는 바울이 세운 이방인 교회들과 예루살렘에 있는 유대인 교회가 사랑으로 일치하고 서로 협력하기 원한다는 사실을 간파할 수 있다(Furnish 1984:411).

그 의미를 뛰어넘어, 바울은 다양한 설명으로 이 헌금에 풍성한 신학적 의미를 부여하고 있다. 이 단어들 중에 레이투르기아(leiturgia: 자원적인 공적 섬김 또는 성직자의 사역, 고후 12; 롬 15:27), 카리스(charis: 은혜, 고전 16:13; 고후 8:9, 9:14) 그리고 유로기아(eulogia: 축복, 고후 9:5)가 있다(Dahl 1977:37).

헌금을 강조하면서, 바울은 특히 8장 9절에 나타난 가난을 통해 부요의 주제를 설명하길 원했다. "우리 주 예수 그리스도의 은혜를 너희가 알거니와 부요하신 이로서 너희를 위하여 가난하게 되심은 그의 가난함으로 말미암아 너희를 부요하게 하려 하심이라"(8:9). 이 패턴은 고난을 통한 위로 또는 부끄러움을 통한 영광과 일맥상통한다. 이 맥락에서 부요한 그리스도가 고린도교회를 위해 가난하게 되셨다. 그리스도의 가난을 통해 고린도교회는 부요함을 얻는다. 이번에는 고린도교회의 부요함이 또 다른 사람들에게 전해지고, 고린도교회에서 넘친 부요함을 다른 사람들이 경험하게 된다(Hooker 1979:81). 고린도교회의 부요함은 그리스도 예수께서 다른 이들을 위해 포기하신 것과 같은 그런 부요함이어야 한다. 부요하신 그리스도는 고린도교회를 부요하게 만들기 위해 가난하게 되셨다. 고린도교회가 다른 사람들의 필요를 충족시키기 위해 관대해야 하는 것도 바로 이 때문이다. 하지만 바울은 고린도교회가 가난에 처해지는 것을 원치 않았다. 그는 단지 그들의 풍부함을 가난한 자와 나누기를 원한 것이다(8:13-15, 9:10-11).

고린도교회가 그리스도의 사역을 통해 받은 부요함은 무엇보다 그들의 구원을 의미한다(Furnish 1984:405). 따라서 가난을 통한 부요는 "예수 그리스도의 은혜"로 말미암는다(8:9). 하지만 고린도교회의 부요가 예루살렘교회의 궁핍을 채워 준다는 점에서, 부요함이 현실적으로 물질적인 부라는 의미를 내포한다. 사랑하는 하나님의 은혜로 말미암아, 고린도교회는 자신의 부요함을 즐길 수 있고 즐겨야 하지만, 이는 도움을 필요로 하는 다른 사람들과 그 부요함을 공유하라는 명령을 받아들인 조건하에서 그래야 한다. 이는 그들이 그들을 위해 가난하게 되신 그리스도와 연합해 있기 때문이다(Hooker 1979:80).

11장 16절-12장 13절에서, 바울은 마지못해 자신의 사역을 자랑한다. 그는 자랑할 수밖에 없는 상황인지라(11:11), 어쩔 수 없이 "어리석은 자와 같이"(11:17) 자랑을 시작하지만, 그럼에도 불구하고 때가 되어서는 결국 강함 대신에 그의 약함을 독자들에게 상기시킨다. 이렇게 함으로써 그는 약함으로부터의 선교 주제를 설명한다. 신성한 능력이 인간의 약함을 통해 나타난다는 것이다.

11장 22-33절에는 그의 자랑거리들이 나열된다. 시작과 더불어 그는 자신이 히브리인, 이스라엘인, 아브라함의 자손, 심지어 "주를 따라 하는 말이 아니요 오직 어리석은 자와 같이 기탄없이 자랑"(11:17)하는 그리스도의 일꾼임을 자랑한다. 하지만 그는 자신이 그리스도의 종이라는 것을 부언하면서, 서슴지 않고 "나는 더욱 그러하도다(I speak beyond, 헬라어 본문에서는 "내가 더 말하겠노라"-역주)"(11:23, A. Marshall 1976:735)라고 말한다. 이 시점에서부터 그의 자랑이 고난, 고통, 부끄러움과 약함이라는 사실이 드러난다.

그의 고난의 역사는 그가 다메섹 성벽에서 바구니를 타고 내려가 겨우 탈출한 사건으로 끝난다. 잠깐 11장 32, 33절을 보면, 바울은 벽을 타고 탈출한 것을 통해 자신의 생명이 위태로웠다는 사실을 알리려 한 것으로 보인다. 이는 아레다왕(11:33)의 손에서 벗어났다는 말을 통해서도 사실로 드러난다.

그러나 에드윈 A. 저지(Edwin A. Judge 1966:44-45; 1968:47)가 바울의 다메섹 경험을 묘사하면서 당시 로마 군대의 관습을 설명할 때 이 부분이 보다 구체적으로 밝혀진다. 저지에 따르면, 군대를 통솔하는 장은 제일 먼저 벽을 타고 올라가 적의 도시를 헤쳐 나간 병사에게 '성벽관(城壁冠, a mural crown)'이라 불린 상을 수여했다고 한다. 성벽관은 요새화된 도시의 벽의 모습을 새긴 금관이었다. 성벽관을 수여받은 용맹한 군사는 특별히 영광을 얻었다.

바울의 편지를 받은 고린도교회는 로마가 중요하게 생각하는 식민지에 위치해 있었기 때문에 이 관습을 잘 알고 있었다. 여기서 저지가 지적하고자 한 것은 바울이 자신을 용감한 군사와는 정반대되는 모델로 묘사함으로써 의도적으로 고린도교회 앞에서 자기를 낮추려 했다는 사실이다. 두려움에 떨며 벽을 타고 내려가야 했던 바울은, 의도적으로 제일 먼저 벽을 타고 오르는 용맹성을 발휘해 성벽관을 수여받는 용감한 군사와 자신을 대비시킨다. 11장 23-33절의 나머지 고난의 경험들에서처럼, 의도적으로 자신을 낮춘 것이다. 그는 고린도교회 앞에서 자신의 약함과 낮아짐을 의도적으로 자랑하기를 원했다(Furnish 1984:542).

12장 1-10절은 바울이 낙원 여행을 묘사하는 것으로 시작된다(12:1-4). 삼층천에 간 사람이 자신이라고 분명하게 밝히진 않지만, 12장 1절과 12장 7절에서 그 사람이 바로 바울 자신임을 암시한다. 그는 자기 자신의 자랑이 하등 쓸모없는 것이라고 말하면서도, 12장 1-4절에서 자신이 체험한 환상과 계시를 자랑한다. 자기 자랑은 바울에게 위험하고 곤란한 행동이다. 그는 성서를 인용(렘 9:24)하면서까지 자신을 자랑하는 적대자들의 행위를 비난했다. 하지만 그는 고린도교회 사람들로 인하여 그렇게 하지 않을 수 없었으면서도 자신이 체험한 환상과 계시에 대해선 그 어떤 것도 설명하지 않는 자제심을 보였다(Furnish 1984:545).

바울은 궁극적으로 12장 5-10절을 통해 약함을 통한 능력 (power through weakness)이라는 그의 신학의 절정에 도달한다. 그는 낙원 여행 경험을 언급하면서(12:7), "육체의 가시 곧 사탄의 사자"를 받았다고 말한다. 이 말의 의미와 관련해 학자들 간에 의견이 분분하다. 그중 두 가지 견해가 두드지는데, 첫째, 바울이 가진 육체의 가시가 일종의 육체적 혹은 정신적 질병이라는 것이다. 둘째는 바울이 유대인으로부터 받은 잦은 핍박이라는 것이다(Furnish 1984:546-550). 어떤 해석이든 그 의미를 이해할 수 있다. 고린도교회 사람들에게는, 바울의 약함이 곧 그를 과소평가할 수 있는 이유가 된다는 것이다.

바울조차도 약함을 기뻐하지 않았다. 그래서 그는 이를 제거해 달라고 주께 세 번 간구하였다. 하지만 주님은 그의 청원을 거절하시며 대신 다음과 같은 계시를 주셨다. "내 은혜가 네게 족하도다 이는 내 능력이 약한 데서 온전하여짐이라"(12:9). 이 계시는 이 땅에 사신 동안의 예수가 아니라 부활하여 승천하신 그리스도로부터 받은 것이다. 바울은 이때 그의 약함이 단순한 약함이 아니라 하나님이 당신의 능력을 나타내기 위해 도구로 사용하시는 바울 자신의 삶과 사역 중 하나라는 것을 깨달았다. 사도는 자신의 약함을 하찮게 여기지 않는다. 오히려 이 약함을 현실로 받아들이고 궁극적으로 하나님 한 분만을 의지해야 한다는 것을 인정한다. 그렇게 함으로써 하나님의 은혜가 참 은혜가 되도록

한다. 이 하나님의 은혜가 그에게 족하다(12:9). 이 약함은 피조물로서 어쩔 수 없이 경험할 수밖에 없는 약함이 아니라, 복음을 전파하는 기독교 사역을 감당할 때 겪게 되는 고난과 시련이다. 약함 속에서 하나님의 능력이 온전해진다(teletai). 여기에 인용된 계시가 복음의 특별한 표현이 되었다는 점에서 바울에게 결정적인 순간이 된다. 즉 하나님만이 구원과 능력의 근원이라는 것이다(Furnish 1984:550-551).

12장 9b-10절에서, 바울은 주님의 말씀을 자신의 상황에 적용한다. 그리스도의 능력이 그에게 머물도록(episkenose) 바울은 자신의 약함을 크게 자랑할 것이다(A. Marshall 1976:737). 그가 어떤 종류의 고난을 겪었는지는 12장 10절에 나타난다. 바울이 11장 23b-29절에 보고한 고난의 경험들과 비교했을 때, '모욕(insults, hybris)'[21]이라는 단어가 덧붙여진 것을 볼 수 있다. 바울은 고린도교회에 설명하기를, 그의 대적자들과 어쩌면 심지어 고린도교회의 일부 구성원들로부터 받은 모욕은 하나님이 사도인 그에게 허락하신 것이며, 하나님의 절대적인 능력을 나타내기 위해 사용하시는 고난의 일부라고 주장한다.

여기서 오해하지 말아야 할 것이 있다. 바울은 약함이 능력과 동등하고 악이 선이라고 말하는 것이 아니다. 그의 삶과 사역을 통해 지속적으로 수반되어 온 약함, 사도와 고린도교회 간에 논쟁거리가 된 이 약함이, 실제로는 십자가에 못 박히신 그리스도의 능력이 그 사도 안에서 효과적으로 나타날 수 있도록 해주고 있다고 말하는 것이다(Furnish 1984:551-552).[22]

여기서 나는 바울의 화해 신학(theology of reconciliation)의 핵심이 십자가상에서의 죽음과 약함을 통한 그리스도의 선교 행위에 있다는 것을 규명하고자 한다. 나는 이를 위해 네 구절만 택할 것이다. 골로새서 1장 15-23절, 로마서 5장 1-11절, 에베소서 2장 12-19절 그리고 고린도후서 5장 11-21절이다.[23]

| 골로새서에 나타난 화해 |

골로새서 1장 15-23절에서 바울은 그리스도 안에서 우주적인 화해에 대해 상술한다. 골로새 교인들은 천사의 영이 하나님과 인간 사이의 매개자 역할을 하고, 그리스도는 그 밑이라는 잘못된 우주관을 가지고 있었다. 그들은 이러한 영들이 예배 대상의 일부가 되어야 한다고 생각했다. 따라서 골로새서에서 다루는 그리스도 안에서 하나님의 화해는 전 우주를 포함하는 것이다.

바울은 이 사례를 다루면서 가장 먼저 그리스도를 하나님의 형상으로 서술했다(골 1:15). 이는 그리스도가 하나님 자신이자 하나님의 계시이며, 하나님과 그의 피조물 간에 유일한 매개자이심을 강조함으로써 골로새 교인들의 잘못된 관점을 고쳐 주고자 한 것이다. 그리스도 안에서 보이는 것과 보이지 않는 것을 포함한 만물이 창조되었고, 그리스도를 통하여, 그리스도를 위하여 만물이 창조되었다(1:16). 그러므로 모든 것들, 보좌들이나 주관들이나 정사들이나 권세들을 포함해서 모두가 그리스도 안에서 세워져 있는 것이다(1:17). 차후에 2장 10, 15절에서 다시 언급하겠지만 이러한 하늘의 존재들은 그리스도에 의해 통치를 받고 무력화된다(R. Martin 1981:123). 이제, '신적 능력들과 신적 속성들의 전체'(Lightfoot 1897:100)가 그리스도 안에 있고, 그를 통해 창조자와 피조물 간에 완전한 관계가 가능해진다. 하나님은 그리스도를 통하여 만물을 그 자신과 화해케 하시고 그리스도의 십자가 보혈을 통해 화평케 하신다(1:20, A. Marshall 1976:791).

이 우주적인 화해 속에는 그리스도와 골로새 교인들의 개인적인 관계 회복이 포함된다(R. Martin 1981:122). 하나님이 사랑하시는 아들 안에서, 바울과 골로새 교인들은 구속(救贖), 곧 죄 사함을 얻는다(1:14). 그들(골로새 교인들)은 교회, 곧 그리스도의 몸 안에 있다(1:18). 그리고 소외되어 원수가 되었던 사람들이 이제 '그의 죽음을 통해 그의 육신 안에서' 하나님과 화목을 이룬다(1:22, A. Marshall 1976:792). '육신(sarkos)'이라는 단어 속에는 그리스도의 희생적 고난과 인성이 내포되어 있다. 죽음으로써(dia) 예수님의 육체에 의한 화해는 약함 안에서의 당신의 선교를 암시한다.

| 로마서에 나타난 화해 |

로마서에서 화해는 5장 1-11절에서 다루어진다. 특히, "믿음으로 의롭다 하심을 얻음(justification by faith)"이라는 구절과 병기된다. 4장 1-22절에서 바울은 아브라함을 의로 이끈 그의 믿음에 대해 언급한다. 4장 23-25절에서 그는 '믿음으로 의롭다 하심을 얻음'이라는 구절을 모든 믿는 자들에게 똑같이 적용한다. 이 주제는 '하나님과의 화평'(롬 5:1)으로 연결되고 전이되는데, 이

는 곧 화해를 말한다. 따라서 로마서에서 화해는 믿음으로 말미암아 의롭게 되는 결과로서 나타난다.

하지만 화해는 그 이상이다. 바울은 하나님과 관계를 맺는다는 관점에서 화해를 설명한다. 물론 화해 그 자체는 관계의 회복이다. 그리고 이 관계는 지속적이고 더욱 친밀한 것이 되어야 한다. 따라서 이 단락은 11절의 "그뿐 아니라 이제 우리로 화목하게 하신 우리 주 예수 그리스도로 말미암아 하나님 안에서 또한 즐거워하느니라"(5:11)라는 말씀으로 종료된다.

빈센트 테일러(Vincent Taylor 1952:1-3)는 용서, 화해, 친교는 동시에 발생할 수 있다고 말한다. 그는 그리스도인의 삶이 순차적으로 용서, 화해, 친교 그리고 성화의 경험으로 나아간다고 묘사한다. 그리스도인은 삶에서 이러한 용어들이 부분적으로 중복되는 경험을 하지만, 그럼에도 불구하고 용서에서 화해, 친교 그리고 성화로 이어지는 지향적 과정이 존재한다. 따라서 우리는 바울이 의도적으로 이신칭의(以信稱義)의 개념에서 화해의 개념을 발전시켜, 양 당사자가 친밀한 교제를 향유하는 관점에서 그 이상의 것을 의미하도록 기여했다고 말할 수 있다.

이 구절들에서는 "그리스도께서 경건하지 않은 자를 위하여 죽으셨도다"(5:6) "그리스도께서 우리를 위하여 죽으심으로"(5:8) "그의 피로 말미암아"(5:9) "그의 아들의 죽으심으로 말미암아"(5:10) "주 예수 그리스도로 말미암아"(5:11)와 같은 표현들이 있다. 이 표현들은 화해가 십자가상의 예수 그리스도의 고난과 약함에 의해 성취된 하나님의 선교라는 점을 강하게 나타내고 있다.

에베소서 2장 12-19절에서 화해는 유대인과 이방인 간에 관계로 특징지어진다. 유대인과 이방인 각각은 먼저 하나님과 화해하고 난 다음 서로간에 화해해서 그리스도의 교회를 세운다. 하지만 이 구절은 먼저 에베소 사람들이 아직 교회의 일원이 되지 않은 즉 이방인 신분이었을 때를 다룬다. 그들은 "이방인" "무할례당" "그리스도 밖의 사람" "이스라엘 나라 밖의 사람" "외인" 소망과 하나님이 "없는 자"들이었다(엡 2:12). 그들은 하나님과 이스라엘로부터 철저하게 배척당했다. 그러다가 두 겹(two-fold)의 화해가 이루어진다.

2장 14-16절을 보다 자세히 살펴보도록 하자.

14 그는 우리의 화평이신지라 둘로 하나를 만드사 원수 된 것(ten exthran) 곧 중간에 막힌 담(to mesotoixon)을 자기 육체로 허시고(lusas) 15 법조문으로 된 계명의 율법(ton nomon)을 폐하셨으니(katargesas) 이는 이 둘로 자기 안에서 한 새 사람을 지어 화평하게 하시고 16 또 십자가로 이 둘을 한 몸으로 하나님과 화목하게 하려 하심이라 원수 된 것을 십자가로 소멸하시고 [24]

"중간에 막힌 담(to mesotoixon)"과 "원수된 것(ten exthran)"은 무엇을 의미하는가? 언어의 구조는 어떠한가? 나는 원수된 것(enmity)

이 하나님을 향한 적의라는 의미로 해석하는 랠프 마틴(Ralph P. Martin 1981:172-173)의 주장에 동의하지 않는다. 하나님과 이방인 간에 화해는 이미 2장 13절의 "그리스도의 피로 가까워졌느니라"에 의해 설명된다. 이제, 이방인과 유대인의 두 영역에 관해 언급할 차례가 되었다(14절의 "둘"). 나는 14절과 15a절을 이해함에 있어 찰스 하지(Charles Hodge 1951:131-132)의 주장에 동의한다. "원수 된 것"(14절)을 "폐하셨고"(katargesas, 15절) 그래서 "율법"(ton nomon, 15절)이 "원수된 것"과 동격이라고 생각하는 다른 해석자들의 관점과 달리, 하지는 "원수 된 것"을 "헐었다"(lusas)고 보고, 이 원수된 것이 "중간에 막힌 담"(14절)과 동격을 이루는 것이지 "율법"과 동격을 이루는 것이 아니라고 해석한다. 2장 14-15a절의 의미는 다음과 같다.

> 그는 유대인과 이방인을 갈라놓는 원수 된 것 또는 중간에 막힌 담을 제거하심으로써 둘을 하나로 만드셨기 때문에 우리의 화평이시고, 이것은 율법을 폐하심으로 이루어졌다(Hodge 1950:132).

하나님께서는 중간에 막힌 담 즉 이방인과 유대인 사이의 원수 된 것(혹은 반목)과 상호의 증오를 그리스도 안에서 율법을 폐하심으로써 허물어 버리셨다. 이 원수 된 것(enmity)을 제거하신 것은 율법을 폐하는 것과 구별된다(Hodge 1950:132).

물론, 이런 수평적 화해는 먼저 하나님과의 수직적 화해 이후에만 가능하다. 하나님은 근본적으로 화해의 창시자다. 따라서 당신은 먼 데 있는 자들(이방인)과 가까운 데 있는 자들(유대인)에게 화평을 설교하셨다(2:17). 하지만 이 맥락에서 결과는 둘이 한 성령 안에서 아버지께 나아가는 것이다(2:18). 그리고 모든 건물이 유대인과 이방인으로 구성된 하나님의 성전이 되기 위해 "함께 조화되는 존재"(being fitted together, A. Marshall 1976:763)가 되어 간다(2:21-22).

유대인과 이방인이 그리스도 안의 교회에서 한 성령에 의해 하나가 되는 위대한 진리는 오늘날의 교회에도 적용할 수 있다. 이는 "그리스도의 피로"(2:13) "그의 육체로"(2:14) "십자가로"(2:16) 가능하다.

| 고린도후서에 나타난 화해 |

고린도후서 5장 11-21절에서 바울은 화해의 주제를 다룬다. 빅터 폴 퍼니시(Victor Paul Furnish 1984:321)는 2장 14절 이후의 전체적인 쟁점은 5장 18, 19절에서 정점을 이룬다고 주장한다. 바울이 5장 18, 19절에서 자신의 화해 신학의 본질을 다루고 있다는 점에서 나는 퍼니시를 지지하는 바다. 바울은 화해에서 하나님의 주도성(5:18에서 "모든 것이 하나님께로서 났으며"), 사도들과 우리에게 주어진 화해의 사역, 하나님의 세상과의 화해, 화해의 메시지인 복음을 다룬다.

이 구절에서 바울은 자신의 사역을 화해의 사역으로, 복음을 화해의 메시지로 정의하는데, 이런 정의는 골로새서, 에베소서, 로마서에서는 발견하지 못한 것이다. 바울은 여기서 자신의 화해 신학이 선교적 목적이었음을 분명하게 밝힌다. 그는 화해의 개념을 설명하면서 마음속에 세계를 위한 선교적 의제(agenda)를 가진다. 랠프 마틴(1981:153)도 이와 비슷한 생각을 밝힌 바 있다. "'화해'는 바울이 이방인에게 복음을 전하는 데 있어 그의 복음을 명확하게 설명하는 방법이다."

하지만 여기서 우리는 퍼니시의 입장에서 더 나아가야 한다. 고린도후서에서 화해는 고린도 교인과 사도들 간의 관계에 있다는 점에서 개인적이고 민감한 차원을 가진다. 고린도교회의 상황 속에서 2장 14절 이후 전체 의제의 절정은 5장 20절에서 표현되는데, 바울은 다음과 같이 청원한다. "그리스도를 대신하여… 간청하노니 너희는 하나님과 화목하라."

바울이 고린도교회에 쓴 이 편지의 가장 중요한 목적 중 하나는 위기에 처한 고린도 교인과 사도 바울의 관계를 회복시킴으로써 나아가 그들과 하나님의 관계까지도 회복하는 것이었다. 바울은 이 부분에 이르기까지 사도들의 수치, 고난 그리고 굴욕이 그리스도의 참 사역자가 가지는 흔적이요, 그 이상도 이하도 아니라는 점을 설명하려 노력했다. 그는 고린도 교인들이 그와 그의 동역자들을 바르고 정당하게 인식해 주기를 원했지만, 고린도 교인들은 바울의 사역에 수반되는 약함과 굴욕을 오해해 미혹에 빠졌다. 이것이 바로 그가 2장 14절에서 하나님이 사도들을 로마의 개선장군이 행렬할 때 그 뒤에 끌려오는 포로들처럼 사람들의 구경거리가 되게 만드셨다고 말한 이유다(Furnish 1984:187, 개역성경에는 고린도후서 2장 14절에 이런 의미가 잘 드러나지 않으나 헬라어 원어에는 이 의미가 잘 나타나며, 2장 14절부터 시작된 바울의 주장이 5장 20절에서 절정을 이룬다-역주).

　바울의 이 같은 염려는 다시 5장 13절과 6장 3-10절에도 드러난다. 이제 바울은 고린도 교인들이 사도들의 약함과 수치를 바르게 이해함으로써 바울 그리고 하나님과 화해하기를 원한다. 고린도 교인들이 하나님과 화해하고 관계를 형성하기 위해선 사도들과도 똑같이 화해하며 교제를 가지지 않으면 안 된다(참고, 마 10:40). 고린도교회가 바울을 화평케 하는 자로 인식하고 그의 선교가 약함으로부터의 선교임을 이해할 때(바울의 약함과 굴욕에 관한 오해를 바로잡는 것을 의미), 그들은 비로소 하나님과 화해할 수 있는 것이다.

　우리는 여기서 화해의 사역(使役)이 그리스도의 약함뿐만 아니라, 그리스도의 사자(使者)들의 동일한 약함을 통해서 가능하다는 것을 강조하는 바다. 화해를 위해서, 십자가에 못 박힌 그리스도의 메신저인 우리는 그리스도께서 하신 것과 같은 선교 즉 약함으로부터의 선교를 실천할 소명을 갖는다.

요약

　고린도전서의 시작부터 바울은 그와 고린도 교인들 사이에 이미 존재하던 간격을 좁히기 위해 고린도 교인들에게 복음의 본질을 설명하려고 했다. 그는 십자가에서의 그리스도의 구속 사역을 하나님의 약함으로 정의했고, 이 약함이 사람들(고린도 교인들)과 설교자(바울)에게 계속적으로 나타나야 한다고 설명했다

(Fee 1987:89). 하나님이 이 종말론적인 시대에 사람들이 관심을 갖지 않는 약함이라는 요소를 통해 새로운 패러다임을 세우려고 하신다는 사실을 설명함으로써, 바울은 처음부터 이 서신을 위한 신학적 토대를 마련하여, 그가 다루는 모든 것이 이러한 관점에서 이해되도록 하였다. 하나님의 능력은 십자가에 못 박히신 그리스도, 비천한 고린도 교인들 그리고 겸손한 사도를 통해 나타났다. 따라서 이 편지에서 약함으로부터의 선교가 그의 선교학으로 제시되었다.

바울은 고린도후서에서 반복적으로 같은 주제를 설명했다. 이 서신에서 약함으로부터의 선교 주제는 더 집중적으로 나타났다. 고난을 통한 위로, 수치를 통한 영광, 죽음을 통한 생명, 가난을 통한 부요, 약함을 통한 강함의 주제 또한 드러났다.

십자가상에서 그리스도가 경험한 것은 바울에게 있어서 단순한 역사가 아니었다. 그 경험은 그리스도의 메신저들의 삶과 그의 공동체의 삶 속에서도 나타난다. 따라서 고린도전후서에서는 복음뿐 아니라 복음의 메신저들에 대한 바울의 변호가 설명되어 있다. 바울에게 약함은 단지 메신저들의 삶과 사역에 수반되는 선택 사항이 아니었다. 그에게 있어서, 그리스도의 약함은 삶과 사역의 본질적인 부분으로서 나타나야만 했던 것이다. 이것으로만 복음의 진정성(the authenticity of the gospel)이 입증되었다.

고린도전후서뿐만 아니라 화해의 신학에서, 약함으로부터의 선교에 관한 바울의 선교학은 독특하게 나타난다. 화해의 사역은 어떤 천상의 존재를 통해 성취되지 않는다. 그리스도의 육체적 죽음을 통해서만 가능하다. 그리스도의 인성은 언제나 그리스도의 화해 사역 속에서 강조된다(골 1:15-23).

에베소서 2장 12-29절에 따르면, 유대인과 이방인 사이의 수평적 화해를 위해, 예수님이 십자가를 통해 반목의 세력을 무너뜨리셨다.

고린도후서(5:13, 6:3-10)에서, 바울은 화해가 그리스도의 육체적 죽음의 약함을 통해서뿐만 아니라, 삶과 사역 속에서 약함을 드러내는 그리스도의 메신저들을 통해서 가능하다고 주장한다. 여기서 바울은 약함에 처한 메신저들을 방어할 뿐만 아니라, 화해 사역을 하는 하나님의 도구로서 약함에 처한 메신저들의 중요성에 대해 언급한다(고후 5:13, 6:3-10). 이것은 약함과 겸손으로 화해의 사역을 실천해야 함을 의미한다. 이때 사람들이 우리의 약함으로 인해 우리를 오해해선 안 될 것이다. 오히려 그들은 화해 사역의 참 특성을 이해하지 않으면 안 된다. 진실된 화해 사역은 약함과 겸손으로써만 성취될 수 있다.

화해는 그리스도의 죽음으로 이미 성취되었다. 따라서 우리는 좋은 소식인 화해의 복음을 전파한다. 비록 화해의 복음이 십자가에서 완성된 그리스도의 사역을 토대로 한 것이지만, 화해가 오늘날의 교회에서도 일어나고 있다는 점에서 여전히 진행 중이라 말할 수 있다(Denney 1903:143-146). 하나님은 여전히 그리스도를 통해 세상과 화해를 시도하고 계신다. 따라서 화해 신학은 선교학적으로 더 중요할 수밖에 없다. "하나님과 화목하라"(고후 5:20)는 바울의 탄원은 여전히 오늘날의 세상과 관련된 메시지다.

화해는 또한 다양한 차원을 가진다. 에베소서에서 살펴보았지만, 화해는 수평적 차원을 지닌다. 이 차원은 특히 구조, 교리 등의 여러 면에서 많은 분리를 가져온 오늘날의 교회에 적용된다. 화해의 복음은 가정에서 깨어진 관계와 교회에서 대립, 교파들 간에 가슴 아픈 분열을 치유하기 위해 교회 안에서 매우 필요하다.

화해의 영역은 단지 이방인 선교로 제한되는 것이 아닌, 모든 남자와 여자(Hooker 190:306) 그리고 온 우주까지로(Co 1:15-23) 확장된다. 오늘날 세계는 국가 간 그리고 종족 간에 발생하는 많은 종류의 심각한 대립을 경험하고 있다. 골로새서에서 언급된 그리스도를 통한 우주적 화해의 좋은 소식은 그들 사이의 평화를 위한 열쇠가 된다.

이 위대한 화해는 하나님의 약함이신 십자가로부터 일어났다. 이것은 우리에게 희망을 주고, 그로 인해 우리도 이제 우리의 약함 가운데서 세상을 하나님과 화해시키는 하나님의 도구가 될 수 있다.

앞의 장들은 선교의 성서 신학적 관점에서 약함으로부터의 선교 주제를 다루었다. 다음 장에서는 역사적 상황에서 같은 주제를 다룰 것이다.

4
세계 선교 역사 속에서
약함으로부터의 선교

4장

세계 선교 역사 속에서
약함으로부터의 선교

이 장은 세계 선교의 역사를 통해 약함으로부터의 선교를 다룬다. 나는 긴 역사를 자랑하는 세계 선교의 역사 중에서 단지 켈트교회(the Celtic Church)와 윌리엄 캐리(William Carey)의 선교만을 다룸으로써 약함으로부터의 선교의 예를 들고, 이 두 가지 운동이 내포한 약함으로부터의 선교 요인들을 검토할 것이다.

선교학에서 해야 할 가장 중요한 것 중의 하나는 신약시대 이후의 역사가 성경이 말하는 동일한 원리들을 지지하는가의 여부를 파악하는 것이다. 만일 옳게 해석된 역사적 사실들이 이 원리들을 지지한다면, 원리들의 진실성은 가장 의미 있는 방법으로 재차 확인될 수 있을 것이다. 더하여, 신뢰할 만하게 해석된 역사는 항상 하나님의 말씀과 조화를 이룬다는 사실을 이해할 수 있게 된다.

하지만 나는 엄청나게 많은 역사적 사건들 중에서 단지 몇 개의 실례를 들어 약함으로부터의 선교의 역사적 실례를 구축한다는 것이 한계가 있다는 점을 인지하고 있다. 나는 연구를 위해 단 두 가지 운동을 선택했는데, 이 두 운동이 약함으로부터의 선교인지는 검토하겠지만, 그 결과를 다른 상황들에 근거 없이 일반화시켜 적용하지는 않을 것이다. 이러한 점에서, 나는 이 장에서 세계 선교의 역사 중에서 약함으로부터의 선교에 관한 믿을 만한 몇몇 사례들을 보여 주는 것으로 제한하고자 하며, 따라서 이제부터 기술하는 이 두 개의 운동만 다루고자 한다.

약함으로부터의 선교의 예로서 켈트교회

여기서 나의 주요한 임무는, 약함으로부터의 선교 관점에서, 영국제도에서 시작된 켈트 기독교(Celtic Christianity)가 어떻게 발전했고, 후에 영국제도뿐만 아니라 유럽에 어떻게 영향을 미쳤는가를 보여 주는 것이다. 켈트교회를 적절하게 설명하기 위해선, 먼저 켈트족이 기독교화되기 전에는 어떤 사람들이었는지부터 설명해야 할 것이다.

| 켈트족의 기원 |

켈트족은 유럽에 살던 종족 중 하나다. 그들의 역사는 약 B.C. 2000년으로 거슬러 올라간다. 당시 그들은 서부와 중앙 유럽에 정착했다(Leatham 1951:12). 다양한 의견이 있지만, 그중 마일즈 딜런(Myles Dillon)과 노라 채드윅(Nora K. Chadwick 1967:1)에 따르면, 그들의 원래 고향은 지금의 바이에른(Bayern)과 보헤미아(Bohemia) 영역인 라인강 동쪽이었는데 나중에 라인강 서쪽으로 진출했다고 한다. 그들은 점차 영역을 넓혀 갔다.

성경에는 켈트족과 관련된 흥미로운 사건 하나를 소개하고 있다. 디모데후서 4장 10절에는 바울이 로마 감옥에 갇힌 상태에서 디모데에게 자신의 고독감을 깊이 표현하는 편지를 쓰면서, 그리워한 친구들 중에 갈라디아의 그레스게에 대해 언급하는 대목이 나온다. 이는 소아시아의 갈라디아가 아니라 프랑스 남부의 켈트 지역이었다(Bulloch 1963:10).

헨리 허버트(Henri Hubert 1966:54)에 의하면, 켈트족의 언어는 언어학상으로 독일어와 이탈리아어 중간이다. 제임스 아서 한나(James Arthur Hanna 1963:12)는 켈트어가 두 갈래로 나뉘는데, 하나는 게일어(Gaelic, 아일랜드어 · 맨섬어 · 게일어)이고, 다른 하나는 브리손어(Brittonic, 웨일스어 · 콘웰어 · 브르타뉴어)라고 한다. 이 언어와 언어학상으로 가장 밀접한 언어는 그리스어와 라틴어다.

이 사람들은 주로 서부와 중앙 지역에 살다가 유럽 전역으로 뻗어 나갔다. 대륙에 있던 다른 종족과 집단들 간에 복잡한 대립은 수많은 사람들의 이동을 야기했다. 켈트족 역시 서부 지역으로 밀려갔는데, 일부 켈트족 무리는 서쪽으로 방향을 틀어 아르모리카(Armorica, 고대의 프랑스 서북부 지방)와 영국제도까지 이주한 것으로 보인다. 이들은 그곳에서 복음을 접하게 되었다. 나는 우선 이곳에서 시작된 켈트 기독교를 다루고, 차후에 유럽에서 펼친 그들의 운동을 설명할 것이다.

켈트교회의 시작

학자들은 일반적으로 기독교가 영국에 처음 등장한 시기를 특정할 수 없다고 말한다(Kenny 1993:157; McNeil 1974:16). 하지만 로마 세계에 널리 퍼져 있던 동부 지중해 국가 주민들이 이주해 왔다는 점에서, 기독교가 이들을 통해 영국에 소개되었으리라 추정된다(Kenny 1993:157). 존 맥닐(John T. McNeil 1974:22)은, 로마제국에서 그랬던 것처럼, 영국에서도 이주민에 의해 기독교가 전파되었고, 300년경에는 대부분의 지역에서 교회가 세워졌다고 한다. 313년 콘스탄틴이 기독교 공인을 선포한 이후 영국의 감독들이 정기적으로 교회공의회에 참석하곤 했다(Dales 1997:27).

뚜르(Tours)의 마틴(Martin)과 니니언(Ninian)이 서부 유럽 교회 역사에 등장했다. 이 두 성인은 켈트교회와 관련 있다. 뚜르의 감독이던 마틴은 371년부터 399~403년경까지 가울(Gaul) 서부와 북서부에서 활발한 선교 사역을 펼쳤다. 그는 수도원 제도의 주요한 옹호자였다. 361년경, 그는 리귀제(Liguge) 수도원을 시작했으며, 감독이 된 후에는 '위대한 수도원'으로 알려진 마르무티에(Marmoutier)도 세웠다. 죽음이 가까웠을 때도 가울 남부 연안의 지중해에 위치한 레랭(Lerins) 섬에 수도원을 세웠다. 레랭 수도원은 마르무티에보다 더 유명해져서 후에 유럽 각지로부터 많은 제자들이 연구하기 위해 찾아왔다. 마틴의 수도사적 삶과 사역은 매우 심오해서, 그가 죽었을 때 2천 명의 수도사들이 장례식에 참석했다고 한다(Kenney 1993:158-159).

니니언은 남부 스코틀랜드에서 기독교 선교의 가장 두드러진 개척자였다(McNeil 1974:27). 비드(Bede)에 의해 보존된 전통에 따르면, 니니언에 의해 설립된 스코틀랜드의 '하얀 집' 즉 캔디다 카사(Candida Casa)는 마틴을 추모하기 위해 헌납되었다고 한다.

살아 생전 뚜르에 있던 마틴을 방문한 후 니니언이 석공들을 모집하여 집으로 돌아와 그 돌집을 지었다고 전해진다. 니니언은 남부 픽트족의 사도가 되었다(Kenny 1993:159).

켈트교회의 역사는 일반적으로 연대기적으로 설명되지 않는다. 그보다는 이 교회에 의해 세워진 성인들의 이야기로 설명된다. 즉 이 성인들이 켈트교회를 만들었다고 볼 수 있는 것이다. 따라서 노라 채드윅(Nora K. Chadwick 1961:2)은 이때를 '성인들의 시대'라고 부른다. 패트릭의 삶을 시작으로 켈트교회의 역사를 살펴보고자 한다.

패트릭의 삶

패트릭은 A.D. 390년경 영국에서 태어났다(R. Hanson 1968:1, 188). 영국은 당시 로마제국의 일부였고 패트릭의 아버지 칼푸르니우스(Calpurnius)는 로마 시민이었다. 패트릭의 할아버지가 포티투스(Potitus)라는 로마식 이름을 가진 것처럼 패트릭의 아버지도 그랬다. 그는 땅을 소유한 중산층으로 세금을 담당하는 기병장교(decurion)였다. 그의 집은 바나벤타라는 마을에 있었지만, 그 정확한 위치는 알지 못한다(Bury 1971:16-17).

이 집에서 한 사내아이가 태어났다. 그는 두 가지 이름으로 불렸는데, 하나는 라틴계 이름인 파트리쿠스(Patricus)였고, 다른 하나는 영국식으로 수캇(Sucat)이었다. 사제의 손자이자 집사의 아들인 패트릭(Patrick, Patricius)은 기독교 신앙 안에서 양육받았다(Bury 1971:23-25).

패트릭은 16세에 아일랜드 해적에게 납치되어 노예로 끌려갔다. 6년이나 노예로 살던 패트릭은 이때 "낮에도 수백 번의 기도, 밤에도 수백 번의 기도를 드리면서" 기도하는 것을 배웠다(Dales 1997:32).

어느 날 패트릭은 꿈에서 다음과 같은 말을 듣는다. "잘 견뎌낸 너는 고향으로 돌아가게 될 것이다." 후에 또 다른 꿈에서 그 목소리를 듣는다. "보라, 너의 배가 준비되었다." 패트릭은 그 소리가 하나님의 음성이라고 믿었다. 패트릭이 외국의 배를 발견하게 될 항구는 그의 주인의 집에서 290km가량 떨어져 있었다. 실패할지도 모른다는 두려움을 신앙으로 극복하면서 패트릭은 꿈속의 음성이 지시한 대로 길을 나섰다. 항구에 도착하자, 놀랍게도 막 떠날 채비를 하는 배가 있었다. 패트릭은 선원들에게 다가가 항해 동안 일을 하게 해달라고 부탁했다. 선장의 답은 "안 돼"였다. 패트릭은 크게 실망하여 투숙할 곳을 찾으러 발길을 돌리면서 기도했다. 그런데 기도가 끝나자마자 선원의 고함 소리가 들렸다. "빨리 와라. 너를 부르신다." 그렇게 해서 패트릭은 결국 배에 오를 수 있었다(Bury 1971:30-32).

패트릭은 배를 타고 영국이나 가울(Gaul)로 간 것으로 보인다. 패트릭의 항해에 대한 학자들의 의견은 분분하다. 존 베리(John B. Bury 1971:34, 213-224)에 의하면, 패트릭은 가울에 도착한 뒤 로마식 정규 교육을 받고 로마 기독교의 일원이 되었다가, 후에

로마 기독교에 의해 아일랜드로 보내졌다고 한다. 하지만 핸슨
(R. P. C. Hanson)의 견해는 다르다. 노예 생활에서 탈출한 패트릭이
영국에 도착한 뒤 수도사가 되었고, 후에 영국 교회에 의해 아일
랜드로 파송되었다는 것이다(R. Hanson 1968:121-135).

이 두 견해차는 패트릭이 나중에 아일랜드에서 어떻게 사
역했는가를 이해하는 데 있어서도 차이를 만든다. 하지만 나
는《성자 패트릭 : 그의 출생과 경력(Saint Patrick: His Orgins and Career,
1968)》이라는 저서를 통해 패트릭의 이력을 정밀하게 분석한 핸
슨의 의견에 동의하는 바다. 핸슨은 나중에 나온 전승이나 연대
기보다 일차 자료인 패트릭의 저서《고백과 서신(Confession and the
Epistle)》에 가장 큰 권위를 부여하고, 2차 자료들을 참고할 필요 없
이 패트릭이 남긴 문헌만으로 패트릭의 이력을 파악하려 한다
(R. Hanson 1968:105).

핸슨은 패트릭의 글 속에서 그가 금욕적인 삶에 몰입했고,
이는 그가 영국의 수도원으로부터 왔다는 사실을 드러낸다고 지
적했다(R. Hanson 1968:140-158). 핸슨은 또한 패트릭이 독특한 라
틴어로 글을 썼다는 사실을 지적하면서, 이를 통해 그가 영국의
수도원이나 감독의 집에서 그런 류의 라틴어를 배웠을 것이라
주장한다(R. Hanson 1968:158-170).

베리의《성자 패트릭의 생애와 역사에서 차지하는 그의 비
중(The Life of St. Patrick and His Place in History)》이 1905년 출판된 이래
(1971년에 재판됨), 수많은 학자가 패트릭의 교육과 교회의 배경을
로마 기독교의 산물로서 이해하는 경향을 보이고 있다. 그러나

핸슨은 새롭고 신선한 각도에서 패트릭을 고찰했다. 그의 견해가 옳은 것이라면, 나는 그렇게 믿고 있는데, 패트릭과 그의 사역에 관한 우리의 이해는 매우 달라지게 될 것이고, 특히 약함으로부터의 선교 입장에서는 더욱 그럴 것이다. 나는 후에 이 문제에 대해 다시 언급할 것이다.

고향인 영국으로 돌아간 패트릭은 다시 꿈을 꾸었다. 그는 그때를 이렇게 묘사하고 있다.

나는 밤의 환상 중에 아일랜드로부터 수많은 편지를 가지고 온 빅토리쿠스라는 사람을 보았다. 그는 나에게 편지 한 통을 주었고, 나는 '아일랜드인의 울음'이라는 문장으로 시작되는 편지를 읽었다. 내가 생각하는 순간, 서쪽 바다 근처 포크루트 숲속에 있던 사람들의 비명 소리가 들렸다. 그들은 한목소리로 이렇게 외치는 것 같았다. "당신, 거룩한 소년이여, 당신에게 간구하오니 다시 우리에게 오사 우리와 같이 걸어 주소서." 나는 그 외침에 너무나 마음이 아파 더 이상 편지를 읽을 수 없어 잠에서 깨어났다(R. Hanson 1968:207).

패트릭은 이것이 그를 향한 하나님의 마케도니아식 부름이라 생각했다. 그는 선교사가 되어 아일랜드로 가지 않으면 안 된다는 결론에 도달했다. 아일랜드를 탈출한 때로부터 감독이 되어 그곳의 사람들에게 돌아갈 때까지, 그는 선교를 위한 준비로서 라틴어를 포함해 신학 교육을 받았을 것이다. 마침내 그는 425~435년 사이에 감독의 자격으로 아일랜드로 돌아갔다(R.

Hanson 1968:170, 188).

패트릭 사역의 세부적인 사항은 불확실하다. 하지만 우리는 전승을 통해 그의 사역에 관한 몇 가지 그림을 얻을 수 있다. 그의 사역은 양면적이었다. 패트릭은 교회의 조직을 만들었고, 막 회심한 사람들을 위해 목회자를 정하여 세웠다. 한편으로는, 아직 복음이 전해지지 않은 곳에 가서 복음을 전했다(Bury 1971:171). 그의 본부가 있던 곳은 지금의 아마(Armagh)인 듯싶다. 그는 사역을 위해 소년들을 교육하고, 성례를 집행했으며, 재정적인 책임을 떠맡았다. 이교 사상과 우상숭배를 폐지했다. 그는 학문을 연구하는 신학자가 아니었지만, 그의 사역은 라틴어를 잘 아는 다른 어떤 사람들보다 더 풍성한 결과물을 얻었다(R. Hanson 1968:197-201). 아일랜드에서 그의 선교는 가장 성공적이었다(Kenny 1993:170). 핸슨이 패트릭의 일생을 연대기적으로 분석한 결과 추측하여 내린 결론은 아래와 같다.

> 그는 A.D. 390년경에 태어나, 406년경 납치되었다가 412년경에 탈출하여, 425년에서 435년 사이에 감독으로 아일랜드로 돌아왔고, 460년경에 죽었다(R. Hanson 1968:188).

패트릭에게 나타난 약함으로부터의 선교

패트릭은 어린 시절 기독교 안에서 성장했다. 하지만 패트릭이 살아 계신 하나님을 진지하게 믿은 것은 노예였을 때다. 그는 약함을 통해서 하나님의 참 능력을 경험할 수 있었다(Dales

1997:33). 패트릭은 젊은 시절의 뜨뜻미지근했던 자신의 신앙을 회개했다. 그의 삶은 무관심에서 경건과 자기 통제를 평생 실천하는 삶으로 변화되었다(R. Hanson 1968:120). 그는 이 단계를 그의 영적 성장에서 가장 중요하고도 결정적인 시기로 보았다(Bury 1971:120). 또한 패트릭은 자신이 노예 생활을 한 것은 하나님의 섭리였으며, 하나님이 그를 한때 노예로 부린 사람들을 구원하여 당신의 권능을 보이시려 그의 약함, 즉 노예 생활의 경험을 사용하셨음을 깨달았다(Bury 1971:41).

패트릭이 수도자가 된 배경은 약함으로부터의 선교를 이해하는 데 중요한 요인이다. 패트릭은 노예 생활에서 탈출한 후 수도자가 되었는데, 뚜르의 마틴의 전통을 따라 수도 생활을 했을 것으로 보이며, 이로써 영국 수도원의 한 일원이 되었다(R. Hanson 1968:157).

패트릭은 수도원에서 훈련받으면서 예수 그리스도의 고난과 겸비에 익숙해졌을 것으로 보인다. 그는 틀림없이 금욕주의자였을 것이다. 그는 희생과 훈련을 그리스도인의 영광스러운 덕목으로 간주했을 것이다. 그러한 전통과 종교적 상황 속에서 그는 약함으로부터의 선교를 배웠을 것이다. 게다가 젊은 시절 노예가 되어 고독과 고난을 겪고 가족과 고향으로부터 분리되는 경험을 한 것은 그에게 보다 심오한 종교심을 불어넣었을 것이다. 이로 말미암아 그는 예수 그리스도의 고난과 겸비 그리고 약함을 더욱더 사랑하게 되었을 것이다. 수도원에서의 삶과 교육이 그의 과거 경험과 만나 내면화되면서 패트릭은 그리스도의 십자가의 핵심이 되는 정신, 즉 하나님 나라의 영광을 세상의 눈으로부터 감추는 십자가의 약함을 이해하게 되었을 것이다. 그의 약함으로부터의 선교 정신은 그가 감독이 된 후반기에도 그의 사역을 통해 지속적으로 나타난 것으로 보인다. 그 사건이 일어난 지 40~50년이 지난 후에도 패트릭은《고백(Confession)》에서 자신을 아래와 같이 말하고 있다.

> 외국어를 말하는 냉혹한 비그리스도인 야만인들에 의해 적당한 옷도 없이 배고픔과 추위 속에서 노예로 일을 하도록 강요받고, 집과 가족들로부터 잔인하게 분리된 가운데 지내는 한 무력한 젊은이(R. Hanson 1968:208).

그가 받은 교육에 대해 언급한다면, 패트릭은 라틴어 쓰기에 미숙했고, 교육은 충분하지 않아 감독으로서 사역을 감당하기엔 아직 준비가 덜 됐던 것으로 보인다. 하지만 하나님은 수사학이나 법에 능통한 사람들을 택하지 않고 그를 선택하셨다. 그리고 그를 통해 하나님의 능력을 드러내셨다. 패트릭을 비난하던 사람도 하나님이 패트릭을 통해 이루신 성취에는 경탄을 금할 수 없었을 것이다(R. Hanson 1968:127-128). 패트릭은 부족한 라틴어 실력으로 인해 자신의 생각을 적절히 묘사할 수 없어 늘 분투해야 했다. 우리는 그의 분투에서 부족한 교육으로 인한 그의 고뇌와 굴욕감, 그럼에도 궁극적으로 믿음으로 성취한 사역에 대한 자랑스러움을 읽을 수 있다(R. Hanson 1968:159).

의심할 여지없이, 패트릭은 약함으로부터의 선교를 수행한 최고의 모델 중 한 사람이었다. 젊은 시절의 노예 생활은 영원한 깨어짐(brokenness)과 약함으로 그의 사역에 계속해서 반영되었다. 그는 저서《고백》에서 자신을 부모와 친구들로부터 완전히 분리된 고아로 묘사했다. 그 자신의 이미지는 언제나 "완전히 무력하고, 완전히 무방비 상태이며, 완전히 버림받은" 존재였다(R. Hanson 1968:208). 그러나 그의 약함은 하나님의 능력과 영광이 아일랜드 사람들에게 드러나도록 하는 도구가 되었다.

수도원 제도하에서 켈트 기독교의 발전

켈트 기독교는 수도원 운동으로 특징지어진다. 수도원 운동은 영국제도에서 꽃을 피웠다. 이 운동으로 많은 성인이 등장해서 기독교 영웅이 되었다. 나는 여기서 성인들이 시작한 수도원 운동에서 기독교가 어떻게 영국제도에서 번성했는지, 더 나아가 성인들의 전도 여행이 유럽에 어떤 영향을 미쳤는지 알아보고자 한다.

| 영국제도의 복음화 |

영국제도의 복음화 그리고 후에 대륙을 향한 선교가 수많은 헌신적 기독교인으로 구성된 세력에 의해서 이루어졌을지라도, 켈트교회의 역사는 많은 성인들의 생애와 사역을 중심으로 설명되는 경향이 있다. 위에서 언급된 마틴, 니니언 그리고 패트릭 외에도 많은 성인이 등장했다. 물론 이들은 영국제도를 휩쓸던 수도원 운동을 통해 배출되었다.

영국은 수도원적인 이상을 실천하는 본거지 중 하나였다. 일투드(Illtud, A.D. 425~505년경), 두브리치오(Dubricius), 돌의 삼손(Samson of Dol), 데이비드(David), 길다스(Gildas), 카독(Cadoc), 켄티건(Kentigern), 블레인(Blane)은 모두 영국 교회의 수도원 성자들이다. 이들은 선인의 발걸음을 따랐다(McNeill 1974:35-47).

아일랜드에서 일어난 수도원 운동은 특별히 강력한 것이었다. 수도원의 설립자들은 외딴 지역에서 몇몇 동료들과 함께 은둔 생활을 추구했지만, 오히려 그들의 본을 따르기를 간절하게 원하던 젊은이들에게 둘러싸이곤 했다. 이집트의 앤서니(Anthony), 가울의 마틴, 영국의 일투드와 데이비드가 그랬다. 하지만 아일랜드에서는 엄청난 수의 젊은이들이 수도원 생활에 헌신했고, 엄격한 규율의 소박한 수도원 생활을 기꺼이 받아들였다. 청년들이 지속적으로 수도원 생활로 들어오면서 아일랜드 수도원 운동이 번성하게 되었는데, 이로 말미암아 차후 대륙을 향한 강력한 선교 운동의 계기가 마련된다(McNeill 1974:70-71).

이들 성자들 중 특히 언급해야 할 인물은 콜룸바(Columba)다. 그는 521년 12월 7일에 태어났다(McNeill 1974:87). 그의 부모님은 귀족 가문이었다. 569년, 콜룸바는 그리스도를 위해 유랑자가 되고자 아일랜드를 떠났다. 그는 아일랜드에서 약 110km 떨어진 아이오나(Iona)라는 작은 섬에 정착했다. 이 섬은 현재 스코틀랜드 서부 연안 밖의 이너헤브리디스(Inner Hebrides)에 위치한다. 콜룸바는 이곳에서 34년을 살았다(Gougaud 1992:134-135).

콜룸바는 열두 명의 제자들과 함께 떠났으나 곧 더 많은 무리의 제자들에게 둘러싸이게 된다. 먼저, 그는 픽트족(the Picts)과 접촉을 시도했다. 픽트족의 이교 사상을 물리치기 위해 먼저 그들의 왕 부르드(Brude)를 만나 그를 성공적으로 개종시켰다. 이후 픽트족에게 기독교를 쉽게 전파할 수 있었다(Gougaud 1992:135-136).

아이오나는 북부 영국에서 아일랜드 수도원 운동의 전진기지가 되었다. 이곳은 얼마되지 않아 달리아다의 스코틀랜드(Scots of Dalriada)와 그 섬들 그리고 북부 픽트 지역을 위한 선교의 중심지가 되었다(McNeill 1974:94, 102). 콜룸바는 감독이 아니고 아이오나의 장로 겸 대수도원장이었지만, 그는 섬들뿐만 아니라 전 지역을 통치했다. 이러한 영향은 비드 시대 그의 계승자에게까지 이어졌다. 심지어 감독들조차 대수도원장의 지배를 받았다(Gougaud 1992:136).

콜룸바의 사역을 연대순으로 정리한 역사도, 그 세부 내용도 우리는 알지 못한다. 다만 597년 그가 죽음을 앞두었을 즈음, 스코틀랜드 서부는 기독교화되었다고 할 수 있다(Leatham 1951:92). 귀족 출신에, 육체적으로 비범한 능력, 매력적인 외모, 최상의 선생들로부터 받은 최상의 교육, 철저한 수도원 훈련 덕분에 콜룸바는 아일랜드 수도원의 가장 훌륭한 장점들을 스코틀랜드에 전할 수 있었다. 이와 같은 이유들로 인해, 그는 그보다 젊은 동역자들의 머릿속에 또렷하게 각인되었다(McNeill 1974:90).

오스왈드(Oswald, 634~642)의 통치가 시작되면서, 노섬브리아

(Northumbria)를 겨냥한 효율적 기독교 선교의 기회가 열렸다. 오스왈드는 아이오나에서 망명 생활을 했다. 거기에서 콜룸바의 후계자들로부터 교육을 받았다. 그는 왕이 되어서 자신의 국민을 위해 아이오나에 감독을 청했다. 성 아이단(Saint Aidan)이 오스왈드의 요청에 따라 아이오나에서 파송되었다. 아이단은 린디스판(Lindisfarne) 섬을 자신의 선교본부로 삼았다. 이후 린디스판은 영국 기독교(Christian England)의 중심지로 부상한다. 아일랜드보다 더 큰 영토가 켈트 선교의 영향 아래 기독교화되었고, 린디스판에 거주하는 아일랜드 교사들에 의해 섬김을 받았다(McNeill 1974:104-108). 1897년 조셉 바버 라이트풋(Joseph Barbour Lightfoot)은 "영국의 참 사도는 성 아우구스티누스가 아닌 성 아이단"이라고 말했다(McNeill에 의해 인용된 Lightfoot 1974:108).

대륙에 영향을 미친 아일랜드

성 골롬반(Saint Columban)은 유럽에 수도적, 선교적 이주(missionary immigration)를 시작한 핵심 인물이다. 콜룸바처럼 그는 아일랜드를 떠났을 때 열두 제자와 함께했다. 그에게는 분명한 목적지가 없었지만, 방랑자 생활을 하면서 외국인에게 복음을 전하기를 원했다. 그는 가울의 해안에 상륙했다. 590~591년경 부르고뉴(Burgundy)에 이른 골롬반은 안느그레(Annegray), 뤽세이유(Luxeuil), 퐁텐(Fontaine) 수도원을 설립했다. 610년 브룬힐디스(Brunhildis)에 의해 부르고뉴를 떠날 수밖에 없던 그는 다시 여행을 재개했다. 그와 그의 동료들의 여행은 동쪽을 향해 취리히(Zurich) 호수와 콘스탄스(Constance) 호수의 해변까지 이어졌다 (Gougaud 1992:140-142). 그의 동료들 중 하나였던 갈(Gall)이 고열로 그곳에 남게 되자, 그곳의 방언을 다 익힌 후 콘스탄스 호수 근처 계곡에 작은 수도원을 세웠다. 그는 그곳에서 말년을 보내다가 640년 아르본(Arbon)에서 세상을 떠났다. 그로부터 1세기 후, 그곳에 정식 수도원이 세워졌다. 현재 스위스 칸톤(Swiss Canton, 모두 26개의 칸톤이 있음)의 하나로서 세인트 갈렌(Saint Gallen)이라 불리는 칸톤은 성 갈(St. Gall)의 유명한 대수도원의 이름을 따라 붙인 것이다(Gougaud 1992:142-143; Leatham 1951:172).

골롬반은 나머지 동료들과 함께 순회를 계속했다. 알프스를 넘었고 롬바르디(Lombardy) 평지를 가로질러 북부 이탈리아의 보비오(Bobbio)에 도착한 뒤 보비오를 그의 마지막 안식처로 삼았다. 615년 11월 23일에 죽었다(Gougaud 1992:143).

그 이후의 세기 동안 경건한 스코트족이 성 갈과 보비오 대수도원을 찾기 시작했다. 자연스럽게 이곳들을 중심으로 켈트의 성인들과 교사들이 대륙의 사람들에게 복음을 전하기 시작했다(Gougaud 1992:143).

골롬반 이후 수많은 방랑자들이 여행하면서 복음을 전하기 원해 대륙으로 갔다. 이러한 운동은 8~10세기가 지나는 동안 계속되었다. 초기의 이주자들은 어디에 머물든지 구원의 복음을 선포한 사도들과 같았다. 약 8세기 중엽부터 동기상에 변화가 생기기 시작했다. 교회 학문뿐 아니라 세속 학문 그리고 인문학에 관심을 가진 학자들이 대륙으로 모이기 시작한 것이다. 그들의

교육 활동으로 인해 켈트교회는 서구의 지적 발전을 이루는 데
큰 기여를 하게 됐다(Colish 1997:63; McNeill 1974:177).

규율 문제들에 대한 논쟁

성 콜룸바가 597년에 죽고 같은 해에 성 아우구스티누스가
캔터베리(Canterbury)에 정착했다. 아일랜드 수도원 운동하에 북
아일랜드의 도네갈(Donegal)에서부터 아이오나까지 복음을 전한
이가 바로 성 콜룸바였다. 그가 세운 기독교는 자치적이고 독립
적이었지만, 아우구스티누스가 켄트(Kent)에 도입한 교회는 그
와 달랐다. 그 교회는 모든 문제에 있어서 로마교회에 순종적이
었다(Chadwick 1961:119).

결국 대립이 발생했다. 영국의 켈트교회를 표적 삼아 두 가
지 행동이 취해졌는데, 그 첫 번째가 성 아우구스티누스에 의해
시작되었다. 교황 그레고리우스 1세(Pope St. Gregory)는 영국 감독
으로 하여금 캔터베리의 성 아우구스티누스의 권위에 순종하도
록 했다. 아우구스티누스는 602년 혹은 603년 아우구스티누스
의 오크(Augustine's Oak)라는 곳으로 감독들을 초대해 회담을 갖고,
감독들에게 색슨족에게 복음을 전하는 일에 동참하도록 촉구하
면서 잘못된 부활절 날짜를 폐기할 것을 요청했다.

로마교회와 켈트교회는 각각 다른 날을 부활절로 삼고 있었
다. 부활절은 복잡한 계산으로 된 음력에 따라 결정되었는데, 지
리적으로 단절된 켈트교회는 보수적이었기에, 로마교회가 정확
한 유월절 주기를 지키려고 부활절 날짜를 변경할 때도 기존의

부활절 날짜를 고수하고 있었다(Gougaud 1992:185-186). 감독들은 그들 동족의 동의 없이 그들의 관습을 버릴 수 없다고 말했다.

그에 따라, 두 번째 회의가 열렸다. 이번에는 영국의 일곱 감독이 가장 학식이 높은 사람들과 함께 종교적 은둔자를 찾아가 상의했다. 은둔자는 아우구스티누스가 일어나 그들을 환영하는 겸손함을 보인다면 아우구스티누스의 의견을 수용하라고 조언했다. 하지만 아우구스티누스는 의자에 앉은 채 잘못된 유월절 날짜를 변경할 것, 로마식으로 세례를 집행할 것 그리고 영국에 복음을 전할 것을 요구했다. 영국 감독들은 그렇게 할 수 없다고 응수했다. 그들은 아우구스티누스가 일어나서 그들을 환영하지 않는 마당에 순종해 버리면 그가 얼마나 더 자신들을 무시할지 모른다고 말했다. 아우구스티누스는 그들이 평화를 받아들이지 않는다면 전쟁을 받아들여야 한다는 식으로 위협했다(Chadwick 1961:122-123; Gougaud 1992:187-188).

영국 교회에 대항하는 두 번째 운동은 같은 세기 후반부 노섬브리아에서 일어났다. 교황 그레고리우스는 동역자를 보내달라는 성 아우구스티누스의 요청을 따라 파울리노(St. Paulinus)를 콜룸반 수도회가 우세하던 북쪽으로 파송했다.

663년 휘트비(Whitby) 종교회의에서 두 수도회가 충돌했다. 두 수도회의 대표가 오스위우(Oswiu)왕 앞에 출석했다. 켈트교회의 대변인이자 린디스판의 감독이며 대수도원장인 콜만(Colman)과 로마교회를 대표한 윌프레드(Wilfrid) 감독이 그들이었다. 양측은 마치 재판장에게 청원하듯, 왕 앞에서 부활절 날짜를 놓고 논쟁을 벌였다. 논쟁 끝에, 오스위우왕은 로마교회의 방식을 받아들이기로 결정했다(Chadwick 1961:125-127). 그러자 콜만, 린디스판에서 온 다수의 동역자들, 심지어 색슨족들이 이 변화를 수용하기를 거부하며 아이오나를 떠났다. 후에 이들은 아일랜드 마요(Mayo)의 서부 연안에 위치한 이니쉬보핀(Inishbofin) 섬으로 갔다.

켈트교회가 그 즉시 로마교회에 흡수된 것은 아니었다. 오랜 기간 저항이 있었다. 그럼에도 불구하고, 이 사건을 계기로 켈트교회는 점차 쇠약해져 갔다(Chadwick 1961:128). 결국, 켈트교회는 로마교회에 흡수되었다. 논쟁은 사실 지금의 우리가 보기에 심각해 보이지 않는 이슈로 시작되었다. 사실 교리의 문제라기보다는 순응(conformity)이나 일치(unity), 보다 현실적으로는 누가 주도권을 쥐느냐의 문제였다. 로마교회의 전통이 받아들여지는 어디서든지 켈트교회의 독특한 특성을 잃어 갔다. 슬프게도, 켈트교회의 성스러운 삶을 추구하는 아름다움과 선교에 대한 열정은 순응과 일치라는 이름으로 더 조직화된 로마교회에 흡수되면서 그 빛을 잃게 되었다(Chadwick 1961:141).

켈트교회의 역사를 이해하는 과정에서, 내가 전술한 바 있지만, 독자들은 얼핏 이 역사가 성인이라 불리던 사람들의 역사처럼 느껴질 것이다. 사실 그러할 뿐만 아니라, 성인들은 아일랜드 수도원 운동의 산물인 셈이다. 패트릭 또한 영국 수도원 운동에서 자라났고, 아일랜드에서 사역하면서 수도원적 삶의 방식을 옹호했다. 그런 점에서 아일랜드 기독교는 전반적으로 수도원 운동으로 특징지어질 수 있다. 수도원이라 불리는 공동체에서 그들의 그리스도에 대한 엄격하고도 금욕적인 헌신은 약함으로부터의 선교의 참 모델이 된다.

그들은 거만하지 않았고 고압적인 태도도 취하지 않았다. 그들은 그리스도의 고난에 동참함으로써 주님과 교제하기를 원했다. 수도원적 이상으로서 복종, 가난, 순결과 같은 종교적 서약이 요구되었다(Gougaud 1992:81). 고향을 떠남, 모험 그리고 계속되는 방랑은 이방인들 속에서 그들을 약하게 만들었다. 용기도 있었지만 동시에 외부로부터 상처받기 쉬운 연약함(vulnerability)을 지닌 그들은 약함으로부터의 선교를 이행했다.

이 약함으로부터의 선교는 특히 스스로를 자치외인(peregrini)이라 부르던, 고향을 떠난 사람들에게 적용되었다. 자치외인은 순례자가 아니었다. 순례자는 특별하고 거룩한 땅을 향해 특별한 여행을 하고 고향으로 돌아간다. 그러나 자치외인, 즉 방랑자(the wanderers)는 외로움, 연약함, 고난의 위험을 감수하며 조국과 고향을 떠났다. 그들은 '하나님의 사랑을 위해' '주님의 이름을 위해' '그리스도의 이름의 사랑을 위해' '영혼의 치유를 위해' 조국을 떠났다. 자치외인들에 대해 쓴 전기 작가들은 그들의 방황의 동기를 설명하기 위해 이와 같은 표현들을 사용했다(Gougaud 1992:130).

다시 고향으로 돌아가지 않겠다고 맹세하거나 얼마 동안 먼 나라에서만 살겠다고 결정한 그들은 어느 면에선 자발적인 망명

객이었다. 비록 자치외인, 방랑자의 행동은 복음 전도적 수고와
는 구별해야 하지만, 엄격한 삶에 대한 열망으로 모험을 사랑한
것은 아일랜드 수도원 성자들의 독특한 선교 사역을 형성시켰다
(Gougaud 1992:130-131). 이것은 의심할 필요 없이 약함으로부터의
선교의 독특한 모델 중 하나다.

약함으로부터의 선교의 한 예로서
윌리엄 캐리(William Carey)의 선교

여기서 나는 하나님께서 윌리엄 캐리라는 사람으로 하여금
외국 땅의 이교도들에게 복음을 전파하게 하셔서, 비천한 출신
의 사람을 어떻게 위대하게 사용하셨는지를 보여 줄 것이다. 캐
리의 경험을 통해 우리는 "하나님께서 … 세상의 약한 것들을 택
하사 강한 것들을 부끄럽게 하려 하시며 하나님께서 세상의 천
한 것들과 멸시받는 것들을 택하사"(고전 1:27, 28)란 문장을 보다
쉽게 이해할 수 있다. 1813년에, 영국의 한 하원의원이 윌리엄
캐리, 조슈아 마시맨(Jushua Marshman), 윌리엄 워드(William Ward)와
같은 세람포어(Serampore) 사역자들과 그들의 일에 대해 다음과 같
이 비판했다.

원래 목적지에서 구멍이나 동굴을 뚫고 기어 나온 이 사람들, 송곳을
쳐다보면서 캐리 박사가 원래 구두 직공이었다고 떠드는 자가 있겠
지만 노동을 하지 않는 자들과 천한 수공업 출신의 배교자들이 냉정
하고도 침착한 논쟁에 임한다 해서, 지식인이 신앙과 결투할 것으로

인간의 기준으로 이들은 분명 비천한 출신의 사람들이다. 하지만 선교 현장에서는 그들의 삶과 업적은 다르게 비쳐졌다. 출신이 낮으면 낮을수록, 그들의 업적은 그만큼 더 영광스러운 것이었다. 비천한 출신이기에 하나님에 의해 높임을 받은 것이다.

| 윌리엄 캐리의 어린 시절 |

윌리엄 캐리는 1761년 8월 17일에 영국 중부의 노샘프턴셔(Northamptonshire)의 폴러스퍼리(Paulerspury)라는 마을에서, 에드먼드(Edmond) 캐리와 엘리자베스(Elizabeth) 캐리의 다섯 자녀 중 첫째로 태어났다. 아버지 에드먼드 캐리는 그의 어머니의 뜻을 따라 마을의 직조 견습공으로 일했다. 윌리엄이 6세가 될 때까지 베틀 앞에서 이 일을 했으나 이후 마을의 지역 자선학교(charity school) 교장으로 임명되었다. 이 자리는 그다지 존경받는 지위는 아니었고, 사회에서 가장 낮은 계층의 아이들에게 기초적인 읽기를 가르치는 일이었다. "구호 단체의 도움으로 산다"는 것은 오늘날과 마찬가지로 부정적인 의미를 가지고 있었다(George 1991:2-4).

윌리엄 캐리는 일곱 살이 되었을 즈음 태양에 장시간 노출을 피해야 하는 피부병과 심한 알레르기를 앓게 되었다. 그런 아들이 실내에서 일하기를 원한 그의 부모는 피딩턴(Piddington) 마을에서 클라크 니콜스(Clark Nichols)라는 구두 수선공 밑에서 견습공 생활을 하도록 했다. 윌리엄 캐리는 열네 살 때부터 28세가 될 때까지 니콜스와 함께 일했다(George 1991:5-6).

월리엄 캐리는 가난했지만 배우기를 원했고 그의 가족들도 교육에 대한 열망이 컸다. 윌리엄의 할아버지, 피터(Peter) 캐리는 마을 자선학교의 초대 교장이었다. 앞에서 언급한 것처럼, 그의 아버지 에드먼드 캐리도 후에 이 자리에 앉게 되었다(Carey 1924:17-20).

월리엄은 언어와 자연에 관심이 많아 열두 살 때《디케(Dyche) 어휘집》의 60페이지를 암송하기도 했다. 새, 곤충, 꽃 등을 수집해서 자기 방에 보관했는데, 이는 나중에 인도에 가서도 계속된 행동이었다(George 1991:5).

또한 윌리엄은 외국 및 외국 사람들에게 특별한 관심이 있었다. 이는 해외에서 영국 해군으로 주둔하던 그의 삼촌 피터 캐리(Peter Carey)의 영향을 받은 것으로, 윌리엄은 삼촌이 사람들과 바다, 무역, 전쟁 그리고 다른 나라에서 겪은 모험을 이야기할 때마다 매혹되었다(George 1991:5).

월리엄은 수치심을 느낀 것을 계기로 회심하게 된다. 소년 시절, 윌리엄은 욕, 거짓말, 상스러운 대화를 즐겼다. 한번은 그가 교장에게 거짓말을 했다가 들통이 났다. 이때 심한 수치심을 느낀 윌리엄은 이후 죄에 대해 심각하게 갈등하게 되었다. 드디어 구원자를 필요로 하게 된 것이다(Carey 1924:29; George 1991:7).

동료 견습공이던 존 워(John Warr)는 비국교도(the Church of dissenter England) 가정에서 태어나 피터 삼촌을 그리스도께 이끈 사람이다. 워의 영향을 받은 캐리는 비국교도들의 모임 중 하나에 참석하기 시작했고, 그리스도를 구세주로 받아들여 특별 침례교(Particular Baptists)의 일원이 되었다(Carey 1924:28-30; George 1991:6-8).

| 해외 선교를 위한 준비 기간 |

1783년 침례를 받은 후 1793년 선교 사역을 위해 인도로 떠나기까지 10년 동안 캐리는 많은 변화를 겪으며 사명자로 준비되고 있었다(George 1991:5). 1785년 윌리엄은 몰튼(Moulton)의 목사로 부임해 4년간 목회를 했다. 그 전에 1781년에는 다섯 살 연상의 도로시 플레켓(Dorothy Plackett)과 결혼했다(Carey 1924:45).

1783년《쿡 선장의 항해(Captain Cook's Voyage)》를 빌려 본 뒤 외국에 대해 더욱 관심을 갖게 되었다. '모험, 항해술, 탐험, 천문학, 예술, 식물학, 정치적 수완, 제국의 평화로운 정복'(Carey 1924:39) 등이 캐리의 호기심을 자극했다. 게다가 그 책은 옛날이 아닌 당대를 기술한 책이었다.

이 책에서 쿡 선장은 두 번째 남해 여행 때 타히티(Tahiti) 섬을 방문해 아무 설명 없이 나무 십자가를 세웠다고 했다. 기독교 선교의 가능성을 염두에 두고 한 행동이었다. 그러나 당시의 기독교가 그다지 힘을 갖지 못했기에, 그러한 행동이 심각하게 받아들여지지 않을 것으로 생각했다. 그는 공적 야망이나 개인적 욕구가 없이는 그러한 선교 운동이 "결코 이루어질 수 없을 것"이라고 단언했다(Cook as quoted in Carey 1924:39). 캐리는 결코 이루어질 수 없을 것이라는 판단이 잘못된 생각이라는 것을 증명해 보이고 싶었다. 이를 위해 캐리는 '쿡 선장의 섬'을 위해 중보 기도를 시작한다(Carey 1924:39-40).

1789년, 캐리는 레스터(Leicester)의 하비레인(Harvey Lane)에 있는 한 침례교회의 목사가 되었다. 이번에는 도시의 목사가 된 것이다. 교회는 신도들 간의 관계를 비롯해 많은 문제가 있어서 처음부터 다시 시작해야 하는 지경이었다. 1793년까지 캐리가 사역하는 동안 교회는 새롭게 되었다(Carey 1924:57; George 1991:25-28).

이 10년 동안 캐리의 해외 선교에 대한 열정이 서서히 달궈져 갔다. 1792년 그는 다음과 같은 표제로 책을 출간했다.《이교도의 회심을 위하여 그리스도인들이 방편을 사용해야 할 책무에 대한 탐구: 여기서는 세계 각 민족의 종교적 상태, 과거 선교 사역들의 성취 그리고 장차 더 큰 선교적 시도가 가능한지에 대한 실천적 가능성을 논한다(An Enquiry into the Obligations of Christians to Use Means for the Conversion of the Heathens: In Which the Religious State of the Different Nations of the World, the Success of Former Undertakings, and the Practicability of Further Undertakings Are Considered)》. 몇 해에 걸쳐 그는 각 나라에 관한 정보를 수집했다. 사무실 벽에 큰 지도를 걸어 두고 인구, 종교, 각종 정보를 기록했다. 이렇게 해서 마침내 책을 출간하게 되었다(George 1991:21).

캐리가 레스터에서 하비레인 침례교회의 목사로 있을 때, 일련의 사건들을 겪으며 선교협회가 꾸려졌다. 1792년 5월 30, 31일에 24개 연합교회 17명의 사역자들이 노팅엄(Nottingham)에 모였다. 몇몇 목사와 사역자는 그곳까지 100km가량을 말을 타고 와야 했다. 둘째 날 오전 10시, 캐리는 이사야 54장 2, 3절을 본문으로 설교했다.

> 네 장막터를 넓히며 네 처소의 휘장을 아끼지 말고 널리 펴되 너의 줄을 길게 하며 너의 말뚝을 견고히 할지어다 이는 네가 좌우로 퍼지며 네 자손은 열방을 얻으며 황폐한 성읍들을 사람 살 곳이 되게 할 것임이라

설교에는 절정을 이루는 두 가지 표어가 있었다. '하나님으로부터 위대한 것들을 기대하라' '하나님을 위해 위대한 것들을 시도하라'. 이것은 선교의 비전을 키우는 결정적인 부름이었다(Carey 1924:79-83).

참석한 목사들은 다음 날 아침까지도 캐리의 도전에 어떻게 응답해야 할지 결정하지 못했다. 그들은 이미 손에 그의 책 《탐구(The Enquiry)》를 가지고 있었고, 앤드루 풀러(Andrew Fuller)가 그의 편지에 썼듯이 캐리의 '고귀한 설교'를 통해 하나님의 음성을 들었지만, 여전히 의심, 두려움, 불확실함과 주저하는 마음이 그들을 지배했다. 무엇보다도 그들은 아무것도 아닌 단지 가난한

침례교 목사들일 뿐이었다. 결국 아무 결론도 내리지 못하고 그들이 떠나려 하자, 캐리는 절망감으로 고통스러워했다. "다시 한 번 그의 동료들이 성령을 소멸시키고 거절했을 때, 하나님의 커다란 실망하심이 그에게 밀어닥쳤다." 캐리는 풀러의 팔을 잡고 울부짖었다. "결국 또다시 아무것도 할 수 없단 말입니까?"(Carey 1924:84)

그것은 역사적인 순간이었다. 풀러는 전율 속에서 하나님의 음성을 듣게 된 것이다. 그는 한때 캐리의 비전에 공감했으나 행동으로 옮기지 못하는 소심한 사람이었다. 그러나 이제, 풀러는 캐리의 첫 번째 동지가 되었다. 그는 깨어 소명에 바로 행동으로 부응하기로 했다. 풀러는 모임을 다시 열자고 간청했고, 목사들은 그를 거부할 수 없었다. 풀러는 "이교도들에게 복음을 전할 침례교협회를 구성하기 위해 케터링(Kettering)에서 모임을 갖자"고 제안한 것이다(Carey 1924:84-85).

1792년 10월 2일은 기억할 만한 날임에 틀림없다. 목사들이 케터링에서 모임을 가졌고, 전날은 지도자들이 모임을 준비하기 위한 날로 보냈다. 마침내 그들의 사역을 위한 예비 항목 준비를 마친 후 해외 선교를 위한 구체적인 계획을 세울 때가 왔다(Carey 1924:89).

그러나 그들은 아직 준비되지 않았다. 그들 중 절반은 지난 노팅엄 모임에 참석하지 않은 사람들이었다. 그들은 캐리의 설교와 풀러의 마지막 호소를 듣지 못했다. 그들 교회의 신자들은 문맹이었고 가난했다. 그들에게는 어떤 경험이나 선례가 없었다. 그들은 해외 선교를 하기에는 너무 내륙에 위치했고 고립되어 있었다. 특별 침례교는 영국 교회의 주변에 있었다. 그들은 중심 교회와 인물들이 솔선해야 한다고 생각했으며 어떤 놀라움도 없었다. "그들은 마을의 경계를 넘어서서는 어떤 영향도 주지 못하는 아무것도 아닌 사람들이었다"(Carey, 1924:90). 그들은 가장 밑바닥의 사람들이었다. 풀러는 몇 년 후에 다음과 같이 회상했다. "의장이 될 만한 유지도 한 명 없는 것은 차치하고라도, 그들은 서로간의 존경심마저도 없었다." 그들은 두렵기만 했던 것이다(1924:89-90).

캐리는 모라비안 선교(Moravian Mission)가 발표한 가장 최근의 정기 보고를 목사들에게 제출했고, 그 내용은 다음과 같았다.

> 많은 열매를 거두며 서부 인도를 마지막으로 여행하는 한 베테랑 선교사, 인도 그리스도인 전사들, 부족장들과 함께 브레이너드(Brainerd)의 계승자인 커클랜드(Kirkland)가 벌이는 그리스도인의 승리의 행진, 수백 명의 성인 흑인의 세례, 세 명의 선교사가 희망봉(the Cape)으로 가는 중 트랑케바르(Tranquebar)에 도착한 또 다른 세 명, 선교사 역할을 한 135명의 형제들!(Carey, 1924:90)

마침내 그들은 다음과 같은 결의문을 채택하기에 이른다.

> 캐리의 《탐구》가 권유한 대로 이교도들 사이에 복음을 전하기를 겸손하게 열망하는 우리는 만장일치로 이 목적을 위해 선교협회에서

함께 행동하기로 결의한다. 기독교 세계(Christendom)의 분리된 교파들이 각자의 방식으로 이 위대한 목적을 수행하는 바, 우리는 이 협회를 '이교도들에게 복음을 전파하기 위한 특별 침례교 협회(Particular Baptist Society)'라고 명명한다(Carey 1924:91).

다섯 명의 집행부가 선출되었다. 앤드루 풀러, 존 릴랜드(John Ryland), 존 서트클리프(John Sutcliff), 윌리엄 캐리 그리고 레이놀드 호그(Reynold Hogg)가 그들이다. 풀러는 서기 역할을 맡았다. 지도자들은 상대적으로 젊은이들이었다. "릴랜드 39세, 서트클리프 40세, 풀러 38세, 캐리 31세, 피어스 26세"(Carey 1924:93).

| 위임 |

협회가 선교사를 보낼 곳을 찾고 있을 때, 캐리는 벵갈(Bengal)의 선교사 존 토머스(John Thomas)가 선교 모금을 한다는 사실을 알게 됐다. 그래서 캐리는 협회에 토머스와 함께 이교도들에게 복음을 전하기 위한 연합 기금을 만들 것을 제안했다. 의료 선교사 토머스가 신뢰할 만하다면, 협회는 그의 경험으로 벵갈에서 시작할 가치가 있다고 생각한 것이다(Smith 1909:41).

협회는 토머스가 이 임무에 적절한 인사라고 생각했다. 토머스는 선교에 대한 열정이 있었고 실제로 선교를 위해 그의 미래와 많은 것을 희생했다. 특히 선교에 있어서 토머스는 위대한 그리스도인임이 분명했다. 하지만 그에겐 많은 문제, 특히 경제적인 문제가 있었다. 협회는 이 사실을 알지 못한 채 토머스를 파트

너로 선정했다(Carey 1924:97-102).

우리는 이 세상을 사는 동안 하나님께서 당신의 일을 하는 방법을 완전히 이해할 수 없다. 뿐만 아니라 절대적으로 옳은 것이 무엇인지도 완전히 이해할 수 없다. 토머스 때문에 캐리는 인도로 갔다. 캐리는 인도에서 몇 차례나 토머스로부터 결정적인 도움을 받았다(Carey 1924:193-197, 239). 그럼에도 토머스의 불성실함으로 인해 캐리는 인도 초기 사역 단계에서 많은 어려움을 겪었다. 그의 재정적인 어려움과 계속되는 곤경은 견디기 어려울 정도로 호된 것이었다. 이는 윌리엄 캐리와 그의 아내 도로시 간의 관계에도 부정적인 영향을 크게 미쳤을 것이다.

인도로 출발하기 바로 직전에 도로시는 토머스가 강력하게 주장해서 남편 캐리와 동행하게 됐다. 아홉 살이 안 된 세 명의 아이와 이제 태어난 지 한 달도 안 된 아기도 함께했다. 떠나기 하루 전에 인도행을 결정한 데다 아이들과 함께 무려 다섯 달이나 걸리는 항해를 해야 했다. 본래 계획은 캐리 혼자서 인도에서 정착할 기반을 만든 다음 2, 3년 후에 돌아오는 것이었다. 그 계획은 하루 만에 변경되었다. 토머스만 비난할 수는 없지만 그때부터 캐리와 도로시의 관계는 그녀가 죽을 때까지 멀어졌다(Carey 1924:125-126).

이제 토머스와 함께 누가 인도로 갈 것인가? 그들은 적임자가 한 사람뿐이라고 믿었다. 캐리의 헌신과 후원자들의 진지한 약속은 그때를 이렇게 묘사한다.

풀러는 후에 말하기를, "인도에 금광이 있는 것을 우리는 보았다. 그러나 그것은 지구의 중심만큼 깊이 있었다. 누가 이 모험을 할 것인가?" "내가 내려가겠습니다. 그렇지만, 당신들(풀러, 서트클리프, 릴랜드)이 밧줄을 잡고 있어야 하는 것을 잊지 마십시오"라고 캐리가 말했다. "우리는 이 일에 엄숙하게 동참할 것이며 우리가 살아 있는 한 그를 버리지 않을 것입니다"(Smith 1909:41).

1793년 3월 20일, 선교사들은 하비레인교회를 떠나 6월 13일 도버(Dover)에서 배를 탔다(Smith 1909:42-44).

| 인도 선교 |

캐리의 가족과 도로시의 여동생 캐서린 플래켓(Katherine Plackett) 그리고 토머스는 1793년 11월 11일 캘커타(Calcutta)에 도착했다. 그 후 캐리는 1834년 6월 9일 죽음을 맞을 때까지 인도에 남게 된다(George 1991:85, 91, 168). 캐리는 우선 캘커타에서 살았다. 그런 뒤 벤델(Bendel)로 여행했고 1794년 데바타(Debhatta)로 갔다가 다시 같은 해 문다나바티(Mundanabati)로 가서 1800년까지 그곳에서 머물렀다.

두 명의 독신 성인과 자녀가 있는 세 부부가 1799년 5월 7일, 캐리와 함께 사역하기 위해 올니(Olney)의 침례교회에서 위임받았다. 인쇄업자 윌리엄 워드, 존 파운틴(John Fountain)과 결혼할 미스 티드(Miss Tidd), 대니얼 브런스던(Daniel Brunsdon) 부부, 두 아이의 부모인 윌리엄 그랜트(William Grant) 부부, 세 아이의 부모인 조슈아(Joshua)와 한나 마시맨(Hannah Marshman)이 그들이다. 그들은 데니쉬 세람포어(Danish Serampore)에 도착해 영국 총독에 의해 보호받았다. 영국 당국이 동인도회사의 보호를 받는 영역에 선교사들을 들이지 않겠다 했기 때문에, 선교사들은 세람포어에 머물러야 했다(Carey 1924:178-179; George 1991:119).

이미 캐리는 키더포어(Kidderpore)에서 500파운드를 주고 건물과 땅을 산 상태였다. 하지만 기도 후에 세람포어에서 이 선교사들과 합류하기 위해 모든 것을 포기했다(George 191:121). 워드는 이 일과 관련해 이렇게 일기를 썼다.

"12월 2일 월요일, 캐리는 모든 것을 버리고 주님의 뜻에 따라 세람포어로 가기로 결정했다. 정말로 하나님은 거기서 우리에게 문을 여신 반면, 다른 모든 것은 닫으셨다"(Carey 1924:179).

캐리는 1799년 1월 10일 세람포어에 도착했다. 윌리엄 그랜트는 인도에 온 지 한 달도 채 되지 않아 콜레라로 죽었다. 그의 아내와 두 아이를 남긴 채. 비극은 여기서 멈추지 않았다. 파운틴과 브런스던도 몇 달 뒤 같은 운명을 맞았다(Carey 1924:179, 186; George 1991:122).

워드, 마시맨, 캐리가 남았고, 그들은 삼겹줄처럼 강한 관계를 맺었다. 세람포어의 트리오로 알려지며, 그들은 결코 깨어지지 않는 관계가 되었다. 그들의 공동생활은, 비숍 어거스트 고틀리프 슈판겐베르크(Bishop August Gottlieb Spangenberg)의《훈령》에 특히 잘 묘사된 모라비안의 방식을 따랐지만, 한 가지는 달랐다. 그들에겐 지도자가 따로 없었다. 모두 평등했고, 다수결에 의해 규칙을 세웠다. 그것은 매우 성공적이었다(Carey 1924:186-187).

캐리는 특히 사역 초기에 극도의 어려움을 겪었다. 세람포어에서 다른 선교사들과 힘을 합친 후에야 사역에 꽃이 피기 시작했지만, 고난은 사역 후기에도 여전히 계속됐다.

캐리는 포트 윌리엄 대학(Fort William College)에서 벵갈어 교수였으며, 동시에 성경 번역자, 문학 교사, 식물학자, 사회 개혁가, 설교자, 복음 전도자였다(Crey 1924:205; Smith 1909:156-240).

캐리는 인도에서 가장 소중한 사람들을 잃어야 했다. 먼저 그의 다섯 살 된 아들 피터가 1794년에 열병으로 죽었다. 도로시는 피터의 죽음 이후 정신쇠약을 겪다 악화되어 결국 1807년에 죽었다. 그의 두 번째 아내 샬롯은 1821년에 죽었다. 그리고 샬롯과의 사이에서 낳은 아들 펠릭스(Felix)가 1822년에 죽었다. 캐리는 죽을 때까지 아들의 죽음을 슬퍼했다. 캐리보다 여덟 살이 더 젊었던 워드는 1823년에 콜레라로 죽었다. 워드의 죽음은 캐리에게 가장 커다란 상실감을 안겨 줬다. 캐리 자신도 1834년 6월 9일, 그의 생애의 여정을 마쳤다(Carey 1924:271, 357; George 1991:108, 161, 168).

윌리엄 캐리의 선교에 있어서 약함으로부터의 선교

1834년 6월, 캐리의 임종이 거의 임박했을 때, 런던선교협회에서 1819년에 파송했던 고걸리(Gogerly)가 그를 방문했다. 고걸리는 캐리 옆에 조용히 앉아 30여 분 침묵했다. 캐리는 떠날 때가 되어 주님의 부르심을 기다리고 있는 것처럼 보였다. 고걸리는 침묵이 깨지는 것이 두려웠지만, 결국 물었다. "나의 사랑하는 친구여, 당신은 분명히 영원한 세계의 경계에 서 있습니다. 제가 이렇게 물어보는 것을 달리 생각하지 마십시오. 임박한 죽음을 바라보면서 당신은 무엇을 느낍니까?"(Smith 1909:305)

그 질문에 캐리는 진지하게 대답했다.

> 나 자신의 구원에 관한 한, 나는 조금의 의심도 없습니다. 나는 내가 믿는 분을 알고 있으며, 그분은 심판의 날에 나를 지켜 주실 것을 확신합니다. 그러나, 내가 거룩하신 하나님 앞에 다다를 것이며, 또 나의 모든 죄와 불완전함을 생각하면 떨릴 뿐입니다(Smith 1909:305).

캐리의 볼에 눈물이 흘렀고 그들은 다시 침묵에 빠졌다(Smith 1909:305).

오래전인 1802년 3월에 캐리는 릴랜드 박사에게 보내는 편지에서 자기 자신을 이렇게 묘사했다.

> 1년쯤 전에, 당신과 또 다른 나의 사랑하는 친구들이 그리스도인의 사랑의 증언으로 설교집을 출간할 것이라 언급했습니다. 그를 위해 한두 편의 설교를 보내 달라 내게 요청했지요. 나는 그것을 진지하게 고려해서 몇 번이나 쓰려고 시도했지만, 게으름은 나를 지배하고 있는 커다란 죄였습니다. 더구나 꿈도 꾸지 않던 잡다한 일들이 한몫

했습니다. 나는 또한 복음을 더럽힐 정도로 타락할 수 있다는 지속적인 두려움을 가지고 있었고, 때로는 종종 나의 이름을 망각 속에 묻어 버릴 수 있기를 바랐습니다. 실제로는 이런 두려움에는 이유가 있습니다. 나는 언제라도 죄를 지을 수 있는 연약한 존재이며, 시험을 피해 매일매일 불의한 죄를 짓지 않은 것은 나를 도우시는 은혜의 기적임을 매일 저녁 믿게 됩니다. 나는 어떤 종교적 습관도 가장 불의한 죄들에 빠지는 것에서 나를 보호해 줄 수 없다는 것을 이제는 완전히 믿습니다. 나는 매 순간 하나님의 즉각적인 도움이 필요한 사람입니다. 이렇게 지속적으로 위험에 처하는 까닭에 나는 살아 있는 동안에는 어떠한 종교적인 출판물도 내 이름으로 내서는 안 된다는 것을 (혹은 낼 수 없다는 것을) 고백합니다. 또 다른 이유는 어떠한 주제도 공정하게 다룰 능력이 없을 뿐 아니라 쓸 수조차 없기 때문입니다. 과거에 몇 번 출간한 것은 순전히 필요에 의해서였을 뿐입니다. 그것들도 단지 문법적인 글에 지나지 않으며, 할 수만 있다면 쓰지 않았을 것입니다(Smith 1909:306).

우리는 그의 유언과 증언에서 그의 겸손이 어떠한지 잘 이해할 수 있다.

나는 선교 재산(mission premises)이라 불리는 세람포어의 재산, 토지 및 부속토지에 대한 모든 권리와 명의를 완전히 포기한다. 그리고 이 문서를 빌려 그러한 어떤 권리나 명의도 소유한 적이 없으며 그렇게 간주한 적도 없음을 선언한다. 나는 광물들, 조가비들, 산호들, 곤충들 그리고 다른 자연의 모든 진품들 그리고 식물 표본을 포함해서 나의 박물관 전체를 세람포어 대학에 기증하고, 또한 헤이스팅스 경(Lord Hastings)에게서 받은 《호터스 우버네시스(Hortus Woburnesis)》 2절판, 외국어로 된 성경 모음, 테일러(Taylor)의 《히브리어 용어색인집(Hebrew Concordance)》 그리고 이탈리어와 독일어로 된 나의 모든 책을 기증한다(Smith 1909:312).

유언장에는 또 자신의 장례식을 가능한 검소하게 치르도록 존 맥(John Mack)과 윌리엄 로빈슨(William Robinson)에게 주문을 했다. 또한 그의 비석에는 다음의 비문 외에 어떤 것도 새기지 말라고 당부했다.

> 불쌍하고, 가난한 그리고 무력한 벌레 같은 인간,
> 따뜻한 당신의 품에 잠듭니다.
> WILLIAM CAREY, BORN AUGUST 17, 1761; DIED
> A wretched, poor, and helpless worm,
> On Thy kind arms I fall(Smith 1909:311)

이처럼 겸손한 품성은 캐리의 선교가 약함의 자리로부터 이루어졌음을 보여 준다. 그리스도인으로서 삶의 시작부터 끝까지 그가 겸손했다는 사실은 하나님께 영광 돌리기에 충분했으며, 자신의 약함을 진정으로 인정했기에 그의 선교가 진실했음을 알 수 있다.

그의 겸손한 됨됨이는 하나님께서 낮은 자, 멸시받는 자, 약한 자를 기쁘게 사용하셔서 힘 있는 자를 부끄럽게 하신다는 말씀을 증언한다. 물론 캐리는 인도에서 사역을 시작한 뒤 곧 유명해져서 존경을 받았다. 그러나 이것은 인도로 와서 인도 사람들 사이에서 사역할 때의 일이다. 실제로 선진국 출신의 선교사는 미개발 국가에서 높은 위치에 있는 것처럼 보인다. 선진국과 미개발 국가라는 차이가 선교사를 강함의 자리로부터 선교하는 사람으로 비쳐지게 하는 것이다. 그러나 우리는 선교사가 그들의 고향에서는 사회 변두리 출신이라는 것을 잊어서는 안 된다. 캐리의 경우도 신발 수선공이었다.

비천한 신발 수선공과 그의 침례교 친구들에 의해 시작된 이 물결이 근대 선교 운동에 커다란 영향을 끼쳤다는 것을 생각할 때, 놀라지 않을 수 없다. 시작부터 캐리를 도운 침례교 목사들도 "그야말로 아무런 명성이나 출신 배경이 없고 자기 마을을 떠나서는 아무런 영향력도 없던" 사람들이었다(Carey 1924:90). 그들은 영국성공회의 변두리에 있던 비국교도(the Church of dissenter England)들이었다. 그럼에도 불구하고 그들의 순종은 현대 개신교 선교 운동에서 중대한 시작을 알리는 것이었다. 캐리와 그의 동료들의 선교에서 우리는 하나님을 기쁘시게 하고 영화롭게 하는 약함으로부터의 선교를 명료하게 볼 수 있다.

요약

켈트교회는 로마교회의 일부가 아니다. 원래는 이집트의 수도원 운동에 영향을 받았고, 이후 독특한 방법으로 발전해 갔다(Hanna 1963: ⅩⅤ). 663년 휘트비(Whitby) 종교회의가 있기까지 홀로 고립되었던 켈트교회는 바깥 세계의 방해 없이 발전했다. 지리적으로 영국제도의 최서부 지역에 있던 켈트족의 변방적 여건은 그들이 부적절한 영향 없이 기독교를 발전시켜 나가는 데 도움이 되었다.

그러나 부활절 날짜에 관한 논쟁으로 켈트교회의 지도자들은 결국 로마교회를 따르게 된다. 나의 견해로는, 켈트교회는 부활절 날짜에 관한 한 로마교회를 따랐지만, 독립을 유지할 수 있었다.

한편, 로마교회는 강함으로부터의 선교 모델이 되었다. 아일랜드로 와서 대륙의 가톨릭교회 형태로 기독교를 세운 사람들의 사역은 패트릭, 콜룸바의 사역과 날카롭게 대립했다. 오늘날의 기독교 관점으로 볼 때 당시의 교리 문제는 별로 중요한 이슈가 아니었다. 단지, 그들의 태도와 선교 방식은 확실히 강함으로부터의 선교였다.

켈트교회의 구조적인 약함은 그 운동의 지속 기간을 단축시켰다. 켈트교회는 이 선교 운동을 지도할 중앙본부도 없었다. 이것이 켈트교회의 약점이자 장점이었다.

왜 장점인가 하면, 그들의 선교 운동을 지도하고 조절해 주는 최고 중심점이 없었기 때문에, 그들의 사역은 자연 발생적(spontaneous)이 될 수 있었다. 각각의 공동체는 자유롭게 그리고 자발적으로 그들의 사역을 키워 갔다.

켈트교회는 연약하며 체계적이지 못한 구조로 인해 힘이 결 핍되어 있었기 때문에 본질적으로 약해질 수밖에 없었다. 따라서 켈트교회가 로마교회와 만났을 때, 로마교회의 조직화된 구조 속으로 점차 흡수되지 않을 수 없었다.

여기서 강한 조직을 가지고 약함으로부터의 선교를 할 수 있는지 생각해 보자. 웨슬리 운동에서 그러한 역사적 실례를 찾아볼 수 있다. 켈트교회의 구조적 약함이 반드시 약함으로부터의 선교의 한 부분이 되는 것은 아니라고 말할 수 있다.

이전에 로마제국의 영역이던 영국에서 시작된 켈트 기독교는 아일랜드, 스코틀랜드, 브르타뉴(Brittany), 갈리시아(Galicia) 그리고 유럽으로 퍼져 나갔다. 이 운동이 퍼져 나가는 동안 아일랜드는 언제나 켈트 세계의 빛이었으며, 약함으로부터의 선교로 중세 암흑시대의 유럽에 빛을 비추었다(Bulloch 1963:236).

하나님께서는 무엇보다도 윌리엄 캐리의 선교에 현저한 열매를 맺어 주시므로 그의 선교 사역을 존중하셨다. 윌리엄 캐리와 그의 동료들이 개신교회의 해외 선교에 미친 영향은 엄청나다. 윌리엄 캐리를 본보기 삼아 촉발된 해외 선교의 발전을 조지 스미스(George Smith)는 다음과 같이 기록한다.

케터링의 13파운드 2실링 6펜스는 그가 죽기 전에 40만 파운드가 되었고, 지금은 한 해에 500만 파운드다. 안수받은 한 영국 선교사가 이제는 개혁교회(Reformed Churches)에 소속된 558선교단체에 의해서 파송된 2만 명의 남녀 선교사로 불어났다. 고립된 회심자 즉 자기 동족,

나라, 또는 그 세대에 아무런 영향력도 못 끼치는 그런 회심자만 있었는데, 이제는 인도 한 나라에서만 300만 명이나 되는 공동체를 이루고 있고, 기독교 국가(Christendom) 밖에까지 합하면 500만 명이 되며, 이중 8만 명이 자국 사람들에게 선교사로 파송되고, 많은 사람이 자국 공동체의 지도자가 되었다. 세기 초 벵갈어 신약성경 초판이 발행된 이후 2억 5천만 권의 성경책이 발행되었고, 그중 절반은 370여 개의 비영어권 언어로 출판되었다(1909:315).

물론 이 모든 해외 선교 과정을 모두 윌리엄 캐리의 공로로 돌릴 순 없다. 캐리가 원하는 바도 아닐 것이다. 강력한 선교사 파송 운동(예를 들면 모라비안 교회), 성경 번역(예를 들면, 존 위클리프[John Wycilffe]와 윌리엄 틴데일[William Tyndale]) 그리고 교육에 대한 강조(예를 들면, 요한 아모스 코메니우스[John Amos Comenius])와 같은 다양한 형태의 선교 운동이 이미 캐리 이전부터 개신교회에 존재했다. 그러나 위에서 언급한 진술은 현대 선교의 아버지로 불리는 윌리엄 캐리가 현대 개신교 선교의 모델이 되었고, 캐리가 연 문을 통해 현대 개신교 선교가 더 활발해졌다는 사실을 합리적으로 보여 준다.

여기서 중요한 것은, 캐리의 선교가 약함으로부터였다는 것이다. 그의 출신에서부터 당시 영국에서 특별 침례교가 중심이 아닌 주변에 있었다는 점 그리고 그가 마지막 날까지 보여 준 겸손함, 이 모든 것이 그의 선교가 약함으로부터의 선교였다는 좋은 증거가 된다.

풀러신학교에서 MH 520 '기독교 운동의 역사적 발전'을 강의하는 폴 E. 피어슨(Paul E. Pierson, 1997)은 "(기독교 운동의) 부흥과 확산은 일반적으로 당시 교회 구조의 변두리에서 시작했다"고 주장한다. 우리는 이 장에서 지금까지 이 사실을 고찰해 왔다. 여기에 나는 다음과 같은 주장을 보태고 싶다. 즉 이 운동의 수행자들(agents)이 그들 안에 약함을 가지고 있었고 그들은 겸손히 이 약함을 인정했다는 것이다. 하나님은 이런 특성을 사용하셨고 그들의 약함을 통해 하나님의 능력을 보여 주셨다.

그러므로 우리는 역사 속에서 하나님의 역전이 일어나는 것을 본다. 하나님은 주변(periphery)에 처해 있는 사람들을 하나님의 관점에서는 역사의 중심이 되는 곳으로 옮겨 놓으신다. 하나님은 스스로 비천하게 여기고 자신의 약함을 인정하는 사람들을 높이 올리신다. 반면에 하나님은 교만한 자들을 흩으신다.

다음 장에서, 나는 여러 글들에서 발췌한 약함으로부터의 선교라는 주제를 다룰 것이다. 그렇게 함으로써 나는 약함으로부터의 선교에 관한 핵심 선교학자와 신학자들의 시각을 살펴볼 것이다.

5

선별된 선교학 도서에 나타난 약함으로부터의 선교

5장

선별된 선교학 도서에 나타난
약함으로부터의 선교

이 장에서 나는 선별된 선교학 도서에 나타난 약함으로부터
의 선교라는 주제를 다룰 것이다. 내가 여기서 언급할 신학자와
선교학자들은 여러 가지 측면에서 약함으로부터의 선교에 관한
논점들을 연구했다. 약함으로부터의 선교에 관한 그들의 생각
은 그들의 글 여기저기에 나타난다. 비록 제한된 분량이라 할지
라도, 관련 있는 부분은 주제나 저자별로 연구해 볼 것이다.

약함으로부터의 선교라는 주제가 이 장에서는 다소 폭넓게
표현될 수 있지만, 십자가의 약함으로부터 비롯되는 핵심 가치
는 동일하다. 그래서 독자는 이제부터 언급되는 다양한 논제들
이 약함으로부터의 신학이라는 주제 안에서 통일성을 이루는 것
을 보게 될 것이다.

여기에 나오는 학자들과 주제들의 논평은 약함으로부터의
선교라는 주제에 관한 모든 정보를 망라한 것도 아닐뿐더러 이
주제와 관련된 방대한 양의 자료들의 완벽한 대표성을 가지고
있다고 할 수도 없다. 단지 선별된 것일 뿐이다. 나는 현재 선교
학의 영역에서 중요한 논점들과 관련되어 있다고 여겨지는 것들

을 선택했다.

J. 앤드류 커크(J. Andrew Kirk)

J. 앤드류 커크는 그의 책,《선교란 무엇인가?(What is Mission?)》를 missio Dei의 개념으로 시작한다(1999:25). 당연히 그의 고찰은 하나님 나라로 발전한다. 그에 따르면, 하나님 나라의 중심에 '일찍 죽임을 당한 것 같은 어린양이 서 있다'(계 5:6, 1999:31). 예수님의 십자가에서의 자기 희생은 하나님 나라의 의미를 이해하는 열쇠이기 때문에, 하나님의 통치를 위한 참 선교는 예수 그리스도를 모델로 하는 선교다. 예수님의 모델을 무시하는 크리스천들은 비단 선교에서만 실패한 것이 아니라, 신실하지도 못했다는 것을 역사는 보여 준다. 16세기 스페인에 의한 남미 정복이나, 고대로부터 근대까지 정교 일치를 옹호하는 것 등이 좋은 예다(1999:39).

커크의 저서는 선교신학을 소개하기 위해 쓰여졌으며, 선교에 관련된 많은 논점들을 폭넓게 다룬다. 그러나 그의 저술의 기본적인 근거는 예수님과 제자들에 의한 약함으로부터의 선교를 이해하는 데 있다.

레슬리 뉴비긴(Lesslie Newbigin)

레슬리 뉴비긴은 그의 책《다원주의 사회에서의 복음(The Gospel in a Pluralist Society)》9장 '그리스도, 역사의 실마리'에서 하나님 나라의 비밀스러움으로 십자가의 의미를 다룬다. 그에 따르면, 예수님께서 어둠의 세력을 노출시켜 무장해제시키셨을 때, 남아 있는 교회는 약함으로부터의 선교를 함으로 하나님의 다스리심을 구현하려 해야 한다. 교회가 세상의 힘의 형태로 하나님 나라의 힘을 설명하려고 한다면, 그것은 이미 하나님 나라의 징표가 될 수 없다. 교회가 어둠의 세력의 가면을 벗기고 희생을 견딤으로써 주님이 하신 것처럼 선교할 때, 교회는 그것이 하나님 나라로부터 온 것이라는 징표로서 치유와 축복의 능력을 받게 될 것이다(1989:108).

16장 '공국(公國), 힘 그리고 국민(Principalities, Power and People)'에서 뉴비긴은 이 세상의 힘의 특성을 분석한다. 그에 따르면, 세상의 힘은 두 가지 측면을 가진다. 하나는, 볼 수 있는 구조-힘이 운용되는 사람이나 실체이고, 또 다른 하나는 배후에서 가시적 실체에 능력을 부여하는 보이지 않는 영적인 것이다. 이와 관련해 'stoicheia'라는 단어를 철저히 해부한다. 이것은 '기본(rudiments)' '요소(elements)' '기본적 영들(elementary spirits)' '우주를 지배하는 영들(ruling spirits of the universe)'로 번역된다(1989:198-204).

이 연구가 분명히 밝히는 것은, 이러한 세력들이 십자가에 못 박히신 예수님에 의해 무장해제되고, 조명되고, 정체를 드러내고, 노출되지만, 예수님은 그들을 파멸시키지는 않으신다. 그들은 그리스도가 십자가에서 행하신 것에 의해 그리스도의 통치 아래 있게 된다. 여전히 그들은 세상 속에서 활동하고, 우리는 그들과 대항해야 한다. "이는 이제 교회로 말미암아 하늘에 있는 통치자들과 권세들에게 하나님의 각종 지혜를 알게 하려 하심이니"(엡 3:10, Newbigin 1989:204-208).

마찬가지로 로마에 있는 그리스도인은 높은 지위를 확보하는 방법으로 로마제국을 이기려 하지 않았다. 그들은 죽임을 당함으로 승리했다. 콜로세움에서 순교당하고 무릎을 꿇음으로 로마제국의 영적인 힘은 무장해제되어 정체를 드러냈다(Newbigin 1989:210).

뉴비긴의 다른 저서《열린 비밀(The Open Secret, 1995)》에서는, 책 전체에 걸쳐 삼위일체의 시각으로 약함으로부터의 선교를 다루고 있다. 한때 서구에서 파송된 선교사였던 뉴비긴은 더 이상 서양 세력의 팽창으로 이루어진 선교는 힘들다는 것을 인정한다. 우리는 "강함이 아닌 약함의 위치에서 복음의 증인이 되는 것이 무엇을 의미하는지"를 신약성경으로부터 배워야 한다(1995:5). 성령의 증인이 되는 것은 약함을 지닌 교회를 통해서다. 복음 전파의 방법은 군사 전략이나 세상의 강함과 지혜에 정통하는 것과 같은 것이 아니다. 정확히 말하자면 오히려 정반대다. 바울이 "내가 약한 그때에 강함이라"(고후 12:10) 말한 것처럼, 교회가 시련과 약함 아래 있다는 것을 인정할 때, 우리 자신보다 더 강한 능력이 우리를 통해 자신의 사역을 하게 된다(1995:62).

뉴비긴은 자신의 증언을 통해 다음과 같이 약함으로부터의 선교를 잘 묘사했다.

교회가 세상적인 의미로 강할 때 복음의 참 승리를 얻지 못했다. 교회가 약함과 모욕과 거부당함 중에도 신실할 때 승리했다. 나는 실

제로 많은 사례를 들 수도 있지만 간단히 나의 증언을 추가하려 한
다. 복음의 신실성이 교회를 전적인 약함과 배척당함의 자리에 놓
는 바로 그때, 성령께서 일어나시어 보통은 아주 미천한 사람들의 말
과 행동을 통해 세상의 지혜와 권세에 대항하시어 이기신다(Newbigin
1995:62).

그에게는 군사 작전처럼 자원을 동원하고 배치하는 것보다
오히려 아무런 사전 지식 없이 역사하시는 성령의 능력이 훨씬
중요한 것이었다.

데이비드 J. 보쉬(David J. Bosch)

여기서 나는 데이비드 보쉬의 두 저서《세계를 향한 증거
(Witness to the World, 1980)》와《변화하고 있는 선교(Transforming Mission,
1991)》를 다루려고 한다. 현대 선교신학에서 보쉬의 위치는 몹시
중요하다. 위의 두 저서가 선교신학에 관한 많은 중요한 이슈를
담고 있지만, 나는 역시 약함으로부터의 선교와 관련된 주제들
만 다룰 것이다.

| 세계를 향한 증거 |

보쉬는《세계를 향한 증거》에서 비록 전반적인 선교신학을
다루고 있지만 약함으로부터의 선교에 관해 많은 암시를 제공한
다. 먼저, 나는 선교의 성경적 근거에 관하여, 그다음으로 선교의
역사에 관한 그의 이해를 다루려고 한다.

보쉬는 '선교하는 것'을 이렇게 이해한다.

선교는 교회가 세상을 향해 전적인 관여와 포괄적인 메시지를 가지고, 종의 모습으로 말과 행동을 통하여 증거할 때 일어난다. 그것은 불신앙, 착취, 편파적 차별 그리고 폭력 등을 다룰 뿐 아니라 구원, 치유, 해방, 화해 그리고 의(義) 등을 총망라한다 (1980:18).

본질적으로 그는 선교를 섬김으로 이해하고 있다.

보쉬는 선교의 성경적 기초 요소 중의 하나로 하나님의 긍휼을 꼽는다. 예수님은 사회에서 버림받은 사람들에게 많은 관심을 가짐으로 당시 전통적인 유대의 가치들에 질문을 제기하셨다. 예수님이 긍휼의 메시지를 선포하며 무리를 보시던 방법과 바리새인들이 그들을 본 방법은 충격적인 대조를 이룬다.

예수님은 무리를 '가난한 자, 눈먼 자, 저는 자, 문둥병자, 주린 자, 마지막에 있는 자들, 종교적 율법주의를 감당하기에 지친 자들, 잃어버린 양'으로 보았다 (1980:54). 반면에, 바리새인들은 무리를 '죄인들, 율법을 알지 못하는 자들'로 보았다 (1980:55). 예수님은 이 힘없는 자들과 자신을 동일시함으로써 약함의 선교를 하셨다.

보쉬는 고린도후서에서 사도 바울이 성공과 승리주의 (triumphalism)의 선교 개념을 거부하고, 대신에 약함, 고난(suffering), 고통(affliction) 속에서 선교를 하고 있다고 설명한다. 이 세 단어는 종종 서신서에서 등장하고 바울의 사도권과 밀접하게 관련되어 있는데, 바울의 대적자들에게는 이 단어들이 걸림돌(skandalon)이 된다(1980:72-73).

하나님의 선교(missio Dei)에 관한 장에서 보쉬는 역사의 주님이 이방인, 고아, 과부에게 긍휼을 가지고 계시며, 약한 자, 억눌린 자, 고난당한 자를 세상에 대한 증인으로 사용하심으로써 세상을 바꾸신다고 설명한다. 약함으로부터의 선교에 관한 그의 설명은 내가 보기에 충분하지도 못하고 자세하지도 않다. 그럼에도 불구하고 그는 기본적으로 십자가의 관점에서 missio Dei를 이해하고 있으며, 약함으로부터의 선교라는 주제는 책 전체에 흩어져 있다.

선교의 역사

우선 보쉬는 교회의 역사를 세 부분으로 나눈다. 초대교회, 콘스탄틴 시대 그리고 콘스탄틴 이후가 그것이다. 그는 콘스탄틴 시대의 교회를 박해받던 자가 박해자로 바뀌는 것으로 설명하고, 따라서 이때부터 교회의 선교 형태가 심각하게 변화되는 것으로 본다.

초대교회는 세상을 긍휼로 다스리시는 하나님의 동역자로서 그 역할을 감당했다고 이해된다. 교회는 선교가 개선 행진이 아니라는 것을 이해했다. 교회는 약함으로 선교하도록 되어 있었다. "내가 약한 그때에 강함이라"(고후 12:10) 한 바울의 고백처럼 교회는 약함을 통해 하나님의 선교의 동역자가 될 수 있었다

(Bosch 1980:87).

신앙의 일치를 제국의 통일과 동일시하려던 콘스탄틴 시대에는 강요에 의한 회심이 정당화되었다. '이교도 부족과의 전쟁' '알비파(Albigenses)나 발도파(Waldenses) 같은 이단들과 맞선 군사 원정'이 그 예다(Bosch 1980:110).

신천지를 발견하면서 선교의 개념은 "멀리 떨어진 나라로 가서 그곳의 이교도들을 회심시키는 것"이 되었다. 이 시기에, 스페인의 중남미 정복은 정당화되었다. 정복이 한창일 때 안토니오 데 몬테시노스(Antonio de Montesinos), 바르톨로메 데 라스 카사스(Bartolomé de Las Casas) 등 많은 도미니코회 사제들이 불의에 대항했고, 스페인의 잔혹한 압제로부터 인디언 원주민들을 보호하려고 했다. 17세기에 와서, 예수회는 파라과이에서 같은 종류의 원주민 편에 서는 약함으로부터의 선교를 했다(Bosch 1980:117).

유럽에서 재세례파(재침례파)는 독특한 방법의 선교를 하게 된다. 로마가톨릭뿐 아니라 개혁교회에 의해서도 행해지던 정교일치 및 종교적 강압에 반대하는 이른바 '급진적 개혁주의자(Radical Reformer)'의 등장이다. 그들은 급진적 반폭력, 정교 분리와 국가의 불개입을 주장했다. 그들은 이제 현대 개신교 운동의 선구자로 간주된다. 재세례파(재침례파)에게 교회란 순례자 교회, 선교자 교회요, 순교자 교회인 것이다. 그들은 약함으로부터의 선교를 정확하게 이해하고 있었을 뿐 아니라 목숨을 걸고서라도 희생함으로써 그것을 실천했다. 오늘날 재세례파(재침례파) 중 큰 조직을 이루고 있는 메노나이트(the Mennonites)는 여전히 재세례파(재침례파) 비전의 회복을 강조한다(Bosch 1980:127-128).

보쉬는 그의 책《세계를 향한 증거》에서 독자들이 기독교 선교에 관한 신학적 관점을 가져야 한다고 강조한다. 그는 이 책에서, 성경적이며 역사적인 관점을 가지고 선교신학의 영역을 탐구했다. 기본적으로 그는 약함으로부터의 선교를 핵심 주제로 상세히 다루지는 않았다. 오히려 그는 선교에 관한 성경적이며 역사적인 고찰을 폭넓게 함으로써 우리의 주제를 자연스럽게 드러냈다.

나는 그가 자신이 처한 상황(남아프리카)에서 진리에 대한 갈급함 때문에 참된 선교에 더욱 민감해졌다고 추정한다. 그래서 책의 마지막에서 그는 "엄밀하게 말하면 교회는 선교를 통해 항상 세상을 지배하려고 했던 죄를 지었음을 고백한다"고 말한다(1980:248). 그리고 마지막 문장으로 보쉬는 "선교는 교회가 종의 형태로 국경을 넘는 것(Mission is the Church crossing frontiers in the form of a servant)"이라고 썼다(1980:248).

| 변화하고 있는 선교 |

보쉬는 그의 책《변화하고 있는 선교》에서 크게 세 부분을 다룬다. 신약성경에 나타난 선교의 모델, 선교의 역사적 패러다임 그리고 적절한 선교학 형성을 위한 행동이 그것이다. 여기서 나는 단지 약함으로부터의 선교 관점에서 선교의 역사적 패러다임만 다루고자 한다.

기본적으로 보쉬는 선교의 여섯 가지 패러다임을 다룬다. 초대교회 선교 패러다임, 동방교회 선교 패러다임, 중세 로마가톨릭 선교 패러다임, 종교개혁(the Protestant Reformation) 선교 패러다임, 계몽시대 선교 그리고 마지막으로 새로운 에큐메니컬(교회 일치주의) 선교 패러다임이 그것이다(1991:188).

신약성경에 나타난 선교 모델

우선 보쉬는 약함으로부터의 선교와 관련하여 누가-행전의 주변인들을 다루면서 이것을 가난한 자들을 위한 복음으로 이해한다. 그는 또한 바울신학에서 약함의 선교가 고린도후서를 통해 강조되고 있다는 것을 잘 인식하고 있다.

동방교회의 선교 패러다임

두 번째 패러다임에서(실제로는 첫 번째와 두 번째 사이에서 발생한 첫 번째 패러다임 변화), 보쉬는 기독교에 변화가 일어난 것을 다룬다. 유대 종교가 헬라 로마 종교가 되었다. 시기는 대략 3세기에서 6세기 사이가 될 것이다(1991:190). 이 두 번째 패러다임에서 "선교는 상류에 있는 자들이 아래에 있는 자들을 향하는 운동이 되었다"(1991:193).

중세 로마가톨릭의 선교 패러다임

보쉬는 이 세 번째 패러다임의 시기를 A.D. 600년과 1500년 사이로 설명하면서, 직간접적인 선교 전쟁(missionary wars)을 다루었다(1991:214). 아우구스티누스가 처음으로 언급한 "의로운 전쟁"은 오로지 자기방어를 위한 것이어야 했다. 아우구스티누스는 비그리스도인들과 종교 전쟁의 가능성을 염두에 두지 않았다. 그레고리오 대제(Gregory the Great)는 기독교 국가(Christendom)의 방어와 확장을 위해 무력을 사용할 수 있다고 생각하기 시작했다. 그 뒤를 이어, 샤를마뉴 대제는 색슨족을 가톨릭교회에 부속시키기 위한 공격을 감행한다(1991:222-224).

11세기부터 13세기까지의 십자군 운동은 이와는 다른 경우다. 이른바 '선교 전쟁(missionary wars)'이라 부를 만한 것이 아니었다. 교황 우르바노 2세(Pope Urban Ⅱ)는 무력으로 이슬람을 회심시켜야겠다는 어떤 의도도 가지지 않았다. 그는 이슬람이 교회를 탄압하기 전에 먼저 이슬람을 패배시켜야 한다고 생각할 정도로 이슬람을 위험한 존재로 여겼다(Bosch 1991:225).

점차 이교도와 이단자 혹은 배교자 사이의 구분이 희미해져 갔다. 하나님을 기쁘시게 한다는 미명하에 이러한 사람들을 살해하는 일이 벌어졌다. 가톨릭교회의 독점적 권력하에 선교는 힘의 선교로 변질되었다(Bosch 1991:225).

신대륙의 발견으로 선교는 식민지 정책과 손을 잡았다. 사실 선교의 현대 개념은 식민지 정책과 함께 탄생한 것이다. 보쉬는 다음과 같이 주장한다.

…교황 알렉산데르 6세(Pope Alexander VI)는 교황교서(Papal Bull Inter Caetera Divinae)를 내려 유럽을 제외하고 이미 발견된 곳뿐만 아니라 앞으로 발견될 곳도 포함한 지역을 이등분하여 포르투갈과 스페인의

왕에게 권한을 부여했다. 이 교서는 교황이 이교도 세계를 포함한 전 세계에 대해 절대적 권한을 갖는다는 중세적 사고를 기초로 한 것이었다. …식민정책과 선교는 사실상 서로 의존적이었다. 식민지를 식민지화하는 의무를 수행하는 권리. …먼 식민지에 교회의 대행자들을 '보내는' 이 권리는 매우 확고해서 특사의 임명과 활동은 이 행위로부터 명분을 얻었다. 그들의 임무는 이른바 '선교'였고(이그나티우스 로욜라에 의해 처음 사용된 용어), 그들은 스스로 '선교사'였다(cf Seumois 1973:8-16). 나는 이 책에서 '선교(mission)'라는 단어를 복음을 아직 받아들이지 않은 사람들 가운데 복음을 구체화하고 선포하는 행위를 가리키는 전통적인 지칭처럼 사용해 왔다. 그러나 내가 이 용어를 사용해 온 것은 시대착오적인 것이었다(마치 초기 교회 시절부터 '선교'라는 단어가 합당한 의미로 사용된 것처럼 자기도 사용했다는 뜻-역주). 라틴어로 missio는 아버지가 아들을 보내시고, 아버지와 아들이 성령을 보내시는 것을 의미하는 삼위일체의 교리를 인정하는 표현이었다. 새로운 단어 '선교'는 역사적으로 식민지 시대와 그리고 권위를 위임하는 개념과 뗄 수 없는 관련을 가지고 있다. 이 용어는 해외 사람들에게 복음을 전하기 위해 대리인을 급파한 유럽 교회를 전제로 하고, 유럽의 팽창으로 수반되는 현상과 같은 것이었다. 교회는 세속 권력에 그리고 일단의 '전문가들'에게 '선교(사명, mission)'를 위임할 권력을 가진 합법적인 기관으로 이해되었다. '선교'는 서구 교회 제도가 세계의 나머지 지역으로 뻗어 가도록 하는 행위로 이해했다. '선교사'는 신앙적인 어떤 교의를 받아들인 사람들에게 구원을 제공할 위임령과 권한을 가진 유럽의 기관과 피할 수 없이 연결되었다(1991:227-228).

가톨릭교회는 후에 1622년 선교기구(Sacra Congregatio de Propaganda Fide)를 만들어 직접적인 선교를 시도했지만, '선교'는 힘의 선교로 남았다. 식민지의 교회는 "'선교', 제2계급의 교회들, 딸의 교회들, 또는 미성숙한 예배 공동체가 되어, 종종 서양 간섭주의의 목적"이 되었다(Bosch 1991:228-229).

보쉬는 이와 같이 교황에 의해 이루어진 강함으로부터의 선교를 수도원을 중심으로 한 선교와 대조하면서, 수도원 운동은 이 패러다임 기간 동안 어떻게 주요한 생명력 있는 선교가 되었는지를 묘사한다.[25] 수도원 공동체가 중세의 전통적 선교 개념에 대항할 만한 대안을 만들어 내지는 못했지만, 모든 활동과 자세는 강한 선교적 영향력을 가지고 있었다. 아일랜드 켈트 수도원 운동은 중세 역사에서 약함으로부터의 선교의 가장 좋은 본보기 중 하나다.

보쉬는 이 패러다임 기간을 다루면서 기본적으로 두 번째 패러다임에서 이미 등장한 강함으로부터의 선교의 힘이 이 기간에 어떻게 더 강하게 되었는지를 밝혔다. '선교'라는 개념이 이 시대의 식민정책으로 말미암았다는 그의 설명은 더 진지하게 선교에 대해 생각하도록 해준다. 선교 역사의 복잡한 특성은 여기서 잘 드러난다.

종교개혁의 선교 패러다임

종교개혁은 네 번째 패러다임이 된다. 약함으로부터의 선교 관점에서 이 기간을 분석한 보쉬는 적어도 두 가지를 설명한다.

(1) 가톨릭교회와 개신교회 간의 차이점 그리고 (2) 루터교회와 재세례파(재침례파) 운동 간의 차이점이다.

루터(Luther), 칼뱅(Calvin) 그리고 그의 젊은 동료들과 같은 개신교회 학자들이 로마가톨릭교회와 다르게 출발한 중요한 차이점 중 하나는, 그들이 사람들을 회심하게 할 때에 힘을 사용한다는 개념을 깨뜨려 버렸다는 것이다. 이렇게 함으로써 그들은 더 약함으로부터의 선교를 할 수 있었다(Bosch 1991:240).

재세례파(재침례파)는 더 급진적인 개혁을 했다. 루터의 운동은 'cuius regio eius religio(각자의 종교는 그 통치자의 종교를 따라야 한다)'라는 규칙을 계속해서 지켰고, 그것은 아우크스부르크 평화협정(the Peace of Augusburg, 1555)과 베스트팔렌 조약(the Peace of Westphalia, 1648)에서 정해졌다(Bosch 1991:241). 그러나 재세례파(재침례파)는 교회와 국가 간의 완전한 분리를 주장했다. 재세례파(재침례파)의 이러한 관점은 유럽 전체를 선교의 장으로서 볼 뿐 아니라 약함으로부터의 선교를 보다 급진적으로 이끌었다. 그들은 자기 보호를 위해 국가의 힘을 의지하지 않았고, 스스로를 약하게 만들었다(1991:246).

그것은 루터교와 재세례파(재침례파) 운동의 가장 분명한 차이점 중 하나다. 재세례파(재침례파)는 여러 가지 면에서 현대 개신교회의 모델이 되었는데 예를 들면 믿는 자에 한해서 세례(침례)를 주는 것과 같은 것이다. 그러나 그들은 근본적으로 초대교회의 모델로 돌아가서 약함 가운데 잔인한 박해를 받음으로써 약함으로부터의 선교를 했다. 역사적 관점에서 약함으로부터의 선교신학을 이해할 때 이 차이는 결정적이며 많은 것을 암시한다.

정교일치에 관한 보쉬의 분석은, 일반적으로 16세기와 17세기의 개신교회가 여전히 국가와 교회 간에 밀접한 관계성의 틀을 가지고 일했다는 것이다. 그러나 재세례파(재침례파), 경건주의자 그리고 제2 종교개혁과 청교도주의자들은 이 규칙을 깨뜨렸다(1991:261).

전반적으로 보쉬의 이 시기 연구는 폭넓고 광범위하다. 그럼에도 불구하고 보쉬는 종교개혁자들과 재세례파(아나뱁티스트)들의 선교적 차이의 중요성을 간과하지 않았다. 그 이유는 이 시기에 교회가 세속 권세와 손을 잡고 일했는가의 여부, 즉 약함으로부터의 선교를 했는가 아니면 힘으로부터의 선교를 했는가에 관한 그의 이해 때문이다(1991:246).

계몽주의 패러다임

약함으로부터의 선교에 관하여 더 상세하게 말한다면, 이 패러다임 기간에 교회와 국가 간의 관계에 아이러니컬한 변화가 일어났다는 것이다. 보쉬가 이 패러다임에서 본 것은 이성의 시대라고 불리는 계몽운동이 이 시대의 지적인 장(場)의 중심에 이성, 과학, 진보, 낙천주의를 가지고 왔다는 것이다. 당연히 기독교 진리의 절대성이 도전받았다. 그러나 이 시대 풍조로 인하여 교회와 국가 간의 연결은 깨졌다(1991:275~276).

이 패러다임에 관한 호기심을 자아내는 보쉬와 한스 큉(Hans

Kung)의 통찰은, 개신교회가 이 패러다임을 일찍이 경험하고 있을 때 가톨릭교회는 제2차 바티칸 공의회까지 계몽운동에 대한 대답을 연기했다는 것이다. 그래서 가톨릭교회는 나중에 이와 유사한 패러다임의 전환을 경험했는데, 계몽운동과 새로운 에큐메니컬 패러다임이라는 두 패러다임을 동시에 경험하게 된 것이다. 여기서 말하고자 하는 것은 제2차 바티칸 공의회 이후 가톨릭교회 또한 약함으로부터의 선교의 영향을 부분적으로 경험하고 있었다는 점이다(가톨릭교회는 교회와 국가 간의 연결 개념을 결코 포기하지 않았기 때문에 부분적이다. 1991:263).

에큐메니컬 패러다임의 출현

역시 다른 패러다임들처럼 몇 마디로 이 패러다임을 설명하는 것은 무리가 따른다. 보쉬는 이 패러다임에 관한 분석에서, 교회와 선교의 현재와 미래의 패러다임에 관한 분석뿐 아니라 보다 총체적인 선교의 출현을 기대하는 소망도 내비친다. 어떤 의미에서 이 장은 그의 책의 결론이다(1991:367). 그래서 보쉬는 선교의 본질을 다루기 위해 선교의 근본적인 의미, 즉 missio Dei로 돌아가야 했다. missio Dei에 관한 그의 설명은 실제로 그의 책의 마지막까지 펼쳐진다(1991:519).

보쉬에게 있어 선교란 당시의 식민정책을 포괄하는 서구 선교 운동 그 이상이다. 선교는 단순히 선교 사업(missionary enterprise)이 아니다. 비록 그런 행동을 포함하고 있지만 말이다. 선교는 오히려 missio Dei이며 우리는 이 하나님의 사역에 참여한다. "'선

교’를 ‘하는 것’은 교회가 아니고, 교회를 만들고 있는 missio Dei
이다.”교회는 바로 이 missio Dei로 말미암아 끊임없이 순결함을
지킬 수 있다(1991:519).

여기서 missio Dei는 교회를 십자가 아래로 위치시킨다는 점
을 이해하는 것이 중요하다. 십자가는 바로 가장 안전한 장소다.
missio Dei의 궁극적 표현은 십자가다. 우리가 missio Dei에 동참
할 때, 우리는 십자가 아래에서 선교하게 된다. 그것이 약함으로
부터의 선교가 결정적으로 중요한 이유다. 보쉬는 분명히 희망
과 기대를 가지고 에큐메니컬 패러다임 선교의 출현을 바라보고
있다(1991:519).

위르겐 몰트만(Jürgen Moltmann)

위르겐 몰트만은 그의 저서《십자가에 달리신 하나님(The
Crucified God, 1974)》에서 십자가의 의미를 다루었다. 특히 ‘십자
가를 따라서(Following the Cross, 1974:53-65)’와 ‘십자가의 신학(The
Theology of the Cross)’에서, 그는 약함으로부터의 선교신학으로 해
석할 수 있는 십자가의 이슈들을 상세히 설명한다. 나는 이 두 부
분을 살펴봄으로써 몰트만이 어떻게 약함으로부터의 선교를 지
적했는지를 설명할 것이다.

| 십자가를 따라서 |

몰트만에 따르면, 부르주아 개신교(bourgeois Protestantism)는 그
리스도를 따른다는 개념을 무시했다. ‘기독교 세계’라는 당시의

세상과 확실하게 동조함으로써 고난받는 교회를 인정하지도 않았고, 인정하려 들지도 않았다(1974:54).

그러나 복음서는 의도적으로 주님의 부활 체험과 성령보다는 오히려 십자가에 못 박힌 그리스도에 주목할 것을 강조한다. 복음서에서, 믿음은 십자가의 길을 가신 예수님을 따르도록 부름받은 것으로 묘사된다(Moltmann 1974:54).

예수님을 따르라는 부름은 그의 고난과 거절당함을 공유하라는 초대다. 거절은 고난과 다르다. 왜냐하면, "고난은 기억되고 존경받을 수 있다. …그러나 거절당하는 것은 고난으로부터 존엄성을 제거해서 불명예스러운 고난"이 되기 때문이다. 그리스도인에게 예수님을 따르는 것은 자기 십자가를 지는 것이다. 그리스도인에게 자기 십자가를 지는 것은 고난뿐만 아니라 거절의 고난까지도 당하는 것을 의미한다. 그래서 위대한 그리스도인은 하나님에게 버림받는 가장 심오한 거절을 경험한다(Moltmann 1974:55).

예수님을 따르는 자들의 십자가는 오직 그 의미를 그리스도의 십자가로부터 취하는 것이다. 예수님을 따르는 자들이 겪는 고난은 이 유한한 세상에 살기 때문에 당연히 오는 결과가 아니다. 그것은 그들이 행하는 의도적인 선교와 관계가 있다. 그리스도의 십자가 그리고 그를 따르는 자들의 십자가는 그들의 선교로만 설명된다(Moltmann 1974:55).

고린도후서에서 바울은 고난이 그가 선택한 것이 아니라고 말한다. 바울은 사도로서 그의 사역 속에서 고난을 경험했다. 이

것은 매우 실제적인 고난이며, 그가 그리스도의 증인이 되었을 때 경험한 것이다. "바울은 그리스도가 행한 그의 선교를 그대로 따르고 있기 때문에 자기 십자가를 지고, 그의 약함을 통해 그리스도의 능력을 드러내며, 날마다 죽음을 통해서 부활하신 그리스도의 생명을 나타낸 것이다"(Moltmann 1974:56-57).

여기서 몰트만은 고난과 거절은 궁극적으로 부활하신 주님의 능력을 드러내는 데 사용될 약함이라고 설명한다. 그것이 복음서가 그리스도인으로서 부활하신 주님을 바라보기보다는 십자가에 달리신 주님을 바라보도록 하는 이유다.

| 십자가의 신학 |

몰트만의 기본적 입장은 십자가의 신학이 단순하게 이론만으로 존재해서는 안 된다는 것이다. 십자가를 보여 주시는 하나님의 말씀이 되어야 한다는 것이다. 그는 다음과 같이 설명한다.

힘없이 십자가에 달리신 그리스도 안에 계신 하나님을 보고 믿는다면, 다른 사람들에 대해 권력을 행사하고 또 그들을 지배하려는 욕망에서 자유로워진다. …십자가에 못 박히신 그리스도 안에 계신 하나님을 아는 사람은 자신의 이익을 추구하는 사람의 상황에 대해 심각하게 생각한다. 왜냐하면 그는 자기 정당화, 자기 확신 및 환각적 자기 신격화의 충동에 빠져 있기 때문이다. 이러한 이유로, 십자가에 못 박히신 예수님은 '보이지 않는 하나님의 형상'이다. 따라서 이러한 주제의 성격상, 십자가의 신학은 방법이나 실천적인 면에까지도, 논쟁적, 변증법적, 대조적, 비평적인 이론일 수밖에 없는 것이다. 이 신학은 '그 자체로 십자가에 못 박힌 신학으로서 오직 십자가만을 말한다'(K. Rahner). 이 신학은 또한 십자가에 못 박는 신학(crucifying theology)이고, 그럼으로써 자유케 하는 신학(liberating theology)인 것이다 (1974:69).

바울의 십자가 신학과 믿음에 의한 칭의 교리(the doctrine of justification)는 인간을 자유케 한다. 로마서에서 믿음에 의한 칭의 교리로 자기 의인화(self-justification)를 시도하는 사람들을 해방시키는 것처럼, 고린도서에서 십자가의 신학은 세상의 힘을 향한 열망으로부터 벗어나게 한다. 따라서 고린도전서 1장에서 바울이 혼란스러워하는 고린도 교인들에게 십자가에 달리신 하나님의 약함에 거한 하나님의 능력에 초점을 맞추어야 함을 역설한 것은 우연이 아니다(Moltmann 1974:69-70).

따라서 성경 저자들, 특히 바울이 부활과 성령에 관한 신학에 대해 언급한 후 "지상 생애를 살다가 십자가에 못 박힌 예수를 다시 돌아보았다"는 사실은 중요하다 할 것이다(Moltmann 1974:74). 십자가 사건은 세상, 인간 그리고 선교를 이해하는 방식을 완전히 바꿔 놓았다.

재세례파(재침례파)와 메노나이트(Mennonites)

재세례파(재침례파)의 급진적 개혁은 세상적이고 종교적인 권세에 대해 약함과 상처받기 쉬운 자세(vulnerability)로 나아갔다는 점에서 역사 속에서 특별한 주목을 요한다. 그와 같은 약함과 공격받기 쉬운 취약성은 고난받는 그리스도에 대한 복종의 믿음에 의한 것이다. 이 운동의 정신은 고난받는 교회, 십자가 아래의 교회, 자율주의, 형제애 교회 그리고 양심의 자유와 같은 단어들로 설명될 수 있다(Friedmann 1973:130).

이 부분에서, 나는 재세례파(재침례파)의 신학과 현대 메노나이트 학자 존 하워드 요더(John Howard Yoder)에 대해 설명하고자 한다. 메노나이트는 현대 재세례파(재침례파) 계승 그룹 중의 하나다.

| 재세례파(재침례파)의 신학 |

로버트 프리드먼(Robert Friedmann)은 자신의 저서 《재세례파의 신학(The Theology of Anabaptism, 1973)》을 통해, 신학적 관점에서 재세례파(재침례파) 운동에 접근한다. 재세례파(재침례파)에 대한 근거 있는 지식을 얻기 위해선, 과거와 현재의 공동체의 실제 생활과 역사적 시각에서 이 운동을 이해해야 한다. 이 운동은 그 믿음을 공유하고 진리를 추종한 이들의 죽음이 수반되는 역사를 통해 전개되었다. 프리드먼은 자신의 저서 서론에서 재세례파(재침례파)를 신학적으로 이론화하는 것이 적절하지 못한 부분이 있다고 인정했다(1973:11). 하지만 나는 재세례파(재침례파)를 약함으로부터의 선교에 연결하기 위해 프리드먼의 (신학화된) 책을 그대로 따르고자 한다. 그러나 여전히 우리는 지금, 프리드먼이 아닌 역사적인 재세례파(재침례파)에 관한 것을 다루고 있음을 잊

지 말아야 할 것이다.

첫째, 재세례파(재침례파)의 신학은 삼위일체를 믿지만 영광 받는 그리스도보다는 오히려 섬기고 고통받는 그리스도의 고난에 초점을 맞춘다. "죽음의 고통 속에서 아버지께 순종하신" 십자가에 못 박히신 예수님은 그들에게 중요했는데, 왜냐하면 이것은 그들의 순교 신학의 기초가 되기 때문이다. 그들은 선생의 발자취를 따름으로써, 예수 그리스도의 '좁은 길'과 '방법'을 선택해야 했다(Friedmann 1973:55-56).

둘째, 그들은 교회론에 있어서 고통받는 형제교회(brotherhood-church)의 개념을 가지고 있다. 교회론 관점에서 개신교회와 다른 점이 있다면, 공동체 생활 중에 고통을 공유하는 형제애 속에서 언약 의식이 교회론의 중심이라는 것이다(Friedmann 1973:117).

그들은 자신들을 어떤 종류의 유심론이나 비가시적 교회의 개념과 연결하지 않는다. 그들의 실제 삶은 위험, 고통 그리고 순교로 가득 찬 것이었다. 따라서 그들의 교회는 항상 가시적 교회였던 것이다(Friedmann 1973:117).

양심의 자유의 원리 혹은 자율주의(voluntaryism)의 개념도 교회론에서 중요하다. 양심의 자유에 따라 사람들은 가톨릭교회와 개신교회의 극악한 편협함 아래에서 형제교회의 성원이 되기로 결정했다. 그들은 순수한 자율주의에 의해 세례(침례)를 받았다. 따라서 권위와 힘에 의한 종교적 강요는 재세례파(재침례파) 속에서 자리 잡지 못했다(Friedmann 1973:130-133).

형제애는 교회론에서 다른 방법으로 설명되어야 한다. 한마디로 말해서, 형제와 자매처럼 하나가 되어 주님께 나아간다는 의미다. 그들이 형제들과 수평적 관계를 맺는 방법이 바로 하나님과의 수직적 관계를 맺는 것이다. "공유하는 형제애" "사랑의 공동주의(communism)" "공동체적 삶" "형제 사랑의 실천" "신적 계명에 대한 순종"은 형제교회를 묘사하는 단어들이었다(Friedmann 1973:123-124).

그들의 기독론(고난받는 그리스도), 교회론(고난받는 형제교회), 자율주의 개념(강제에 대한 거부) 그리고 순교 신학, 이 모두는 약함으로부터의 선교에 깊이 뿌리내리고 있다. 그들은 약함, 고난, 취약성(vulnerability)을 통해서 그들의 적을 이기고 승리할 수 있다고 확신했다.

| 존 하워드 요더(John Howard Yoder) |

이러한 영적 유산을 물려받은 현대 메노나이트 학자들이 위에서 설명한 정신과 이슈들 측면에서 선교신학을 발전시킨 것은 당연한 일이다. 그들 중에서 존 하워드 요더에 대해서만 설명하고자 한다.

요더는 자신의 저서 《예수의 정치학(The Politics of Jesus, 1994)》에서 기독교 공동체가 어떻게 세상에서 살아야 하는지를 피력했다. 예수님은 예수 그리스도 자신의 인격과 사역을 통해 나타난 하나님 나라의 도래와 함께 새로운 종류의 공동체를 창조하셨다. 이 공동체는 근본적으로 새로운 삶을 추구한다는 점에서 사회와 구분된다(1994:53).

요더는 그리스도와 함께하는 공동체의 고난이 바로 사도적 현존(apostolic existence)이라고 본다(1994:120). 이 공동체는 지배적인 세상에서 고난받는 종의 삶을 살아야 하는 것이다(1994:123).

요더에게 어린양은 정치와 역사를 이해하는 열쇠다. "역사의 의미와 방향은 무엇인가?"라는 질문에 대해 "죽임당한 어린양 외에 어떤 것도 아니다"라고 답한다. 주님은 요한계시록 4-5장을 통해 "칼이 아닌 십자가, 야만적인 힘이 아닌 고난이 역사의 의미를 결정한다"고 말씀하신다(1994:232).

요더는 또한 예수님이 세상에 오셨을 때 권력(powers)을 어떻게 대하셨는지를 설명한다. 궁극적으로 십자가에 못 박히신 것이 그것이다. 그리스도인의 삶의 방식은 그리스도의 그것과 같다. 어린양은 십자가에 못 박히심으로써 전쟁을 치르신다. 따라서 세상에서 승리하는 그리스도인의 삶은 고통 즉 "명백한 패배를 받아들이려는 신실함"을 통해 이루어진다. 우리는 이것을 '무력함의 수용'이라고 부를 수도 있다. 그럼에도 불구하고, 어린양과 함께 나란히 선(aligned themselves with the Lamb) 그리스도인들은 어린양이 승리함으로써 최후 승리를 얻게 될 것이다(Vicit agnus noster, 1994:229-242).

《왕 같은 제사장직(Yoder 1998)》은 교회론과 에큐메니즘(ecumenism)를 다룬다. 이러한 이슈들을 다루는 그의 관점은 약함으로부터의 선교에 맞춰져 있다는 점에서 독특하다. "십자가 없이 어떤 영광도 없고" 그리스도의 희생적인 종 됨을 공유하지 않고는 믿는 자들이 하나님의 왕권 통치를 공유할 수 없을 것이다. 요더는 세상에서 믿는 사람들의 공동체가 갖는 참 능력과 효과는 희생적 섬김에 있다고 이해한다. 그들의 섬김은 역사의 주님을 대신하여 이 세상에서 표현되는데, 왕 같은 제사장직이 바로 그것이다. 그렇다면 그리스도가 주님이시고, 역사의 주이시며, 모든 것의 주인이시라는 사실을 어떻게 세상에 선포할 수 있는가? 그리스도가 보여 주신 것과 같은 섬김에 의해서다.

따라서 요더는 역사 속에 나타난 정치와 기독교의 융합이라는 콘스탄틴 효과를 분석할 때, 콘스탄틴이 이 융합을 시작하거나 결론짓지 않았다는 점을 인정하면서도 매우 비판적이다. 그는 이에 관한 역사를 이렇게 이해한다.

> 발도파 사람들(Waldensians)은 처음으로 후기(post-) 그리고 반(anti-) 콘스탄틴적인 '자유 교회(free church)'가 된다. 이로 인해 우리가 여기에서 15~16세기의 개혁권 안에서 '급진적 개신교주의'라 부르는 것과, 또 나중에 침례교, 퀘이커교, 형제교회(Brethren) 그리고 디사이플 교회(Disciples)에서 찾아볼 수 있는 저항선이 시작되는 것이다(Yoder 1998:246-147).

요더는 기독교 국가의 개념이 어떻게 시작되었는지 그리고 군대를 포함한 세속적인 힘이 어떻게 해서 기독교 확장의 도구가 되었는지를 설명한다. 또한 새로운 종류의 개신교가 어떻게 그 풍조에 저항하기 시작했는지를 설파한다. 이 저항은 진실로 약함으로부터의 선교였다. 비록 요더의 자유 교회 배경이 그의 신학 전체에 강력한 영향력을 행사했지만, 요더는 분명히 윤리, 역사, 선교를 다루는 데 있어 자신의 교회 전통의 교의를 초월하고 있다.

요더의 또 다른 저서로《열방을 위해서(For the Nations, 1997)》가 있다. 이 책은 특히 공중(public)과 관련된 많은 논점을 포함하고 있는데, 그럼에도 매우 선교 중심적이다. 사실상 이 책은 예수 그리스도가 십자가에서 행하신 것의 관점에서 전 세계와 우주를 다룬다고 말할 수 있다. 그리스도의 종 되심과 십자가는 권세(powers)를 대하는 그분의 방식이었다. 이것은 우주의 모든 것뿐만 아니라 선교에도 적용된다. 모든 것은 십자가에 의해 흔들렸다(1997:87).

요더의 결론은 이 책뿐만 아니라 위에서 언급한 다른 책들에서도 확고하다. 진리는 "고난은 강력한 것이고, 약함이 승리하는데, 하늘에서뿐만 아니라 땅에서도 승리한다"(1997:35)이다. 하나님의 어린양 예수 그리스도가 그것을 의도하셨기 때문에 우리 모두는 하늘에서뿐만 아니라 여기 땅 위에서 어린양과 함께 나란히 서야 한다.

스페인의 남미 정복 중에 나타난 약함으로부터의 선교

남미를 침략한 스페인 정복자들이 행한 힘으로부터의 선교에 대항한 바르톨로메 라스 카사스(Bartolomé de Las Casas) 선교의 특성에 대해 알아보고자 한다. 라스 카사스는 스페인 정복자에 대항한 주요 인물이었다.

스페인 사람인 라스 카사스는 1502년 신대륙인 남미에 도착했다. 처음에 그는 보물을 노리는 탐험가에 불과했다. 쿠바 정복에 참여한 공로로 땅과 봉건적 농장제도 엔코미엔다(encomienda)[26]를 부여받았다. 그런 그가 1514년 급진적 회심을 경험한 후 스페인이 원주민 인디언들을 정복하는 것을 반대하기 시작했다. 그는 남은 생을 인디언 보호를 위해 바쳤다(Hanke 1974:6-7).

라스 카사스는 《인디언을 지키기 위하여(In Defense of the Indians)》를 저술했다(Las Casas 1974). 원제는 'The Defense of the Most Reverend Lord, Don Fray Bartolome de Las Casas, of the Order of Preachers, Late Bishop of Chiapa, Against the Persecutors and Slanderers of the Poeples of the New World Discovered Across the Seas'다. 이 책에는 참 선교와 약함으로부터의 선교에 대한 그의 생각이 잘 표현되어 있다.

1550년, 라스 카사스와 세풀베다(Juan Gines de Sepulveda)는 스페인 사람들이 차후에 보다 용이하게 인디언들에게 복음을 전하도록 하기 위해, 스페인 왕이 무력을 사용하여 그들을 정복하는 것이 옳으냐를 놓고 논쟁을 벌였다. 라스 카사스는 인디언을 위해 《인디언을 지키기 위하여》를 저술했고, 이 논쟁 중에 그 내용을 또박또박 읽어 냈다. 논쟁 중에 이 책을 읽는 데만 무려 5일이나 걸렸다(Hanke 1974:67-68; Las Casas 1974:9).

라스 카사스의 상대인 세풀베다는 왕정의 역사가이면서 신학자였다. 그는 다음과 같이 주장했다.

…야만인들을 정복하여 그리스도의 숭배자인 스페인 사람들이 통치하는 것은 정당할 뿐 아니라 그들에게도 은혜인 셈이다. 우리의 경험을 통해 분명하게 드러난 바 있지만 그렇게 하는 것만이 그들에게 기독교 복음을 전할 수 있는 가장 용이한 방법이다. 특히 인명 피해를 최소화하면서 목적을 성취할 수 있다는 점에서 특히 그러하다(Las Casas 1974:15).

라스 카사스는 세풀베다의 주장에 정면으로 맞서며 인디언에 대한 무력 사용을 반대했다. 여기서 그의 주장을 구체적으로 다루지는 않을 생각이다. 그의 논리는 약함으로부터의 선교 관점에서 요약된다. 기본적으로, 인디언을 복음화하는 유일한 방법은 무력이 아닌 평화적인 방법에 의해서다. 결과적으로 그는 평생 인디언을 보호했고, 또 큰 성공을 거두었다. 하지만 남미 대륙 전체는 스페인의 힘에 의한 선교 관점에서 이행되는 최악의 사례로서 비극의 땅으로 남게 된다.

원래 라스 카사스에 의해 쓰여진 《유일한 길(The Only Way, Las Csas 1992)》의 원제는 '만인을 살아 있는 믿음으로 이끄는 유일한 길(The Only Way to Draw All People to a Living Faith)'이었다. 이 책에서, 그는 참 복음화에 대한 자신의 확신을 강하게 주장했다. 그에 따르면 인디언을 복음화하는 유일한 길은 마음을 얻고 그들의 의지를 얻는 것이다. 마음과 의지를 얻는 유일한 길은 그리스도의 길에 의해서다. 이성으로 마음을 얻고, 온화함으로 의지를 얻는다. 그래서 합리성의 선포, 인디언의 자유, 그들을 개종시키기 위한 평화적인 방법이 강조되는 것이다(Las Casas 1992:68-69).

《라스 카사스: 예수 그리스도의 가난한 자들을 찾아서(Las Casas: In Search of the Poor of Jesus Christ, 1993)》는 구스타보 구티에레즈(Gustavo Gutierrez)에 의해 쓰여졌다. 그의 모든 신학적 행보에 동의하는 것은 아니지만, 라스 카사스에 대한 그의 설명은 언급할 가치가 있다.

구티에레즈에 따르면, 라스 카사스는 엄청난 수의 인디언이 일찍, 불시에, 부당하게 죽는 것에 큰 충격을 받았다고 했다(1993:96). 인디언의 "기독교와의 만남이 그리스도인들과의 만남을 의미하는 것은 아니었다"(1993:190). 사실상 스페인 사람들이 예수 그리스도의 이름을 혐오스러운 것으로 만들었음에도 인디언들이 복음을 받아들였다는 것이 놀라운 기적이었다.

구티에레즈는 이 신대륙에서 그리스도 자신이 참다운 복음 전도자였다고 말한다. 그 복음 전도자야말로 사람들을 참 신앙으로 이끄는 유일한 길이었다. 즉 설득과 대화를 토대로 한 평화적인 복음 선포인 것이다(1993:190).

구티에레즈는 라스 카사스 선교에 있는 두 가지 측면을 알아야 한다고 강조한다. 첫째는 인디언을 보호하고 그들에게 복음을 선포하는 것이다. 둘째는 스페인 사람들에게 복음을 전하는 것이다. 라스 카사스는 스페인 사람들에게도 복음을 전할 필요가 있다고 믿었다. 스페인 사람들은 믿음을 행동으로 옮기는 것에 실패했다. 그들은 스스로 모순되었을 뿐 아니라 하나님께서 그들에게 맡기신 선교에도 신실하지 못했다(1993:194). 라스 카사스는 그들의 이 같은 실책을 조국 스페인에 알리고 싶어 했다는 것이다(1993:10). 나는 그의 모든 신학적 행보에 동의하지 않음을 또다시 밝힌다. 그럼에도 불구하고, 남미를 침략한 스페인 정복자들이 강함으로부터의 선교를 이행했다는 그의 주장에는 동의하는 바다.

오순절 운동과 약함으로부터의 선교의 관계

약함으로부터의 선교와 오순절 운동의 관계에 대한 이해는 현대 교회들의 결정적인 논점 중 하나다. 이는 논쟁적이라서 다루기 어려운 과제이기도 하다. 오순절 운동이 현대 선교 운동에 강력한 영향을 미쳤다는 점에서, 이 두 요인을 고찰하는 것은 당연히 주목받아 마땅하다. 오순절 운동은 약함으로부터의 선교와 혼합된 관계를 갖는다. 나는 몇 명의 오순절 저자들을 피력함으로써, 이 운동이 약함으로부터의 선교와 어떻게 관련되어 있는지를 설명할 것이다.

더글러스 스트롱(Douglas M. Strong)은 그의 저서《그들은 성령 안에서 걸었다(They Walked in the Spirit, 1997)》에서 윌리엄 시무어 (William Seymour, 1870~1922)의 삶을 다룬다. 스트롱은 시무어가 연합에 초점을 맞추었다는 사실을 강조하면서 무의식적으로 오순절 운동이 약함으로부터의 선교에서 나왔다는 것을 밝혔다.

윌리엄 시무어는 많이 배우지 못한, 심한 인종차별의 분위기 속에서 살던 미국의 흑인이었다. 그는 로스앤젤레스에서 사역을 시작했다(1997:37-38). 1906년 4월, 시무어는 방언의 은사를 받았다. 모임이 커지면서 처음 집회를 시작한 집에 더 이상 머물 수 없게 되자, 시무어는 동료들과 함께 가난한 동네인 아주사 거리의 한 건물로 이사했다. 이전에 아프리칸 감리교회(African Methodist Episcopal Church)가 있었고, 최근까지 창고와 마구간으로 쓰인 공간이었다(Strong 1997:38).

약 3년 반 동안 계속된 성령의 역사는 언론과 대중으로부터 많은 놀림을 받았다(Strong 1997:38). 그러나 시무어는 언제나 겸손하고 온화했다. 그의 동료 프랭크 버틀먼은 그를 이렇게 말한다. "…교만이 전혀 없는 사람이었다"(Nichol 1966:33).

롤프 쿠이츠(Roelf S. Kuitse)도 자신의 에세이《성령: 메시아적 선교의 근원(Holy Spirit: Source of Messianic Mission)》에서 성령과 선교의 관계를 기술했다. 쿠이츠는 데이비드 마틴(David Martin)을 인용해 오순절주의를 '변두리 종교(periphery religion)'라고 불렀다. 영국에서 한때 주변인 취급을 받던 비국교도들(nonconformists)이 미국의 핵심 세력이 된 것처럼, 오순절 운동도 언젠가 라틴 아메리카에서 주요한 운동으로 성장할 것으로 보았던 것이다(1993:108).

그러나 쿠이츠는 오순절 운동의 신학적 기초를 이해함에 있어 독특한 견해를 갖고 있었다. 신학적으로 동방정교회(the First Church)는 부활 신학(theologia triumphans)에 뿌리를 둔 것으로, 서방의 제2교회(the Second Church)는 십자가 신학으로 특징짓는다. 하지만 쿠이츠는 오순절주의가 성령 신학에 기초할 것이라고 암시한다(1993:108).

이와 같은 강조는 또 다른 책들에서도 발견된다.《오순절주의의 세계화(The Globalization of Pentecostalism, Dempster, Klaus and Petersen, 1999)》는 오순절주의가 어떻게 세계적으로 기독교에 영향을 미칠 수 있었는지를 설명한다.《불의 혀(Tongues of Fire, D. Martin, 1990)》는 라틴 아메리카에서 오순절교회의 역동적 선교 운동을 묘사하고 있다. 이 책들은 오순절 운동의 토대를 십자가에 우선적으로 두는 것처럼 보이진 않는다.

하지만 이 운동에서 성령론만을 강조하는 것은 잘못이 아닐 수 없다. 성령론에 대한 오순절 운동의 지나친 강조는 승리주의를 유도할 수 있다. 오순절주의는 마치 그들이 이미 십자가의 단계를 이전에 마치고 성령의 단계로 들어가기라도 한 것처럼, 십자가 사건을 지나간 사건으로 보려는 경향이 있다. 연대순으로, 십자가 사건이 과거의 사건이고 성령의 강림이 믿는 사람들에게 특별한 자유와 은사를 주었지만, 십자가의 원리는 여전히 믿는 사람들의 삶 속에서 작용한다. 우리는 우리 삶을 살면서 그리스도의 방법으로 선교해야 한다는 것을 잊어서는 안 된다.

성령의 은사와 능력 그리고 그에 수반되는 자유는 마치 그들이 그것을 그리스도의 십자가 아래에서 받은 것처럼 주어지는 것이다. 성령의 은사와 능력은 십자가의 공동체에 의해서만 사용되는 것이다. 성령 충만한 그리스도인을 통해 나타나는 성령의 능력을 설명하기 위해선 성령의 새롭고 생생한 이미지가 필요하다. 이 이미지는 십자가의 약함이 성령에 의한 자유와 능력을 동반함을 설명하는 것이어야 한다. 그렇지 않으면 오순절주의는 승리주의의 유혹을 피할 수 없고, 그 결과 힘으로부터의 선교를 하게 되는 중요한 실수를 피할 수 없다.

이 논점에 관하여 다른 오순절주의 신학자 고든 피(Gordon D. Fee)는 자신의 고린도전서 주석《고린도 신자들에게 보낸 첫 번째 서간(The First Epistle to the Corrinthians, 1987)》에서 오순절 운동에 관한 균형 잡힌 관점을 보여 준다. 그는 오순절 운동이라는 용어를 분명하게 언급하지 않는다. 다만 고린도전서 2장 1-5절의 바울의 메시지와 설교를 통해 나타난 성령의 능력을 설명하면서 바울의 능력 있는 사역은 철저히 약함으로부터의 선교 원리에 의해 인도되었다고 설명했다(Fee 1987:88-97).[27]

자기 노출(Self-Exposure)

제이콥 로웬(Jacob Loewen)은 그의 저서《문화와 인간의 가치: 인류학적 고찰에 대한 기독교적 개입(Culture and Human Value: Christian Intervention in Anthropological Perspective, 1975)》에서 '자기 노출: 친교의 길'이라는 별도의 제목으로 그의 견해를 자세히 피력했다. 선교할 때 우리는 일반적으로 선교지의 사람들과 그들의 삶을 우선적으로 다루려고 한다. 그러나 로웬은 선교는 자기 노출로 시작된다고 했다. 어떤 사람의 약함, 투쟁, 유혹, 실패, 심지어 부끄러움조차 나눔으로써 그 사람의 마음을 열게 한다는 주장이다. 이렇게 함으로써, 선교사(또는 목사, 크리스천 사역자)는 선교적인 답이나 교의가 아닌, 사람들을 이해하는 마음을 가지고 사람들에게 접근하게 된다. 그들에게 목사는 제사장이 된다.

선교사의 자기 노출은 해외 선교사와 선교지의 형제자매들

을 잇는 다리가 된다. 선교사는 또한 자신의 약함과 실패를 표현
함으로써 그의 직업의 이상(ideal)과 삶의 현실 사이를 구별할 수
있게 된다(Loewen 1975:55). 이와 같은 자기 노출에 의해 그들의 선
교는 약함으로부터의 선교가 될 수 있다.

이주 전도(Migration Evangelism)

존 하워드 요더는 그의 저서《당신이 갈 때에(As You Go, 1961)》
에서, 이른바 '이주 전도'라고 불리는 전도의 형태와 특별히 교
육받은 선교사들에 의해 실행되는 해외 선교의 전통적 방법을
대비한다. 요더는 이주 전도가 가장 오래된 방법이면서도, 현
대 세계의 환경에서도 여전히 강력한 복음 전파의 형태라고 생
각한다. 그는 이주 전도가 초대교회 시대에 일상적이면서도 기
독교 확장을 위해 강력한 방법이었다고 자연스럽게 설명한다
(1961:17).

이주 전도를 약함으로부터의 선교로 다루어야 하는 이유는,
선교가 반드시 해외 선교를 의미하는 것은 아니기 때문이다. 해
외 선교는 선교다. 하지만 선교가 반드시 해외 선교는 아니며, 특
별히 선택된 선교사들에 의해 수행되는 것을 의미하는 것이 아
니다.

선교는 궁극적으로 하나님의 선교(Missio Dei)로부터 시작된
다. 선교사 하나님께서 예수님을 보내셨고, 하나님 아버지와 아
들이 성령을 보내셨다. 다음에는, 예수님께서 그의 제자들을 세
상에 보내셨다(요 20:21). 교회는 오순절 때 성령을 받았다. 그날

이후 교회는 세상으로 보내졌고, 보냄을 받았다. 이는 교회의 사도직(the apostolate of the Church)을 의미한다(Beaver 1961:258-268). 전체 교회가 보냄 받은 존재인 것이다.

따라서 전체 교회의 선교를 먼저 설명하고 나서야 다른 형태의 선교에 대해 언급할 수 있는 것이다. 하지만 해외 선교와 관련된 사람들은 자신이 참다운 선교를 위해 외국 땅에 보내졌다고, 혹은 거기에 있도록 선택되었다고 생각해서 자만에 빠지는 경향이 있다. 이런 경향은 매우 해로울 수 있다.

게다가 오늘날은 선교사가 사역을 위해 이동해야 하는 거리는 중요하지 않다. 피어스 비버(Pierce Beaver)는 "지리적 땅끝은 제트기 여행 시대에 그리고 세계 교회 시대에 사라졌다. 하지만 인간 사회의 사회적, 문화적, 이데올로기의, 영적인 '더 먼 끝(far ends)'은 얼마든지 존재한다. 넘어야 할 이방의 영역이 존재하는 것이다"라고 주장한다(Beaver 1961:264).[28]

따라서 중요한 것은 경계선을 넘는 것이다. 레슬리 뉴비긴 역시 선교사가 지리적으로 고국을 멀리 떠나 외국 땅으로 해외 선교를 하는 것을 선교로 이해하는 것은 "기독교 제국적인" 정신이라고 이해한다. 그렇다면 어떻게 해야 선교사 활동이라고 부를 만한가? 뉴비긴은 선교란 "지리적 영역의 횡단"이 아닌 "주님이신 그리스도에 대한 신앙과 불신앙 사이에 경계의 횡단"이라고 말한다(Newbigin 1958:29).

이 점에 대해, 요더는 자신의 글에서, 기독교 증거에 관한 하나의 특정 개념인 전통 해외 선교가 이 세상의 복음화를 위한 핵심 원동력이라고 주장한다면, 이는 하나님이 자유롭게 움직일 수많은 익명의 그리스도인들을 일으키실 것을 함축하고 있다. 이는 이미 역사적으로 일어난 현상이다. 사도행전 11장에서, 구브로와 구레네로부터 온 익명의 그리스도인들은 급진적 방법으로 경계선을 넘어 헬라인에게 기쁜 소식을 전한다(이주 전도 형태-역주). 이 익명의 그리스도인들의 증언은 안디옥교회가 형성된 것보다 앞선 일이었다. 안디옥교회에서 바나바와 바울을 파송한 것은 훨씬 이후의 일이다.

미래에도 하나님은, 과거에 행하신 것처럼, 사람들을 그리스도께 이끄시기 위해 놀랍도록 창조적인 방법으로 익명의 그리스도인들을 사용하실 것이다. 따라서 소수의 교만해진 선교사들이 그들의 전통적인 방법으로 해외 선교를 수행한다면, 이주 전도는 이와 대비되는 약함으로부터의 선교로서 적절한 형태가 될 것이다. 역사 속에서, 선교 자체의 개념은 식민정책과 깊이 관련되어 있었다. 게다가 일부 선교사들과 단체들이 그릇된 선교관으로 인해 교회 전체가 보냄받았고 그들의 선교가 넓은 의미에서 전체 교회의 선교 활동을 촉진하기 위한 것임을 이해하지 못한다면, 하나님은 그들을 낮추시고 대신 다른 사람들을 높이실 것이다.[29]

역사를 통해서 그래 왔고 지금도 그런 것처럼 수많은 겸손한 해외 선교사들이 있기에, 우리는 해외 선교와 선교사에 대해 지나치게 가혹해선 안 될 것이다. 그들은 겸손하게, 신실하게 주어진 선교 현장에서 주님을 섬겼다. 그러나 여전히 해외 선교사들의 자랑하는 태도를 보고 사람들이 실망하는 것은 슬픈 일이며, 따라서 하나님의 역전은 일어날 수 있는 것이다.

요약

이 장에서, 나는 선교학자, 신학자 그리고 실제로 선교 사역을 하는 사람들의 글을 다루었다. 각 저자들은 자신의 저서에서 약함으로부터의 선교 주제를 다루었다. 몇몇 사람은 그들의 신학에서 약함으로부터의 선교의 중요성을 더 깊이 인식했다면, 몇몇 사람은 반면에 그렇지 못한 것을 본다.

또 나는 보다 포괄적으로 이 주제를 다루었다. 하지만 독자들은 이 책들에 대한 나의 연구가 여전히 십자가의 약함이라는 하나의 원리에 기초하고 있다는 것을 이해할 것이다. 이 모든 글들이 약함으로부터의 선교의 중요성을 보여 준다.

다음 장에서 나는 나의 배경인 한국교회로 돌아갈 것이다. 특별히 장로교회를 통해 한국교회를 설명할 것이고, 약함으로부터의 선교 관점에서 한국교회의 역사를 분석할 것이다.

6

한국교회의 역사에 적용된
약함으로부터의 선교

6장

한국교회의 역사에 적용된
약함으로부터의 선교

이 장에서 나는 한국 장로교회를 특별히 언급하면서[30] 한국 교회 역사에 나타난 약함으로부터의 선교를 다룰 것이다. 한국 교회와 장로교회의 모든 역사는 여기서 다루기엔 너무 방대하다. 그래서 나는 한국교회의 역사를 몇몇 카테고리로 나누어서 약함으로부터의 선교 관점으로 각각의 시기를 설명하려고 한다.

나는 내 연구를 위해 역사적 관점에서 한국교회를 객관적으로 설명하려고 한다. 이때 독자가 유념해야 할 것은, 앞의 5개 장에서 살펴본 관점들이 여기서 한국교회의 각 시기를 설명할 때 자연스럽게 적용된다는 것이다. 어떤 것은 강함 또는 힘으로부터의 선교로 분류되고, 또 어떤 것은 약함으로부터의 선교의 본보기로 드러날 것이다. 나는 여기서 힘에 의한 선교도 살펴볼 것인데, 이는 한국교회 역사라는 보다 큰 상황(선교의 콘텍스트) 속에서 힘에 의한 선교가 다른 사건들과 밀접하게 연결되어 있기 때문이다.

한국교회의 역사는 개신교회 이전에 가톨릭교회가 심하게 박해받은 역사가 있다는 점에서 독특하다. 선교를 위해 가톨릭교회가 치른 대가는 상상을 초월한다. 가톨릭이 신앙을 고백함으로써 겪은 영웅적 순교는, 우리 개신교 그리스도인이 본보기로 배워야 할 성스러운 것이다. 그것은 세상에서 그리스도를 위한 참 제자도의 가장 좋은 본보기 중 하나다.

그러나 무엇보다도 로마가톨릭교회에 대한 일차적이고 절대적인 충성을 요구하는 가톨릭 신앙의 한계는 힘의 자리로부터의 선교의 일례가 되었고, 이것이 우리를 슬프게 한다. 실제 역사에서는 두 가지 측면이 서로 하나로 얽혀 있다.

내가 가톨릭교회의 선교를 다룰 수밖에 없는 이유는 개신교회 또는 한국 장로교회의 선교와 비교될 수 있기 때문만이 아니라, 이것이 큰 시각으로 볼 때 한국 기독교 역사에서 다루지 않을 수 없는 불가결한 부분이기 때문이다. 그래서 이 부분에서 나는 개신교 이전에 시작된 한국 가톨릭교회의 역사를 양면의 관점, 즉 약함 또는 강함으로부터의 선교의 관점에서 조명해 보겠다.

| 한국 가톨릭교회의 시작 |

조선 사람들에게 기독교가 개방될 기회는 몇 번 있었지만, 처음 세례 교인으로 알려진 한국 신도는 이승훈이다. 그는 진리를 추구하는 사람이었다. 남인으로 불리는 정치 세력에 속한 몇몇 학자가 이승훈을 북경으로 보내며 가톨릭에 대해 알아보라고

했다. 이때 이승훈은 예수회 선교사를 몇 차례 만난 뒤 믿음을 고백하고 세례를 받았다. 이승훈은 고국으로 돌아오면서 몇 권의 교리서, 십자가, 성화들, 묵주, 기하학 책들을 가지고 왔다. 이것이 한국에서 가톨릭교회의 시작이 되었다(Min 1996:56-57).

이 신앙은 조선의 남서부에 거주하던 이른바 남인 학자들 사이에서 퍼져 나갔다. 이미 1791년에 박해가 있었지만, 심각한 것은 아니었다. 이승훈은 그 당시 유배 중이었다(Min 1996:61-63).

1800년 현군이던 정조가 죽자, 정치 세력들 간에 대립이 격렬해졌고, 대왕대비 정순왕후는 어린 왕 순조 뒤에서 수렴청정을 했다. 정순왕후는 이때 반기독교 정치 세력과 함께 성도들을 잔인하게 박해했고(Min 1996:64-66), 가톨릭 신자들을 고발하라고 위협했다. 그 결과로 이가환, 권철신이 극심한 핍박으로 죽음에 이르렀다. 이승훈, 최필공, 정약종은 참수되었고 정약용은 유배되었다. 강완숙의 집에 머물면서 신도들을 돌보던 중국 신부 주문모(Jacques Vellozo)는 체포 후 처형되었다. 초창기 가톨릭교회 역사에서 이례적으로 지도적인 역할을 한 여인 강완숙 또한 순교했다(Y. Han 1987:10-11; Min 1996:65-66).

박해로 인해 조선의 수많은 가톨릭 신도들이 죽임을 당했다. 하지만 그들이 당한 박해와 로마가톨릭교회에 대한 절대적인 충성에서 기인된 조급함은 강함으로부터의 선교 결과로 이어지게 된다. 황사영(Alexander Hwang)의 밀서 사건이 그러하다(Paik 1987:35).

정약종의 사위였던 황사영은 주문모 신부를 아주 가깝게 따랐다. 1801년 박해 이후, 황사영과 그의 동료들은 박해로부터 교회를 구할 계획을 세웠다. 그는 흰 비단에 아주 작은 글씨로 편지를 써서 황심이라는 동료 편에 북경 주교에게 전달하고자 했다. 그러나 이 편지는 황심이 나라를 떠나기 전에 발각되고 만다(Min 1996:68-69).

편지에서 그는 박해가 어떻게 일어났는지, 배후의 정치적 상황은 어떠한지 상세히 기록했다. 게다가 청나라 공주 중 하나를 조선 왕의 아내로 주어서 조선의 왕이 청나라 황제의 뜻을 따를 수 있게 해달라고 주교에게 요청했다. 심지어 유럽 가톨릭 국가들에 군사 5, 6만 명과 무기를 실은 수백 척의 전함을 보내 달라고 해서 조선 정부를 압박해 조선에 종교적 자유를 가져오게 해달라고 요청했다. 그는 나라가 파괴되더라도 거룩한 종교의 흔적은 남아 있어야 한다고 주장했다(Min 1996:69-70).

조정은 이 편지로 인해 격분했고, 황사영은 물론이고 300여 명의 신도를 처형했다. 황사영은 고난을 피하기 위해 군대와 정치 권력을 통한 선교를 시도했던 것이다.

| 1839~1840년 대박해 |

1831년 시암(Siam)의 선교사 브뤼기에르 신부(Barthelemy

Brugiere)가 조선으로 부임하게 됐다. 그는 4년간 만주 여행을 하다가 압록강 앞에서 갑자기 병들어 죽고 말았다. 그러자 그의 동료 모방 신부(Piere Philibert Maubant)가 그를 대신해 조선에 가겠다고 나섰다. 1836년, 프랑스 신부 샤스탕(Friar Jacques Honore Chastan)은 압록강을 건넜다. 1837년에는 한국 주교로 임명된 앵베르 신부(Laurent Marie-Joseph Imbert)가 압록강을 건넜다. 그들은 최초로 국내에 거주하는 서양 선교사들이 되었다(Min 1996:76-77; Rhodes 1984:61-62).

교회는 성장했다. 한 해에 2천 명의 성인이 세례를 받았다. 1839년 3월, 기독교를 적대하시는 정치 세력이 기독교인들을 박해함으로 권력을 잡으려고 했다. 같은 해 8월, 주교 앵베르는 자수하고 함께 일하던 두 신부에게도 자수하라는 내용의 편지를 썼다. 모방(Maubant) 신부와 샤스탕(Chanstan) 신부는 이것이 하나님으로부터 말미암은 것이라 믿고 그들도 자수했다. 엄청난 고문 끝에 이들 셋은 순교했다. 군사들이 그들의 목을 범죄자처럼 한강변에 매달았다(Min 1996:77-78; Rhodes 1984:61-62). 동시에 130명의 조선 천주교인들이 순교한 것으로 알려졌다. 그들 중에는 79세의 할머니와 14세의 소년(Peter Yoo)도 있었다. 신도들은 몸이 찢기는 고통에도 믿음을 부인하지 않았다(Min 1996:78; Rhodes 1984:62).

1866년 대박해

1845년, 조선의 3대 주교 페레올(Jean Joseph Ferreol) 신부가 서울

에 왔다. 그와 함께 첫 번째 한국인 신부인 김대건이 마카오에서 공부를 마치고 돌아왔다(Min 1996:89-90). 김대건은 이듬해 1846년에 순교하게 된다.

1855년, 페레올(Ferreol) 신부가 병으로 죽자, 4대 주교 베르뇌(Francis Berneux) 신부가 네 명의 선교사들과 함께 왔다. 교회가 다시 빠르게 성장해서 1857년 신도 수가 1만 3천 명이 넘었고, 1865년에는 2만 3천 명이 되었다. 또한 12명의 외국인 선교사가 포교를 했다(Min 1996:91).

대원군이 섭정으로 나라를 다스리게 되면서(1864~1873년) 반외세, 반기독교 분위기가 나라 전체를 휩쓸었다. 처음에 대원군은 러시아 군대의 공격으로부터 나라를 보호하기 위해 가톨릭교회를 통해 유럽 국가들로부터 군사적 도움을 얻고자 했다. 그러나 프랑스 신부들로부터 거부당한 뒤 반기독교법을 시행하기 시작했다(Rhodes 1984:64-65).

극심한 박해가 1866년 3월부터 시작되었다. 베르뇌(Berneux) 주교를 포함해 5명의 선교사는 대원군이 그들의 신앙을 부인하고 떠날 것을 요구하자 이를 거절했다. 극심한 고문 끝에, 그들은 한강 백사장 새남터에서 순교했다. 곧 다른 선교사들도 그 뒤를 따랐다. 민경배에 따르면, 3년간 순교자 수는 약 8천 명에 이르며, 산과 들로 도망갔다가 결국 배고픔과 추위에 죽은 신도 수를 포함한다면, 그 수는 두 배에 이를 것이다(Min 1996:94-95; Rhodes 1984:65).

박해로부터 탈출한 세 명의 신부 중 하나가 리델(F. C. Ridel)
이다. 그는 중국 지푸로 갔다. 1866년 9월, 사령관 로즈(P. G. Roze)
가 지휘하던 프랑스 전함 세 척이 한강을 거슬러 서울에 이르
러 며칠간 머물다가 지푸로 돌아갔다. 10월에는, 프랑스 배 일
곱 척이 강화도에 상륙해 성을 파괴했다. 그러나 조선 군사들에
패하고 돌아갔다. 이때 몇몇 조선인을 살해했다. 리델(Friar Ridel)
신부는 그의 일기에서 "그들은 많은 조선 군사들을 죽였다" "모
든 것을 파괴했다" 그리고 "나(리델)는 우리가 후퇴하는 것에 화
가 났다"와 같은 표현으로 당시를 설명했다(Min 1996:95-96; Rhodes
1984:66-67).

당시 리델 신부는 통역자와 안내자로서 그 배들 중에 승선하
고 있었다. 전형적인 가톨릭 신부였던 리델이 선교를 목적으로
군사력을 수단으로 사용할 수 있다고 생각했다고 추론할 수 있
다. 그것은 힘으로부터의 선교였으며, 가톨릭의 선교 모델로서
는 이상한 것이 아니었다(Rhodes 1984:67).

| 1871년의 박해 |

1866년, 미국 선박 제너럴셔먼호가 대동강으로 거슬러 올라
왔다. 이 배는 한국이 통상의 문을 열 것이라는 희망으로 많은 물
자를 싣고 왔다. 물론 무기도 싣고 있었다. 평양 당국이 그들에게
후퇴를 요구했지만, 미국 상선은 이를 무시했고, 심지어 조선 군
사들 중 한 명을 붙잡아 배에 감금했다. 그들은 심지어 그들에 맞

서 대항하던 민간인에게 총격을 가해서 2주간 체류하는 동안 20명의 조선 사람을 살해했다(Min 1996:101; Rhodes 1984:71).

대동강의 수위가 낮아지자 제너럴셔먼호는 강바닥에 좌초되었다. 평양수비대는 화약과 인화물질을 실은 서너 척의 작은 배를 제너럴셔먼호를 향해 흘러가게 한 뒤 불 태워 침몰시켰다. 몇몇 사람이 살아남아 조선 사람들에게 살려 줄 것을 요청했으나 분노에 찬 군중은 그들을 공격하고 살해했다(Min 1996:101-102).

그때 살해당한 사람 중에 토머스(Robert J. Thomas)도 있었다. 토머스는 스코틀랜드에서 온 개신교 선교사였다. 그는 통역자로 배에 올랐다. 기록은 그가 총과 칼로 무장했기 때문에 선교사처럼 보이지 않았다고 전한다. 토머스는 순교를 앞두고 조선 사람들에게 성경을 전해 주었으며, 심지어 죽는 순간까지 거절하는 살인범에게 성경을 주었다. 그 순간 성경을 받은 이는 선한 사람을 죽였다는 생각에 성경을 가지고 집에 돌아갔고, 이 성경을 통해 꽤 많은 사람들이 그리스도인이 되었다는 사실이 후에 밝혀졌다(Min 1996:100-102; Rhodes 1984:71-72). 성경을 받은 사람의 사촌 이영태는 그리스도인이 되어 후에 기독교연합대학(Union Christian College)을 졸업했다.

토머스(Robert J. Thomas)는 한국에서 순교한 최초의 개신교 선교사가 되었다. 비록 토머스의 사역이 열매가 없는 것은 아니었지만, 제너럴셔먼호에 승선한 사람들의 동기나 토머스의 선교 방법은 좋은 점과 나쁜 점을 동시에 가지고 있었다. 즉 대체로 조선 사람들은 힘으로부터의 선교를 보게 된 것이다.

1871년, 제너럴셔먼호 사건은 최악으로 전개되었다. 주중 미 대사관의 프레더릭 F. 로(Frederick F. Low)가 조선 당국에 해명을 요구한 것이다. 조선 당국은 어려움을 당한 외국 선박을 만날 때마다 난파선은 구출하고 조난당한 사람들에게는 음식을 제공하고 안전하게 그들을 되돌려 보내기 위해 노력했지만, 제너럴셔먼호는 조선에 악행을 저질렀고 스스로 멸망의 길을 선택했다고 분명하게 설명했다(Min 1996:106).

사령관 로저스(John Rodgers)는 조선 당국의 대답에 만족하지 못하고 군함 다섯 척을 거느리고 조선으로 진군했다. 그들이 퇴각할 때까지 보여 준 파괴와 인명 살상은 사태 해결에 아무런 도움이 되지 못했다. 리델 신부는 그들의 안내자로 배에 있었고, 심지어 몇몇 조선 사람들도 그들의 침략을 도왔다. 조선 조정과 백성은 조선 가톨릭 신자들이 그들을 만나려 밤에 그 배에 접촉했다는 소문에 분개했다. 대원군의 가톨릭 박해는 더욱 극렬해져서 1873년 그의 통치가 끝날 때까지 계속되었다(Min 1996:107-108).

| 한국에서 초기 가톨릭 선교의 평가 |

이 부분에서, 나는 약함으로부터의 선교 관점에서 조선에서 가톨릭교회의 초기 선교에 대한 평가를 하려고 한다. 무엇보다도 나는 가톨릭 선교를 보기 드문 신앙적 위대함으로 이해한다. 먼저 부임해 온 주교가 죽었을 때 그 자리는 바로 다음 사람에 의

해 승계되고 그 사람도 역시 자원하여 죽음을 당한다. 선교사들은 모두 생명의 위협을 무릅썼다. 그들은 사람들을 개종시키기 위해 자원하여 이 땅에서 목숨을 걸었다. 그들을 죽일 준비가 되어 있는 조선 당국 앞에서, 그들은 하나님의 영광을 위해 자신을 희생했다. 그 고통은 매우 극심했고 살해 방법도 매우 잔혹했지만 그들은 신앙을 고백하기를 주저하지 않았다. 본보기가 되어 준 그들 덕분에 조선의 신도 수는 빠르게 증가했다. 그들이 설파한 복음은 당시 조선 사람들에게 유일한 희망이었다.

조선의 신도도 용감했다. 강완숙(세례명은 Colomba)은 여자임에도 불구하고 두려움 없이 전통적인 유교 문화와 생활 방식을 버렸다. 그녀는 한국 최초의 신부이자 첫 번째 주교였던 청나라 사람 주문모(Jacques Vellozo) 신부를 여러모로 도왔다. 그녀는 또한 사람들에게 복음을 전하기 위해 모든 수고를 다했고, 결국 주교가 자수했을 때 서울 서소문 밖에서 다른 네 명의 여인과 함께 순교했다(Y. Han 1987:10-11; Rhodes 1984:61). 김대건 신부는 아주 젊을 때 순교를 당했다. 그의 나이 25세였다(Min 1996:90).

우리가 알지 못하는 많은 사람이 배고픔과 추위에 떨며 믿음 때문에 죽었다. 잘 알려진 작가 이광수는 1935년에, 수만의 가톨릭 순교자들을 존경한다고 밝혔다. 그는 조선인이 수만의 순교자를 배출하고 자기가 그런 조선 사람들 중 하나라는 것을 깨달았을 때 매우 자랑스러웠다고 기록했다(Min 1996:108-109).

한편, 큰 희생에도 불구하고, 가톨릭 선교는 가톨릭의 전통적인 틀 안에서 이루어졌고, 그래서 선교의 수단으로 힘을 사용했다. 황사영의 편지, 공격과 살상을 감행한 프랑스 선박과 미국 선박, 그들과 함께 돌아온 리델 신부가 그 예가 될 것이다. 박해 전이나 후나 힘으로부터의 선교와 연결되어 있었던 것이다. 그 것은 선교사들과 조선 가톨릭 신자들이 선교를 선교사를 파송한 국가의 힘과 관련된 것으로 이해했기 때문이다. 그것은 치명적 인 실수였고 무지였다.

그들이 약함으로부터의 선교를 했다면 불필요한 박해를 줄 일 수 있었을 뿐만 아니라 더 의미 있는 방법으로 선교에 성공할 수 있었을 것이다. 그러나 가톨릭 선교의 한계 때문에, 조선 사람 들은 일반적으로 가톨릭 선교를 강한 외국의 힘과 관련된 반역 과 배반의 상징으로 보았다. 그들은 가톨릭 선교를 국가의 자주 를 위협하는 외국의 침입으로 이해했다.

게다가 가톨릭 신자들은 로마교회에 우선적으로 충성했다. 이 때문에 초기 가톨릭교회는 민족의 정체성을 자랑스럽게 가지 고 있는 자국의 백성들과 함께하지 못하고 말았다. 비록 가톨릭 신자가 이 땅에서 초기에 많은 희생을 당했지만, 가톨릭 선교는 후에 들어온 개신교 선교와 비교해 볼 때 그렇게 성공적이지 못 했다.

유럽 선교와 성경 번역

한국교회사에서 보면, 미국의 교파별 선교가 1884년 또는 1885년에 활발해지기 전에, 유럽의 개신교가 조선 사람들과 접 촉하고 내륙 지방에서 사역을 시작하려 했으나 이뤄지지 않은 것을 본다. 미국 선교사 언더우드(Horace Grant Underwood)와 아펜젤러 부부(Mr. Mrs. Henry Gerhart Appenzeller)가 1885년 4월 5일 제물포에 도착한 후에야, 내륙에서 교회 개척이나 복음 전도와 같은 복음 사역이 행해졌다(Paik 1987:97-112).

조선에서의 유럽 선교를 살펴보면서, 나는 세 가지를 언급하려고 한다. 기독교 국가(Christendom)의 개념을 가진 유럽 선교, 성경 번역 그리고 내국인 사역 지도자 중 하나였던 서상륜의 역할이 그것이다. 그들 각자는 약함 또는 강함으로부터의 선교와 관련되어 있다.

유럽 선교

미국 선교사들이 오기 전에 한국에 접근했던 몇몇 유럽 선교사들이 있다. 그들 중에는 영국의 토머스(Robert Jermain Thomas, 개신교 첫 번째 순교자), 네덜란드의 귀츨라프(Karl Friedriech August Gützlaff), 스코틀랜드의 윌리엄슨(Alexander Williamson)이 있었다. 그들은 영구적인 선교 사역은 시작도 못하고 스쳐 지나갔다. 그러나 스코틀랜드의 선교사 로스(John Ross)와 매킨타이어(John MacIntyre)는 예외였다. 나는 다음에 그들에 관하여 집중적으로 언급할 것이다. 이후에 하나님의 섭리 가운데 영구적 선교 사역은 유럽 선교사가 아닌 미국 선교사에 의해 시작되었다(Min 1996:133-142).

유럽 선교에 관한 충격적인 사실은, 가톨릭 선교사와 같이 유럽 선교사들도 군사력마저 선교에 사용될 수 있다고 주장했다는 것이다. 예를 들면, 윌리엄슨(Alexander Williamson)은 미련하고 무

지하게 닫혀 있는 조선과 같은 나라들을 개방하기 위해 하나님
에 의해 주어진 군사력을 사용하도록 대영제국과 같은 나라들이
책임과 특권을 부여받았다고 믿었다. 그는 또한 전쟁은 악하지
만, 참 문명의 빛을 접하기 위해선 전쟁이 악과 선의 균형을 맞추
는 수단이라고 말했다(Min 1996:141-142).

앞에서 설명한 것처럼, 스코틀랜드 출신의 첫 번째 개신교
순교자 토머스(Robert Thomas)는 제너럴셔먼호에 승선했을 때 총
과 칼로 무장했다. 제너럴셔먼호는 무장되어 있었고 무기를 사
용했고 조선 사람들을 만났을 때 그들을 살해했다(Min 1996:101-
102).

간단하게 말하면 유럽 선교는 교회와 국가의 분리를 강조
한 미국의 교파별 선교와 같지 않았다. 유럽 선교는 기독교 국가
(Christendom)의 개념을 믿었다. 그리고 그들은 일반적으로 군사력
과 정치력은 선교를 목적으로 사용될 수 있다고 생각했다. 이 점
에서 그들은 가톨릭교회의 선교와 그 맥을 같이했다. 그들이 조
선에서 선교를 활발하게 했다면, 유럽 교회가 하는 힘으로부터
의 선교가 이뤄졌을지도 모른다. 하나님의 섭리로 그들은 비껴
갔다.

| 성경 번역 |

미국 선교사들이 도착하기 이전의 유럽 선교는 실패하지 않
았다. 성경 번역이라는 위대한 성공을 낳았기 때문이다. 스코틀
랜드의 두 선교사 로스와 매킨타이어는 만주에서 사역했다. 로

스는 중국과 조선의 국경에서 몇몇 조선 청년들을 만났고 그들을 통해 조선이라는 나라에 관심을 갖기 시작했다. 그들 중에 이응찬은 로스에게 한국어를 가르쳐 주었다. 로스와 매킨타이어는 이응찬의 도움으로 누가복음을 한글로 번역할 수 있었다. 이응찬은 번역 작업을 하는 동안 회심하게 된다. 누가복음을 번역한 해를, 민경배는 1882년이라고 말했지만 1882년 이전인 것으로 추정된다(Min 1996:169; Paik 1987:52).

로스와 매킨타이어는 1883년에 서상륜, 김진기, 이응찬, 백홍준의 도움으로 다시 사도행전과 마가복음을 번역했다. 1887년, 신약전서가 한글로 번역되었다(Min 1996:196).

세계 어디서든지, 성경 번역 선교사가 사역하는 곳마다 현지인 번역 동역자가 결정적인 역할을 했다. 로스의 사역도 예외가 아니었다. 이른바 '로스역(Ross Version)'은 서상륜의 공헌이 컸다. 심지어 선교사 엘라수 와그너(Ellasue Wagner)는 다음과 같이 기록했다.

우리는 계속해서 '로스역(Ross Version)'에 관하여 설명한다. 이것은 '서역(Suh version)'이라고 말하는 것이 더 정확하지 않겠는가? 이 사람, 서상륜은 1926년에 죽어서 천국에 갔다. 우리는 그에 관하여 더 알아야 하고, 성경 번역의 개척 사업에 있어서 그에게 마땅한 영광을 주어야 한다. 그는 소중한 책들을 국경을 가로질러 만주로부터 반복해서 가져오면서 위험을 무릅쓴 삶을 살았다. …우리는 로스 박사와 그의 언어학자로서의 능력에 관해 잘 모르지만, 그가 양어깨에 다른 많은 일

의 부담을 지고서 중국어 성경을 그 어려운 한글로 번역하는 것이 가
능하도록 충분히 공부할 수 있는 기회가 있었다고 상정하기 어렵다.
그보다는 '로스역'이 이들 중국어를 아는 선교사들의 도움으로 이
두 조선 청년들에 의해 번역되었다고 보는 것이 더 합리적이다. 왜냐
하면 이들 조선인들은 어릴 때부터 중국 문자와 친숙했기 때문이다
(Wagner 1938:94).

우리가 약함으로부터의 선교를 하나님 중심의 선교(God-
centered mission)로서 정의한다면 그리고 우리가 그런 선교를 하기
원한다면, 우리는 참되지 못하게 선교사의 역할을 중심에 놓아
서는 안 된다. 그 대신에, 우리는 현지 번역 동역자와 복음 전도
자의 역할이 더욱 중요함을 인정해야 한다. 그러면 선교사의 사
역 또는 그들의 역사 기록 자체가 약함으로부터의 선교가 될 것
이다.

한국교회사에서 현지인 성경 번역 조력자의 역할은 더욱 결
정적이었다. 언더우드(Horace Underwood)가 조선에 왔을 때, 그는
이미 회심해서 일본에 남아 있던 조선 신도 이수정에 의해 번역
된 마가복음 한글역을 가지고 있었다(Min 1996:167).

게다가 우리가 다음에서 다루게 될 서상륜의 결정적인 역할
을 이해하게 되면, 선교사가 선교 역사를 기록할 때 그들이 중심
역할을 했다고 자처하는 것을 조심해야 한다는 것이 더욱 분명해
진다. 나는 약함으로부터의 선교를 함에 있어서 가장 중요한 것
중 하나가 겸손 그리고 선교사 중심의 관점이 아니라 하나님 중

심의 관점을 가지고 선교 역사를 기록하는 것이라고 믿는다.

| 서상륜의 역할 |

엄밀하게 말하면, 서상륜의 사역은 유럽 선교와 관련되어 있을 뿐 아니라 일반적으로 미국 교파별 선교, 특별히 장로교회와도 관련되어 있다. 그러나 내가 여기서 그의 사역에 관하여 언급하는 이유는 그가 매킨타이어에 의해 회심했고 로스와 함께 사역했으며, 그가 번역한 한글 성경을 가지고 다니며 후에 더 넓게 사역했기 때문이다.

성경 번역에 기여한 서상륜의 역할

서상륜은 1849년 평안도 의주에서 태어났다. 그는 부유한 가정에서 태어났지만, 그와 그의 동생 경조가 14세와 11세일 때 부모님을 일찍 여의고, 할머니와 함께 남겨져 가난하게 살아야 했다. 환경의 어려움에도 불구하고, 서상륜은 부지런히 한자를 공부했고 아주 잘했다(D. Kim 1995:125).

1878년, 서상륜이 30세가 되어 동생과 함께 사업 차 중국과 맞댄 국경에 갔으나 깊은 병에 들어 자살을 생각할 정도로 낙담했다. 그때 몇몇 친구들이 와서 아일랜드의 의료 선교사 헌터(Joseph M. Hunter)가 운영하는 선교 병원에서 치료받으라고 설득했다. 그곳에서 서상륜은 병만 나으면 예수를 믿겠다고 매킨타이어에게 맹세했고, 의료팀의 돌봄으로 건강을 회복하자 약속대로 예수님을 구세주로 영접했다(D. Kim 1995:127-128).

백홍준, 이성하, 김진기, 이응찬은 이미 매킨타이어에게 세례를 받은 후 만주에서 로스와 매킨타이어의 성경 번역을 돕고 있었다. 서상륜은 나중에 이 일에 합류했다. 누가복음의 한글역을 위해 꽤 많은 조선 사람이 번역 작업에 참여했다. 이익서와 최성균이 번역에 참여했고, 교회 개척자 김정송은 인쇄공이 되었다. 또 원래 북부 지방 사투리로 쓰여진 것을 서울 표준어로 고치도록 도와준 사람들도 있었다(D. Kim 1995:130).

그럼에도 불구하고 로스는 특별히 서상륜이 누가복음의 공동 번역자라고 언급한다. 또한 내가 앞에서 언급한 것처럼 동료 선교사 엘라수 와그너는 번역된 성경을 '서역(Suh Version)'이라고까지 불렀다. 이 모든 것이 성경 번역 사업에서 서상륜의 위치가 특별했다는 것을 입증한다(D. Kim 1995:130-131).

서상륜의 순회 사역

서상륜의 사역은 단지 성경 번역에만 제한되지 않는다. 그는 성서보급원(colporteur)으로서 순회 사역을 시작했다. 먼저 1882년, 만주 남부 지역에서 한글 성경을 조선인들에게 팔기 시작했다. 1883년에 요한복음, 누가복음, 중국어역과 같은 성경을 가지고 중국의 국경을 넘었고 고려문을 통해서 조선으로 들어왔다. 그러나 당시 공식적인 통로를 통해 성경을 가지고 조선에 들어가는 것은 목숨을 거는 일이었다. 그는 즉시 체포되었지만, 하나님의 섭리로 그의 가족의 하인이었지만 그 문의 관리로 일하던 한 사람을 만났다. 서상륜은 그 관리의 도움으로 고향인 의

주로 탈출할 수 있었다. 이 관리 또한 그와 함께 도망쳤다(D. Kim 1995:133-141).

서상륜은 동생과 할머니에게 위험에 처할지도 모른다고 알린 후 조력자와 함께 친척이 사는 황해도 봉대로 갔다. 봉대 가까이에 있는 소래에서 그는 복음을 전하기 시작했고, 1883년 5월 16일 한국 최초의 개신교회인 소래교회를 세웠다(D. Kim 1995:83, 140-141).

소래교회는 동생 서경조에게 맡기고 서상륜은 서울로 갔다. 그는 만주에 있는 로스에게 성경을 보내 줄 것을 요청했고, 로스는 성경 6천 권을 보내 주었다. 그는 먼저 그의 고향 의주로부터 올라와 서울에 거주하고 있는 친구들에게 성경을 나누어 주기 시작했다. 그의 사역은 매우 성공적이었다. 1885년 세례받기를 원하는 회심자가 79명이나 되었다. 서상륜은 로스에게 서울로 와서 세례를 베풀어 달라고 요청했다. 그러나 로스는 서울에 올 형편이 못 됐다.

1885년 4월 5일, 언더우드와 아펜젤러가 제물포에 도착했을 때, 서울에는 이미 서상륜의 사역으로 회심한 신도 수가 300명이 넘었다. 당시 공식적인 교회가 없었으므로 신도들이 주일 예배를 드리지 못했음에도, 로스와 서상륜 그리고 만주의 다른 몇 사람들에 의해 이루어진 성경 번역 덕분에 복음이 성공적으로 퍼져 나갈 수 있었다(D. Kim 1995:142-143).

새문안교회는 서울에 세워진 최초의 장로교회다. 언더우드가 그 교회를 세웠다고 알려져 있지만, 14명의 창립 구성원은 교

회의 공식 창립 이전에 서상륜에 의해 이미 그리스도를 영접한
신도들이었다(D. Kim 1995:156).

서상륜의 사역은 다양한 방법으로 그리고 다양한 곳에서 번
성해 갔다. 서상륜은 다시 연동교회 창립에 가장 큰 역할을 하게
된다. 그는 또한 초기 승동교회에서 보좌역으로 사역했다. 후에,
그는 언더우드가 성경을 한글로 번역하도록 도움을 주었다(D.
Kim 1995:159-167).

서상륜의 약함으로부터의 선교

서상륜은 인격이 훌륭한 인물로 잘 알려져 있다. 그의 언변
은 강력하고 설득력 있었지만, 그는 온화하고 겸손하고 조용한
사람이었다. 그는 자신을 위한 어떤 영예도 추구하지 않았다. 그
는 정규 목사도 장로도 되지 않았지만, 가능한 한 많은 사람들에
게 복음을 전하는 것에 헌신했다. 이를 위해선 어떠한 타협도 하
지 않는 헌신과 희생을 보여 주었다. 그는 회심에서 죽음에 이르
기까지 주님을 섬기고 사람들에게 복음을 전하는 일에 최선을
다했다(D. Kim 1995:167-168).

여기서 나는 서상륜의 인물과 사역에 대해 새롭게 접근하려
고 한다. 서상륜이 서구 선교사들에게는 일종의 현지인 상대역
(counterpart)이었기 때문이다. 서구 선교사들은 선교사의 관점으
로 한국 선교사(宣敎史)를 보고 기록했다. 그러나 서상륜의 자세
는 그 반대였다. 그는 대중 앞에 그 자신을 드러내려 하지 않았
다. 그는 언제나 자기 자신을 평신도로 생각하고, 어떠한 영예도

취하려 하지 않았다(D. Kim 1995:167).

서상륜의 섬김은 진심에서 우러나온 것이었고, 그의 겸손은 가장 좋은 본보기 중 하나였다. 초기 개신교회에서 그의 사역의 영향력은 막대했다. 그러나 한국 선교 역사에서 그의 인물과 사역에 관한 연구는 많이 이루어지지 않았다. 우리는 선교사들의 희생과 헌신을 깊이 인정해 주어야 하지만, 선교의 역사가 선교사의 관점을 가진 이들에 의해 채색되었다는 사실도 간과해서는 안 된다. 이는 서구 선교사들뿐만 아니라 현재 다른 국가들에서 사역하고 있는 한국인 선교사들을 위해서도 바로잡을 필요가 있다.

서상륜의 사역을 조명함으로써 선교사들은 약함으로부터의 선교에 대해 더 잘 이해하게 될 것이다. 그리고 현지 동역자의 사역을 이해할 때 그들의 관점으로 선교 역사를 돌아볼 수 있게 될 것이다. 그렇게 될 때 선교사들은 사람이 아닌 하나님께 마땅한 영광을 드릴 수 있다. 하나님 중심의 관점(God-centered perspective)에 대한 변치 않는 순종은 약함으로부터의 선교를 이루는 데 매우 중요하다. 하나님의 영광을 위해서 선교사들은 이렇게 말해야 한다. "하나님께서 피선교지의 지도자들과 그들을 사용하셔서 일을 행하셨다." "선교사들이 복음 전파라는 큰일을 이루었는데 자신의 일을 도울 기회를 갖게 된 현지 동역자들이 이 선교사의 일에 동참했다"고 말해서는 안 될 것이다. 이것은 한국 선교사들이 또한 다른 선교 현장에서 섬길 때 같은 마음으로 사역해야 한다는 것을 의미한다.

암흑기(일제 강점기)의 선교

여기서 나는 1884년부터 1945년까지 한국 장로교회의 선교를 다룰 것이다. 1884년, 최초의 개신교 선교사 알렌(Horace N. Allen, M.D.)이 미국 장로교회의 의료 선교사로 한국에 왔다. 1945년에 한국은 일본으로부터 독립을 되찾았다. 한국 장로교회의 발전사를 시기별로 정확히 구분하기는 어려우나, 이 부분에서 내가 의도하는 것은 초창기에 특히 일제 강점기에 한국 장로교회의 선교를 이해하는 것이다.

| 교파별 선교 |

앞에서 언급한 것처럼 미국, 캐나다, 호주와 같은 나라들이 한국에서 했던 선교는 교파별 선교였다. 그들은 유럽 선교와는 달랐다. 그들은 정교 분리의 개념을 가지고 국가의 힘으로 하는 선교를 줄이는 방법으로 틀을 잡았다.

그때 한국에서 주로 활약한 이들은 미국의 개신교 교파들이었다. 장로교 선교로는 미국 남장로교회, 미국 북장로교회, 호주 장로교회, 캐나다 장로교회가 1907년 9월 17일 독립 장로회를 세울 것에 동의했다. 그날 한국 장로교회는 새로운 독립 교회가 되었다(Paik 1970:389; Rhodes 1984: 386, 594).

그러나 이 기간(1884~1945년) 동안의 한국 장로교회 선교를 분석하기 위해서는 당시 국가 전체 차원의 폭넓은 상황(컨텍스트)을 고려해야 한다. 사실상, 외국에서 건너온 모든 교파별 선교 단체는 똑같이 독특한 상황 속에서 사역했다(Van Engen 1998b:78). 이 기간 동안 한국 사람들은 일제 치하에서 큰 고통을 겪고 있었다.

개신교 선교사들은 시작부터 가톨릭 선교의 역사로부터 교훈을 얻었다. 그들은 자신들이 가톨릭 신자가 아니라는 점을 왕이나 정부 관리들에게 납득시키려 애썼다. 그들은 또한 유럽 선교와 달리 복음 사역에 다른 어떤 상업적 이해를 섞지 않았다(Min 1996:147).

영국, 프랑스, 미국, 러시아, 중국, 일본과 같은 강력한 국가들은 한때 '은자의 왕국(Hermit Kingdom)'이라고 불리던 한국 땅에서 그들의 이익을 추구했다. 그러나 교파별 선교사들은 자신의 나라와 어떤 공식적인 연계를 가지지 않고, 고통받고 있는 조선 사람들과 그들을 동일시했다. 이것이 교파별 선교가 약함으로부터의 선교를 하는 데 있어 효과를 거둔 열쇠였다.

| 1907년 대부흥운동 |

한국교회 역사에서 꼭 짚어야 할 매우 특별한 시기가 있다. 그것은 1907년의 대부흥이다. 부흥이 온 땅에서 일어났고 모든 교파에 영향을 미쳤지만, 그중에서도 장로교회가 가장 깊이 관련되어 있었다.

부흥을 위한 선교사들의 준비는 있었지만, 그것은 다가올 부흥을 위한 계획된 준비가 아니었다. 그들은 미래에 대한 어떤 명확한 지식을 갖고 있지 않았다. 그러나 선교사들 사이에서는 곧 부흥이 와야 한다는 절박함이 감지되고 있었다. 1903년, 두 여자 선교사가 원산에서 선교사들의 부흥을 위해 기도하기 시작했다. 그것이 바로 선교사들이 겸손의 자리로부터 선교를 시작한 출발점이었다. 그들은 원산에 있는 선교사들에게 성경 공부와 기도를 위해 만날 것을 제안했다. 선교사들 중 한 명이 그리스도를 믿는 것과 그리스도 안에 거하는 것 그리고 오순절을 경험하는 것에 관하여 하나님의 말씀을 나누었다(Rhodes 1984:280).

얼마 후 주일 아침에, 어느 한국 청년이 자신의 죄를 공식적인 자리에서 고백했다. 자기가 제대로 돌보지 못해 아내가 죽었다고 말한 것이다. 그날 저녁, 예고 없이 프랜슨(Rev. F. Franson)이라는 목사가 와서 한 주간을 머물렀다. 그는 중국의 스칸디나비아 선교동맹(the Scandinavian Missionary Alliance)의 선교사로, 기도회와 성경 공부를 통해 선교사 모임을 인도하기 시작했다(Rhodes 1984:280-281).

그 여름 원산에서 선교사들을 위한 말씀 사경회가 열렸다. M. E. South Mission의 하디(R. A. Hardie) 목사가 강사들 중 하나로 참석했다. 하디는 강원도에서 그가 펼친 사역이 실패로 돌아간 이유가 자신에게 있음을 깨달았다. 그는 선교사들 앞에서 그리고 후에는 조선 사람들 앞에서 교만, 마음의 강퍅함, 믿음 없음을 고백했다. 하나님은 원산에서 선교사들과 조선 신도들에게 성령을 부어 주셨다(Rhodes 1984:281).

1906년 8월, 하디는 일련의 모임에서 선교사들을 인도하기 위해 평양에 초대되었다. 그들은 요한일서를 공부했고, 그들과 한국교회가 성령세례를 받을 필요가 있음을 깨닫는 동시에, 평양에서 있을 겨울 성경 공부 모임을 위해 기도했다(Rhodes

1984:281).

이 모임 이후 1906년 9월에 서울에서 선교 연차총회(the Annual Meeting of the Mission)가 열렸다. 미국에서 온 존스턴 목사(Rev. Howard Agnew Johnston)가 인도와 웨일스에서 일어난 부흥에 대해 조선 신도들에게 전했을 때, 성령께서 더 큰 사랑과 더 많은 기도를 위해 듣는 사람들의 영혼을 깨우도록 그의 말을 사용하셨다 (Rhodes 1984:281).

1907년 1월 14일, 평양 장대현교회에서 리(Graham Lee) 선교사가 한 사람씩 기도하도록 인도한 후에 회중 전체가 함께 기도하도록 인도할 때 부흥이 시작되었다. 그날의 부흥은 나라 전체로 퍼져 갔다(Rhodes 1984:282-283).

일제 강점기하의 고난

이른바 '은자의 왕국'이라 불리던 조선이 열방에 문을 연 것은 국력이 약화되면서였다. 조선의 국력이 쇠퇴했다는 증거는 조선이 강화도에서 불리한 조약을 맺어야 했던 1876년부터 찾아볼 수 있다. 1905년, 다섯 가지 조항의 새로운 조약이 조선과 일본 사이에 맺어졌다. 조선은 실제로 이 조약에 의해 주권을 잃기 시작했다. 1910년, 이른바 한일합방 조약을 통해서 조선은 공식적으로 일본에 합병되었다. 조선의 자주권을 잃게 된 것이다 (W. Han 1971:372-375, 448, 464-465).

이처럼 극도로 어려워진 국가적 상황에서 조선 신도들은 하나님께만 희망을 둘 수밖에 없었다. 하나님 외에는 아무런 희망이 없었던 것이다. 따라서 1907년의 대부흥은 어두운 시대적 상황의 산물이었다. 그러므로 부흥에 대한 열망과 부흥 이후의 결과는 선교사뿐 아니라 조선 신도들에 의해 펼쳐진 약함으로부터의 선교에 기초한다는 것을 알 수 있다.

이 땅의 절망적인 상황을 지켜보던 두 여자 선교사는 선교사들의 부흥을 위해 기도함으로써 조선 신도들과 자신을 더 가까이 동일시하기 시작했다. 그 행동이 부흥에 불을 지폈다.

비극적 상황은 조선 사람들이 선택한 것이 아니었다. 그것은 조건적 상황이었다. 고린도후서 12장에서 바울의 약함 역시 그가 선택한 것이 아니었다. 그것은 바울을 제한하던 조건적인 약함이었다. 바울이 약함을 수용하고 그의 약함이 하나님의 능력을 나타내기 위한 도구가 된다는 것을 깨달았을 때 그는 승리할 수 있었다. 마찬가지로 이미 주어진 환경 속에서 선교사들은 고통받는 사람들과 자신을 동일시함으로써 약함으로부터의 선교를 할 수 있었다. 조선 신도들 역시 하나님만을 신뢰하고 그에게 부르짖음으로써 약함으로부터의 선교를 하게 됐다.

여기서 우리는 약함으로부터의 선교에 있어 약하고 고통받는 사람들과 자신을 동일시하는 것이 얼마나 중요한지 알 수 있다. 사실 우리는 그것이 예수님께서 사역하신 방법이라는 것을 알 수 있다.

그리스도인뿐만 아니라 모든 조선 사람들의 고통과 비극은 결국 제2차 세계대전이 끝난 1945년까지 계속되었다. 일제 강점 치하 많은 선교사들이 고통받는 사람들과 자신을 동일시함으로써 약함으로부터의 선교를 할 수 있었으나, 그렇지 못한 사람들도 있었다. 이것은 조선 그리스도인들도 마찬가지였다. 많은 신도가 동족과 주님을 위해 고통을 받았다. 그러나 바로 이때 조선 사람들은 선교사들을 믿을 만한 친구로, 기독교를 의지할 만한 종교 또는 윤리의 원천으로 받아들였다. 기독교가 조선 사람들과 함께하기 시작한 것이다.

| 장로교회의 외국인 선교 |

한국 장로교회는 시작부터 해외 선교에 활발하게 관여했다. 1907년 9월 17일, 40여 명의 장로교 선교사들과 40명의 조선 장로들이 평양에 모여서 독립된 한국 장로교회를 세웠다. 이때 7명의 조선인 목사가 안수를 받았다. 그들 중 한 명이던 이기풍은 해외 선교를 위해 헌신했다. 그는 한국의 남해안에서 상당히 떨어진 섬인 제주도로 갔다. 제주도는 한국 땅이긴 하나 본토에서 상당히 멀리 떨어져 있었고, 그 문화와 언어도 본토와 달랐기에 교회는 제주도 사람들을 위한 사역을 해외 선교로 간주했다(The Korea Mission Field 1923:69).

그 후 잇따라 해외에서 한국인 선교가 일어났다. 1907년, 한석진 목사는 조선 학생들을 위해 동경으로 파송받았다. 석 달 후 한 목사가 돌아오자 박영일 장로가 그곳으로 갔다. 박 장로는 몇 개월 후 사망해 그 사역은 1912년까지 중단되었다(The Korea Mission Field 1923:69).

1909년, 최관흘은 조선인 사역을 위해 블라디보스톡으로 파송되었다. 다음 해에 그는 그곳에 648명의 그리스도인이 있다고 보고했다(The Korea Mission Field 1923:69).

1921년, 경상남도 장로회는 고베, 교토, 오사카 그리고 그 외 여러 일본 도시들에서 조선인 사역을 시작했다. 김이곤 목사가 파송을 받았다(The Korea Mission Field 1923:70).

중국 산둥에서의 사역은 특별한 언급을 요한다. 1912년, 세 명의 목사와 그들의 가정이 산둥의 중국인들을 대상으로 중국어로 사역하기 위해 파송받았다. 독립된 조선 장로교회를 세웠던 파송 교회, 즉 서구 장로교회들의 관점에서 보면, 그것은 그들이 세운 해외 선교지 교회에 의한 참 해외 선교였다. 최초의 장로교 선교사였던 알렌과 그의 아내가 1884년에 조선에 온 지 28년 만에 해외에서 외국인 선교가 시작된 것이다(Clark 1934:169).

중국 선교를 위해 세워진 첫 번째 세 명의 선교사들은 김영훈, 박태로, 사병순이었다. 그 뒤를 이어 방효원 그리고 홍승한과 박상순이 파송됐다. 이대영과 여자 선교사인 김순호도 후에 합류했다. 이 사역은 마지막 선교사였던 방지일이 조선으로 돌아온 1957년까지 계속되었다(Bang 1986:15,39-41).

이 모든 선교는 어려움과 고통과 희생 속에서 이루어졌다. 이중 특히 중국 산둥에서의 선교는 특별했는데, 왜냐하면 받는 교회의 문화가 보내는 교회 즉 한국교회의 문화보다 더 뛰어나다고 인식되었기 때문이다. 그럼에도 불구하고 이 한국 선교사들의 선교는 약함으로부터의 선교의 우수한 모델이 되었다. 중국 평신도뿐 아니라 목사들은 한국 선교사들을 매우 존경했고 그 열매도 풍성했다(Bang 1986:87-89). 방지일의 희생적인 선교는 특히 주목할 만하다. 그의 사역은 그의 전기《복음 역사 반백년》에 잘 묘사되어 있다(Bang 1986).

한국은 1945년 일본으로부터 해방된 뒤 남한과 북한으로 나뉘었다. 한반도는 1950년부터 1953년까지 남과 북의 전쟁을 치렀다. 1945년 해방 이후 그리고 전쟁 기간 동안 많은 그리스도인이 북에서 남쪽으로 이주했다. 전쟁이 끝났을 때 남한의 교회는 점차적으로 성장한 데 반해, 북한 정부는 북한에 존재하는 모든 교회를 파괴하며 그리스도인을 심하게 박해했다.

그러므로 나는 전쟁 이후의 한국교회를 언급하면서 남한의 교회를 다룰 것이다. 이 부분에서, 나는 장로교회에 대해 주로 설명하면서 한국교회를 다시 다룰 것이다. 이 기간은 대략 1945년과 현재 사이가 될 것이다. 나는 분명한 경계를 짓기 어렵지만 편의상 다시 절반으로 이 기간을 구분할 것이다. 이 기간을 두 단계로 나누고 그것들을 설명하면서, 각 단계를 지나치게 단순화하는 것은 피하기 어렵다. 나는 첫 번째 시기를 1945년에서 1960년까지, 두 번째 시기를 1960년부터 현재까지로 구분한다.

장로교회의 성장(1945~1960년)

한국전쟁 이후, 한국교회는 일반적으로 꾸준하게 성장했다. 장로교회는 모든 교파들 중에서 가장 역동적으로 성장했다. 장로교회가 이렇게 역동적으로 성장한 가장 중요한 이유 중 하나는, 다른 교파들과 달리 서구 선교사들이 한국 사역자들에게 사례를 주지 않았고 건물도 세워 주지 않았다. 장로교회는 시작부터 기독교 사역자와 지역 교회가 스스로 재정적 책임을 지도록 했다.

장로교회에 의한 해외 선교는, 1955년 2월에 김성관과 최찬영이 장로교 선교사로 임명되었지만, 정부가 선교 사역을 위한 여권 발행에 도움을 주지 않아 1년간 지연되었다. 김성관이 떠나지 못하고 있을 때, 1956년 5월에 최찬영과 그의 아내 김광명이 태국으로 떠나게 됐다. 이것은 1945년 독립 이후 한국교회 해외 선교의 효시가 되었다(Choi 1995:85; Y. Kim 1996:330).

최찬영과 그의 아내 김광명이 태국과 아시아 국가들에서 보인 선교는 약함으로부터의 선교 모델이 되었다. 그들의 겸손함과 성실함은 태국에서 주목을 받아 1962년 최찬영 선교사는 태국성서공회의 총무로 임명되었다. 1977년에는 같은 성서공회에서 아시아–태평양 지역을 담당하게 되었다(Choi 1995:138-155).

한편, 그들의 뒤를 이은 김순일은 1956년 9월 태국으로 떠났다. 1957년 3월 한국 장로교회 총회는 대만에 거주하는 한국인들을 위한 선교사로 계화삼을 보냈다. 장로교회 고신측[31] 은 대만인들의 회심을 위해 김영진을 대만으로 보냈다. 그러나 그 후 10년 동안 선교사들의 위임이 거의 중단되었는데, 이유는 장로교회가 교회의 정치적 문제와 분파 문제에 몰두했기 때문이다(Y. Kim 1996:330-331).

이 시기 그들이 했던 선교는 일반적으로 약함으로부터의 선교였다. 그들은 국가의 힘이나 충분한 재정을 가지고 선교 현장으로 가지 않았다. 그들의 선교 동기는 순수했고, 고난 중에도 행복을 찾았다. 우리는 그들의 해외 선교에 대한 신실함과 희생을 잊지 말아야 한다.

한국교회는 계속해서 성장했다. 장로교회는 다른 교파들 중에서 가장 성장했다. 나라 또한 경제적으로 꾸준하게 성장했다. 교회와 국가는 이른바 '구원과 상승(redemption and lift)'을 경험했다(McGavran 1990:209-212).

수적으로 빠른 교회의 성장과 전국적인 경제 성장으로 불행히도 많은 문제가 한국교회에 나타나기 시작했다. 풀러신학교 선교대학원의 피어슨(Paul E. Pierson) 교수는 그의 강의 MH 529 '기독교 운동의 역사적 발전(MH 520 Historical Development of Christian Movements)'에서, 선교 역사에서 기독교 운동이 진행될 때 많은 운동들이 그 경로를 변경했으며, 어떤 운동은 180도 행로를 변경하여 그 사실을 깨닫지 못한 채 반대 방향으로 가기도 했다고 종종 말했다(Pierson 1997). 해가 감에 따라 한국교회 역시 크게 변화되었다.

나는 한국교회에 대한 사랑으로 한국교회가 많은 문제를 가지고 있다는 것을 말하고자 한다. 그리고 나는 누구든지 교회를 사랑한다면, 그 안에 어떤 심각한 문제가 있든 그것을 무시하지 말아야 한다고 확신한다. 이제 한국교회는 이 문제들에 대한 어떤 비난도 들을 수 있을 만큼 충분히 성숙해야 한다. 그렇지 않으면 우리는 우리가 섬기는 하나님을 저버리게 될 것이며, 보냄 받은 선교사들이 선교 현장에서 현지인들을 저버리게 될 것이고, 심지어 남미에서 스페인 선교가 그랬듯이 우리도 우리 자신을 저버리게 될 것이다.

나는 먼저 한국교회에 관하여 말할 것이고 교회의 해외 선교에 관하여 언급하려고 한다. 이 문제들에 대한 나의 설명은 간단하다. 한국교회는 여러 부분에서 타락했다. 무엇보다도 첫째, 교파별 지도자를 선출하는 과정이 부패했다. 해마다 많은 교단의 총회장 선거에서 많은 돈이 쓰인다는 것은 더 이상 비밀이 아니다. 아이러니컬하게도 많은 교단이 이렇게 부패한 지도자들에 의해 인도되고 있다.

우리는 이미 하나님의 사역에서 리더의 윤리가 얼마나 중요한지 알고 있다. 이것이 결정적인 문제이지만, 우리는 교회의 선교(mission)를 이 심각한 문제와 직접적으로 관련 짓지 않으려 한다. 사람들은 선교가 리더의 윤리와 상관없이 진행될 수 있다고 생각하지만 그것은 맞지 않다. 부패한 지도자로 인한 윤리는 그리스도의 십자가와 거리가 멀고, 그들의 선교는 결코 약함으로부터의 선교가 될 수 없다.

이 문제에서, 우리는 권력과 재정이 서로 관련되어 있다는 것을 알 수 있다. 우리가 후에 보게 될 것처럼 이 두 가지 문제는 한국 선교사들의 선교 현장에서 분명하게 드러난다.

둘째로 한국교회는 어떤 방법을 써서라도 양적인 증가를 추구해 왔다. 나는 그리스도를 위해 영혼을 얻는 것이 매우 중요하다고 생각한다. 우리는 가능한 한 많은 사람이 구원의 지식을 얻도록 인도할 필요가 있다. 그러나 우리가 양적 성장을 절대적인 가치로 간주하고 동기와 방법 그리고 목적이나 결과를 위한 수단에 대해 어떠한 조심스러운 성찰도 없다면, 우리는 심각한 실수를 하는 것이다.

양적 성장을 추구하는 데는 잘못된 동기가 많다.[32] 한국 개신교회의 경쟁적, 자본주의적, 개인주의적인 분위기 속에서 목사들은 하나님 나라의 시각을 쉽게 놓칠 수 있다. 어떤 지역 교회 목사들은 양적 성장을 통해 사람의 영광, 명예 그리고 어떤 종류의 힘을 추구하려고 했다. 이는 하나님 나라와 십자가의 약함과 거리가 멀다. 하나님의 많은 신실한 종들이 있지만, 우리는 개신교회 사역에서 이런 불순한 동기들이 이미 한국 사회에서 복음을 전하는 데 심각한 장애물이 되었다는 것을 부정할 수 없다(Son 1995:258-261).

교회 성장을 위한 방법도 매우 불순해졌다. 예를 들어, 한국 목사들 사이에서 양을 빼앗는 일이 목격된다. 때로 신도들이 한 교회에서 다른 교회로 옮겨 갈 수 있다. 특히 많은 변화가 있었고 신도들이 교회를 선택할 수 있는 이런 환경에서는 신도의 이동은 피할 수 없다. 그러나 나의 견해로는 양적 성장에 관한 무비판적 숭배 때문에 어떤 목사들은 어떤 수단으로로든 다른 교회 신도들을 데려오는 것을 부끄러워하지 않는다고 본다.

한국교회의 빠른 성장의 파도 속에서 양적 성장에 관한 무비판적 강조는 긍정적인 효과보다는 오히려 부정적인 효과를 가져왔다. 개신교회에서 불순한 동기와 방법으로 사역했기 때문에, 지도자들은 이제 복음을 전하는 데 많은 어려움을 겪고 있다(Son 1995:260).

셋째, 교회 구조상 권력 다툼이 있었다. 지도자의 권력에 대한 굶주림은 교파들 간에 많은 다툼과 분파를 야기했고, 그로 인해 일치가 되지 못했다. 어떤 사람들은 한국교회에 교파 분리의 원인이 근본적으로 참 교의를 보호하려는 것이었다고 말한다. 그것은 소수의 경우에만 맞을 수 있다. 한국교회에 너무 많은 교파가 있다는 것을 그런 이유로 설명하긴 어렵다. 우리가 더 넓은 시각으로 한국교회를 볼 때, 권력 다툼은 분리의 주된 원인이었으며 교회의 일치를 위협해 왔다. 그리고 이 일치는 전체 교회의 참되고 효율적인 선교를 위해서 절대적으로 필요한 것임을 알아야 한다.

이제 위에서 언급한 한국교회를 설명하는 관점에서, 한국교회가 해온 해외 선교 상황을 살펴볼 것이다. 한국교회의 성장과 국가의 경제 성장은 해외 선교를 촉진해 왔다. 예를 들면, 한국에서 가장 큰 교단인 한국 장로교회 합동측[33] 의 선교사는 매우 가파르게 증가했다. 최근 몇 년 동안의 통계는 다음과 같다.

1997년 선교사 수는 830명으로, 82개국에서 485가정이 사역했다(Global Mission Society 1998). 2000년에는 85개국에서 1,025명의 선교사가 활동했다(Global Mission Society 2000). 2001년에는 그 수

가 1,076명으로 증가했다(장기 선교사 1,045명, 단기 선교사 31명, Global Mission Society 2001).

그러나 한국 장로교회 ○○측에서 한 해외 선교는 약함이 아닌 힘의 자리로부터 행해진 것으로 나타났다. 한때 ○○국 선교사였으며 지금은 풀러신학교 선교대학원의 교수인 박기호 박사는 나와의 인터뷰에서 한국 장로교회의 몇몇 교파와 선교단체가 ○○국에서 한 선교는 어떤 점에선 결정적인 결점을 가지고 있었다고 말했다. 그와 함께 사역한 많은 한국 선교사들이 돈의 힘을 이용해 선교를 했다는 것이다. 그들은 복음 사역을 위해 ○○국 사역자들에게 돈을 주었고, 그 결과 약 208개의 교회를 세웠지만, 전체 신도 수는 현재 8천 명 정도에 불과하다.

한편, ○○국의 현지인 목사 콘드(Cesar 'Butch' Conde)가 세운 크로스로드 77(Cross Road 77) 교회는 '생명의 양식(the Bread of Life)'이라는 교단을 형성할 정도로 성장했다. 크로스로드 77(Cross Road 77) 교회는 신도 수가 1만 2천 명이 넘는다. 콘드는 한국 선교사들에게 말할 기회가 주어졌을 때 이렇게 말했다. "당신은 정말로 우리나라 사람들을 사랑하십니까? 그러면 우리나라 사역자들에게 돈을 주지 마십시오. 당신이 이 나라 사람들을 미워하십니까? 그러면 그들에게 돈을 주십시오. 한국교회가 백 년 전에 어떻게 시작되었는지 기억하십시오. 그것이 돈이었습니까? 그들은 가난했지만, 많은 희생을 했고 많이 사역했습니다." 그는 한국 선교사들에게 힘으로부터의 선교를 하지 말고 자신의 나라 사람들에게 하나님만을 의지하는 본을 보여 줄 것을 부탁했다(T. Park

2002).

불행히도 이런 종류의 문제는 그저 고립된 경우가 아니며 어떤 한 교파의 문제만도 아니다. 다시 말하지만, 우리는 한국교회로부터 파송받은 신실하고 위대한 선교사들이 많다는 것을 기억해야 한다. 나는 위에서 언급한 선교 현장에 많은 충성스러운 선교사들이 있다고 확신한다. 그러나 많은 경우 한국 선교사들이 사역하는 현장에서 일어나는 문제가 너무 크고 위급하다. 우리는 정직하고 성실하게 이 문제를 다룰 필요가 있다.

한국교회에서 해외 선교에 영향을 미치는 문제들 중 첫째가 선교사들의 동기다. 선교 현장에서 한국 선교사들의 불순한 동기를 보게 되는데 이것은 꽤 분명하다. 박종구(1994:81-84)에 따르면, 불순한 동기의 형태들은 다양하다. 어떤 사람은 복잡한 동기를 가지고 있는 반면, 어떤 사람은 단순히 해외에 나가기를 원한다.

보통 많은 선교사들이 자기과시의 함정에 빠진다. 그들은 성공을 빨리 보이고 싶어서 보고서를 과장되게 부풀린다. 그들은 그럴듯한 프로젝트를 만들어 후원자들로부터 신뢰를 얻기 위해 짧은 시간 안에 건물을 세운다. 그들의 동기는 성숙하고 열매 맺는 사역이 아니라 성공을 위한 것이다. 성숙, 헌신, 희생을 추구하기보다는 성공을 선택한다(T. Lee 1994:249-254; J. Park 1994:81-82, 85).

둘째, 많은 사람이 힘으로 선교를 한다. 그들은 현지의 사역자들을 지나치게 통제하고 지배하고자 한다. 현지 사역자들을 그리스도 안에서 동역자로서가 아니라 마치 고용주와 피고용주의 관계로 위치시키는 것 같다. 그들에게 선교는 분명히 위에서 아래로다(T. Park 1999:24-35).

셋째, 물질과 관계된 잘못된 행동들이 있다. 어떤 사람은 선교 자금을 오용하고 어떤 사람은 돈의 힘으로 선교를 한다. 특히, 현지 사역자들을 통제하기 위해 돈의 힘을 이용한다(J. Park 1994:81-82, 87, 94).

여기까지, 한국교회와 한국교회에 의해 실행된 해외 선교의 문제점들을 간략하게 살펴봤다. 여기서 우리가 인정해야 하는 것은, 선교 현장의 문제점들은 파송 교회인 한국교회의 상태를 엄밀하게 반영한다는 것이다. 한국교회에 의해 이뤄지고 있는 해외 선교 상황은 한국교회의 상황과 분리될 수 없다. 그래서 우리는 다시 한번 선교를 교회 전체의 사도직(the apostolate of the whole church), 교회의 선교로 보아야 한다.

나는 이전 세대에 우리나라에서 행해진 서구 교회의 교파별 선교와 현재 한국교회의 해외 선교를 비교하려고 한다. 이전에 서구 교회에 의해 우리나라에 파송된 교파별 선교사들은 선교의 유형이 교파별이었기 때문에 약함으로부터의 선교를 할 수 있었다. 우리는 이미 앞에서 그 사실을 연구했다. 선교사들은 국가와 어떤 공식적인 연결점을 가지고 있지 않았고, 국가의 힘을 사용하려 하지도 않았다. 그들은 선교할 때 연합했다. 게다가 정치 경제적으로 어려운 국가적 상황에 처한 한국 사람들과 자신을 동일시했다.

그러나 이제 선교의 교파별 요소는 약함의 선교에서 부정적 요소가 되었다. 경쟁이 몰래 기어들어 왔다. 많은 교파 분열이 일어났다. 지역 교회들은 살아남으려는 가운데 개인주의적이 된다. 자본주의적 개인주의가 교회들 안에 분명히 있는 것이다. 더 큰 교회의 목사들은 존경을 받는 동시에 더 많은 사례를 받지만, 작은 교회 목사들은 은퇴 이후의 생활이 보장되지 않거니와 사례도 덜 받는다. 우리가 한국교회에서 초교파적인 협력이 별로 힘을 얻지 못하는 것을 보듯이, 사실상 각 교단 자체는 자기충족적이고, 제도적이고, 심지어 개인주의적이 되고 있다(Y. Kim 1996:339-345, 351-352).

이런 상황에서 우리는 교단적 선교를 매우 조심스럽게 연구해야 하며, 그럼으로써 어느 교단에 의한 선교든지 하나님 나라의 가치와 함께할 수 있도록 해야 한다. 어느 한 교파만으로 하나님 나라를 담을 수 없고, 그것을 제한할 수도 없다. 도리어, 각각의 교단은 언제나 하나님 나라의 기준에 의해 평가받아야 한다. 그 자체는 하나님의 통치 아래 겸손해야 하고, 교회의 다른 교파들과 함께 먼저 하나님의 통치(나라)를 추구해야 한다.

그래서 그 결과로서 교파주의와 교파 분열은 매우 해로운 것으로 인식되어야 한다. 알다시피 한국 장로교회는 반복해서 교파 분열을 해 왔다. 1959년 한국 장로교회는 합동과 통합으로 분리되었다. 이 대분열의 주된 이유는 일반적으로 신학적 차이라고 보았고, 그것은 이해할 만하다. 통합에 속하는 교회들은 세계교회협의회(WCC)에 더 관대한 입장이었고, 합동에 속한 교회들은 세계교회협의회를 용인하지 못했고 더 보수적이었다. 그러나 합동 측의 경우, 1959년 분열 이후 많은 분열을 경험했다. 그것은 합동 측의 치명적인 결점이다(Y. Kim 1996:260).

분열의 영은 약함으로부터의 선교에 분명하게 모순된다. 내가 3장에서 화해의 신학을 다루면서 이미 언급한 것처럼, 화해는 직접적으로 예수 그리스도의 약함으로부터의 선교로 말미암는다. 바울 또한 화해자(和解者)로서 약함으로부터의 선교를 했다. 약함으로부터의 선교는 화해 신학의 중심이었다(골 1:15-23; 롬 5:1-11; 엡 2:12-19; 고후 5:11-21).

이 부분의 결론으로서 나는 한국교회가 당면한 문제를 인식하는 것, 특히 해외 선교의 문제를 인식하는 것이 참 지식, 회개, 하나님에 대한 사랑 그리고 선교에 대한 새로운 헌신으로 우리를 이끈다고 말하고 싶다. 이 선교가 약함으로부터의 선교로 이루어져야 한다는 사실은 각 장에서 분명히 드러났다. 나는 우리가 희망을 가지고 우리 앞에 놓인 도전들과 만날 것을 소망한다. 십자가에 못 박히신 예수 그리스도가 우리의 왕이며 그가 우리와 함께하시기 때문이다. 그가 우리 눈앞에 계시다. 우리가 그의 은혜로 살아가고 선교할 때 그를 따를 수 있다.

요약

한국교회의 역사는 먼저 가톨릭교회로부터 시작되었다. 가톨릭교회가 한국 사람들의 회심을 위해 큰 값을 치르기는 했지만, 그들의 신학과 방법은 힘과 강함으로부터의 선교라는 한계를 보였다. 군사력과 정치력을 이용한 그들의 선교는, 조금 더 현명했다면 줄일 수 있었던 더 많은 박해에 부딪혔다. 가톨릭교회는 커다란 고통을 감수하며 영웅적 제자도를 보였지만, 그들의 정치와 교회의 연결성 때문에 그들은 힘으로부터의 선교를 하게 되었다.

유럽의 개신교 또한 그들의 신학에 있어서 힘으로부터의 선교에 자리를 내주었다. 종종 파송하는 교회의 국가의 힘이 선교사와 동반되었다. 심지어 첫 번째 순교자였던 토머스(Robert Thomas)는 좋은 점과 나쁜 점이 혼합된 선교 유형을 보여 주었다. 하나님의 섭리 안에서, 유럽 선교는 이 땅에 깊이 뿌리내리지 못했다. 개신교 선교의 초기 단계에서 성경 번역 사업을 제외하고는 유럽 선교사 대부분은 특별한 열매를 남기지 못하고 지나갔다.

유럽 선교사들에 의한 성경 번역에서 특히 로스와 매킨타이어가 위대했다. 이 사역에서 서상륜의 역할은 한국 개신교회 역사에서 비교적 불명료하게 인식해 왔다. 단지 성경 번역자가 아니라 복음 전도자와 교회 개척자로서도 그의 역할은 예외적이었고 이는 올바르게 인식되어야 한다. 선교에 있어서 피선교지의 지도자 역할을 명예롭게 하는 역사 편찬이야말로 약함으로부터의 선교의 본질에 해당한다. 서상륜은 복음 전도자로서 수많은 위험과 고통을 겪었다. 그럼에도 의도적으로 영광을 마다하고 이름 없는 자로 남음으로써 약함으로부터 선교의 참 모델이 되었다.

서구의 나라들이 파송한 교파별 개신교 선교사들은 한국에 대한 희생적 사랑을 보여 주었다. 한국 사람들이 일본의 잔혹한 통치하에서 고통당하고 있을 때, 선교사들은 한국 사람들과 자신을 동일시함으로써 약함으로부터의 선교를 했다. 한국 사람들의 고통을 보면서 깨어진 마음을 품었던 선교사들의 죄의 자복과 기도는 한국에 대한 사랑과 겸손의 참 표현이었다. 선교사들의 겸손의 마음이 깊어짐에 따라 대부흥에 불을 지폈다. 1907년 한반도를 휩쓴 대부흥은, 물론 고통받는 한국 그리스도인들이 시작부터 부흥에 깊이 참여했지만, 상한 마음의 선교사들이 펼친 약함으로부터의 선교의 직접적인 결과였다.

한국교회는, 특히 장로교회는 빠르게 성장했다. 이에 대한 마땅한 영예는 많은 하나님의 종들과 교회의 성장을 위해 주님께 충성한 사역자들과 평신도들에게 주어져야 한다. 종종 그들은 교육받지 못했고 가진 것도 없었다. 우리는 그들의 선교가 참으로 약함으로부터의 선교였다는 것을 인정해야 한다. 우리는 또한 복음의 순수성을 추구한 그들의 열정을 인정해야 한다.

그러나 시간이 지남에 따라, 한국교회 그리고 그 안의 장로교회는 근본부터 그 진로를 변경했다. 국가의 경제 성장과 교회 구조 안에서 종교의 힘이 커지면서 한국교회는 힘으로부터의 선교로 가려는 경향을 보였다.

우리의 근원은 비천한 모습이다. 그럼에도 교회 지도자들은 교회 구조를 통제하려는 힘의 투쟁에 참여했다. 이로써 우리는 쉽게 분리되었다. 각각의 그룹은 각각의 교회를 지배했다.

해외 선교도 같은 풍조의 영향을 받았다. 해외 선교가 파송

교회의 영적인 상태에 영향을 받는 것은 자연스럽다.

오늘날 한국교회는 큰 도전에 직면하고 있다. 한국교회 전체가 어떻게 다시 약함으로부터의 선교로 돌아갈 수 있는가? 이 질문에 대한 답으로서 참다운 행위와 구체적인 행동이 한국교회 미래의 행로를 변화시킬 것이다.

7

결론

결론

이 장에서, 나는 연구를 통해 얻은 교훈을 결론의 형식으로 제시함으로써 책을 마무리하고자 한다. 각 교훈은 약함으로부터의 선교라는 주제에 따른 선교학적 의미를 내포하고 있다.

1. 하나님은 힘(might)과 능력(power)이 하나님으로부터만 나온다는 것을 증명하기 위해 종종 죄인, 여자, 과부 그리고 아이들 같은 가장자리에 처한 사람들을 사용하신다. 하나님 나라의 도래와 함께 새로운 시대가 임하면서 역전이 일어난다. 전능하신 하나님은 가난한 자들과 낮은 자들을 만나시고, 자비롭게도 그들을 높이시며, 그분의 전능하심으로 약한 자들을 통해 위대한 일을 행하신다. 그렇게 되었을 때, 하나님은 그의 도구로 사용된 인물이 교만해지지 않기를 바라신다. 이는 그(도구)를 통해 나타난 하나님의 능력이 약함으로부터의 선교라는 원리에 기인하기 때문이다.

2. 하나님은 긍휼이 다함이 없으시고 인간을 찾으시는 하나

님(a seeking God)이므로 인간이 불의함과 죄스러움으로 말미암아 그 불행을 인식할 때 구원으로 인도하신다. 스스로 의롭게 여기는 사람들을 향한 하나님의 행위와 비교할 때, 죄인이라 자처하는 자에 대한 하나님의 구원 행위는 역전이라 볼 수 있다. 종교적인 시스템 속에서 죄인은 바깥에 밀려난 사람으로 볼 수 있으며, 하나님의 구원 행위는 주변인을 대상으로 하는 선교라 볼 수 있다. 하나님은 당신 자신이 죄인과 자리를 같이하심으로(identifies Himself with the sinners) 약함으로부터의 선교를 하신다.

3. 하나님은 공의로우시므로 가난한 자와 부자의 지위를 뒤바꾸어 놓는 역전을 하실 수 있다. 하나님 나라의 복음이 가지는 급진적 요소가 부자에게 가난한 자들과 함께할 것을 요구하는 것이다. 하나님 나라에 들어가기 위해 사람은 자신을 가난한 자와 동일시해야 한다. 그렇지 않으면, 그들은 다가오는 새 시대에는 역전을 통해 위기에 처할 수 있다. 하나님 나라를 위해 나 자신을 가난한 자와 동일시함으로써, 우리는 약함으로부터의 선교를 하게 된다.

4. 본래 지명된 선교의 수행자(agents)가 약함으로부터의 선교를 이행하지 않으면, 하나님은 그 선교를 이루기 위해 다른 수행자를 들어서 사용하신다. 하나님께서는 당신의 목적을 이루기 위해 특정한 사람에게 묶이지 않으신다.

5. 기독교 공동체에서 디아코니아(diakonia, 섬김)의 실천은 교회 확장의 기본이 된다. 이는 교회의 내적 구조와 외적 선교 활동 모두를 위해 반드시 필요하다.

6. 약함은 십자가에 못 박히신 메시아에게서, 낮은 위치에 있었으나 구속을 통하여 신앙 공동체를 이룬 사람들에게서 그리고 복음을 전하는 하나님의 사자(使者)들의 삶 속에서 공통분모처럼 발견되는 요소다.

7. 복음을 전하는 사자(使者)들의 고통은, 고통 중에 있는 사람들에게 위로를 주시기 위해 하나님이 사용하시는 수단이 된다. 하나님의 위로는 먼저 고통 중에 있는 사자(使者)들에게 전달되며, 다시 이 위로는 고난받는 다른 이들에게 나누어지게 된다.

8. 수치가 하나님께 순종한 결과로 그의 종들에게 주어질 때, 하나님의 영광이 그 수치를 통해서 나타난다.

9. 복음을 전하는 사자(使者)들이 그리스도로 말미암아 그들 안에서 죽음과 같은 것을 경험할 때, 그들은 또한 그들 안에서 그리스도의 생명이 역사하심을 경험한다. 이 그리스도의 생명은 다시 복음을 받는 사람들에게 생명으로 부어진다. 그러므로 '죽음을 통한 생명'은 궁극적으로 복음을 받아들이는 사람들(the recipients of the Gospel)에게 주어지는 것이다.

10. 하나님의 능력은 복음을 전하는 사자(使者)들의 약함을 통해 나타난다. 이러한 약함은 하나님의 사자가 피조물로서 불가피하게 경험해야 하는 약함이 아니라, 복음을 전하는 사역을 하기 위해 질 수밖에 없는 고난과 시련을 의미한다. 이 약함 속에서 하나님의 능력이 온전하게 나타나게 된다.

11. 화해(reconciliation)의 중심에는 소외된 두 개체를 다리처럼 연결해 주는 십자가가 있다. 이것은 약함의 상징이다. 화해자는 십자가의 약함을 닮아 화해해야 할 양 당사자들 사이에서 약함에 처함으로써 화해자의 역할을 감당할 수 있다. 이 화해가 하나님과 사람 사이라 할지라도 화해자의 위치는 약함 가운데 있어야 하는 것이다.

12. 역사 속에서 우리는 종종 강력한 종교적 세력이 약함으로부터의 선교로 활력 있게 확장되고 있는 다른 기독교 운동을 집어삼키는 경우를 만난다. 외적으로 보면 그로 인해 기독교 운동이 힘을 얻는 것처럼 보이지만, 결과적으로는 건전한 운동의 토대를 침식함으로써 기독교 운동을 약화시키거나 파괴했다.

13. 선교 수행자가 그 삶의 초기에 깨어짐(brokenness), 고난(hardship), 취약함(vulnerability), 고통(suffering) 등을 경험할 때, 장래에 이 경험이 선교 수행자가 약함으로부터의 선교를 하는 데 도움이 되곤 한다.

14. 역사적으로 주요한 기독교 운동에서 하나님께 중요하게 사용된 위대한 사람들의 가장 중요한 특징 중 하나는 바로 겸손이었다.

15. 십자가의 약함은 하나님 나라의 비밀이다. 동시에 예수님께서 십자가에 못 박히심으로 보여 주신 약함 그 자체가 약함으로부터의 선교의 궁극적 본보기다. 교회의 선교에서도 이 원칙은 동일하게 적용되어야 한다. 왜냐하면 하나님의 백성이 약함으로부터의 선교를 실행할 때만이 하나님 나라를 구현(embody)할 수 있기 때문이다. missio Dei(하나님의 선교)를 위한 예수님의 사역(mission)이 십자가에서 성취되었듯이, missio Dei를 위한 교회의 선교도 언제나 약함으로 어둠의 세력을 노출시켜(expose), 그것을 벗겨 내고(unmask), 무력화시켜야(disarm) 한다.

16. 그리스도인의 최후 승리는 그들 자신이 죽임을 당하신 어린양, 이로써 승리하신 어린양과 동일선상에 위치하고 있는지에 달려 있다. 어린양에 대한 충성된 믿음을 위해서라면, 그들은 패배와 무력함(powerlessness)까지도 받아들일 수 있어야 한다.

17. 역사적으로 볼 때, 교회와 국가의 연결은 강함으로부터의(힘으로부터의) 선교를 불러왔다. 이 둘이 분리되고 그로 말미암아 교회가 힘으로 스스로를 방어할 수 없어 약하게 될 때 약함으로부터의 선교를 이끌어 낸다. 취약성(vulnerability)을 지닌 이런 선

교가 표면적으로는 비효과적인 것 같지만, 멀리 본다면 이것은 진정한 선교일 뿐 아니라 참으로 효과적인 선교다.

18. 선교의 정의는 종으로서(약함) 교회가 경계를 넘는 것이지, 세상을 정복하는 것(강함)이 아니다. 그러나 선교의 근본적인 의미를 올바르게 정의하기 위해서는, missio Dei(하나님의 선교)로 돌아가야 한다. 아버지가 아들을 보내시고, 아버지와 아들이 성령을 보내신 것에서, 우리는 하나님의 선교를 이해할 수 있다('보내다'라는 말에서 mission이라는 단어가 유래됨-역주). 그러고 나서 우리는, 전 교회가 보냄 받았고 지금도 여전히 보냄 받고 있음을 알아야 하는 것이다. 미션(선교)은 전 교회에 주어진 것이다.

약함으로부터의 선교가 전 교회를 보냄(교회의 사도직, the apostolate of the Church)이라는 관점에서 이해된다면 해외 선교와 관련된 식민정책이나 교만과 같은 문제는 이러한 관점에서 명백하게 설명될 수 있다. 예를 들면, 해외 선교에 관련된 사람들에게 종종 교만의 태도가 나타날 수 있다. 보통 해외로 보내기 위해 몇몇 선교 수행자(해외 선교사)를 따로 분리하여 파송하는 해외 선교 단체들이 이 선교 스타일만이 참 선교인 것처럼 생각하여 교만해질 수 있다. 교회의 미션(선교)은 교회의 한 부분에 국한되는 것이 아니라, 전체 교회에 섬김의 형태로(in the form of servanthood) 주어진 것이기 때문에, 이러한 생각은 어리석은 것이고 또한 교회에 해로운 것이다.

19. 현대의 발전된 사회에서 정통 기독교 국가(Christendom)의 모델을 찾기란 쉽지 않다. 사회가 발전할수록 더 세속화되어서 교회의 운신의 폭은 훨씬 좁아진다. 역설적으로, 기독교 국가의 모델이 쇠퇴되는 이런 환경 속에서 교회는 오히려 초대교회와 같은 방법으로 약함으로부터의 선교를 시작할 수 있다. 이 때문에, 교회는 오히려 희망을 포기하지 말아야 한다. 오히려 교회는 주님을 신뢰하고 교회의 약함 속에서 분명하게 드러날 성령의 능력을 믿어야 한다.

20. 특히 성령의 능력을 강조하는 기독교 사역은 메신저의 삶 속에서 겸손으로 나타나야 하는 십자가의 약함에 의해 인도되어야 한다. 성령의 능력은 교회의 선교에서 반드시 필요한 것이지만, 동시에 참 능력은 메신저의 약함으로부터 나온다는 것을 깨달아야 한다.

예수님의 방법으로 하는 선교의 관점에서, 선교의 수행자(agent)가 성령의 기름 부으심을 받는 것은 그 수행자가 굴욕(humiliation)과 배척(rejection)의 선교를 감당하기 위해 준비되는 것으로 보아야 할 것이다. 따라서 근본적인 강조점은 선교 수행자의 능력이 아닌, 질그릇(vessel)의 약함에 있다. 그리고 이와 같은 방법으로 하나님만이 영광을 받으신다.

21. 약함으로부터의 선교는 선교사가 자신을 드러내는 것에서 이루어질 수 있다. 그의 약함, 투쟁, 시험당함, 실패, 심지어 수

치까지도 나눔으로 그는 듣는 사람의 마음과 연결되며, 선교사와 듣는 사람 사이의 어떤 벽도 쉽게 허물어뜨릴 수 있다. 약함과 실패를 드러냄으로써 선교사는 삶의 현실과 그가 가진 전문가적 이상(professional idealism) 사이의 차이를 인정할 수 있다. 결과적으로 그는 이 약함 때문에 듣는 사람의 마음을 살 수 있다.

22. 일반적으로 현대 로마가톨릭교회는 개신교회보다 약함으로부터의 선교를 더 인식하는 것 같다. 현대에 들어, 가톨릭교회의 정교일치 정책은 힘으로부터의 선교 기능을 그다지 하지 못하는 것 같다. 반면에 가톨릭교회는 십자가의 신학과 고난받는 그리스도와 그들을 일치시키는(동일시하는) 것에 초점을 맞춤으로써 약함으로부터의 선교를 가능하게 하고 있다. 한편 개신교회는, 여러 분파로 나뉘어 활동하려는 성향 때문에 각 교회가 생존과 성공을 추구하게 되었고, 이것이 힘과 대중적 인기를 좇는 사역을 하려는 경향을 불러온 것으로 보인다.

23. 해외 선교 역사를 보면, 종종 파송된 선교사의 역할이 그가 사역하는 나라의 선교 동역자의 역할보다 이상적인 것처럼 묘사된다. 이것은 피선교지에서 선교 동역자의 역할의 중요성을 흐리게 하는 것이므로 바로잡아야 한다. 객관적이고 진실되게 역사를 기록함으로써 마땅히 피선교지 선교 동역자에게 존경과 영예를 돌려야 한다. 이때 약함으로부터의 선교가 구현될 수 있다.

24. 국가 전체가 혹은 어느 지역의 사람들이 고통과 고난을 당할 때, 하나님의 사람들이 약함으로부터의 선교를 하게 된다. 사람들이 약하고 상처받아 하나님께 부르짖을 때, 하나님께서는 긍휼로 이 상황에 간섭하시고, 그들에게 능력을 주셔서 당신의 사람들을 높이신다. 선교사는 이때 고난 중에 있는 사람들과 자신을 동일시함으로써 약함으로부터의 선교를 할 수 있다.

| 참고문헌 |

Adams, Marilyn McCord

1988 "Separation and Reversal in Luke-Acts." In Philosophy and the Christian Faith. Thomas V. Morris, ed. Pp. 92-117. Notre Dame, IN: University of Notre Dame Press.

Assaad, Marie

1986 "Reversing the Natural Order." In New Eyes for Reading. John S. Pobee and Barbel von Wartenberg-Potter, eds. Pp. 25-27. Geneva, Switzerland: World Council of Churches.

Balch, David L.

1995 "Rich and Poor, Proud and Humble in Luke-Acts." In The Social World of the First Christians. L. Michael White and O. Larry Yarbrough, eds. Pp. 214-233. Minneapolis, MN: Fortress Press.

Bang, Ji Il

1986 Bogeum Yuksa Banbangnyun (Fifty Years of Gospel Ministry). Kwangju, Korea: Bandomunwhasa.

Barrett, C.K.

1962 From First Adam to Last. New York: Charles Scribner's.

1973 A Commentary on the Second Epistle to the Corinthians. New York: Harper and Row.

1982 Essays on Paul. Philadelphia, PA: Westminster Press.

Batey, Richard

1972 Jesus and the Poor. New York: Harper and Row.

Beaver, R. Pierce

1961 "The Apostolate of the Church." In The Theology of the Christian Mission. Gerald H. Anderson, ed. Pp. 258-268. New York: McGraw-Hill.

Bergquist, James A.

1986 "'Good News to the Poor'- Why Does This Lucan Motif Appear to Run Dry in the Book of Acts?" Bangalore Theological Forum 28:1-16.

Blauw, Johannes

1962 The Missionary Nature of the Church. London: Lutterworth Press.

Boff, Leonardo

1988 When Theology Listens to the Poor. San Francisco, CA: Harper and Row.

Bosch, David
1980 Witness to the World. Atlanta, GA: John Knox.

1991 Transforming Mission. MaryKnoll, NY: Orbis Books.

Brown, Raymond E.
1977 The Birth of the Messiah: A Commentary on the Infancy Narratives in Matthew and Luke. Garden City, NY: Doubleday.

Brown, Raymond, Karl P. Donfried, Joseph A. Fitzmyer, and John Reumann, eds.
1978 Mary in the New Testament. Philadelphia, PA: Fortress Press.

Bulloch, James
1963 The Life of the Celtic Church. Edinburgh, UK: Saint Andrew Press.

Bury, John B.
1971 The Life of St. Patrick and His Place in History. Freeport, NY: Books for Libraries Press. (Original: 1905)

Cadbury, Henry J.
1958 The Making of Luke-Acts. New York: Macmillan Publishing.

Carey, Samuel Pearce
1924 William Carey. London: Hodder and Stoughton.

Casas, Bartolome de Las
1974 In Defense of the Indians. Stafford Poole, ed. and trans. Dekalb, IL: Northern Illinois University Press.

1992 The Only Way. Francis Patrick Sullivan, trans. Helen Rand Parish, ed. New York: Paulist Press.

Chadwick, Nora K.
1961 The Age of the Saints in the Early Celtic Church. London: Oxford University Press.

Choi, Chan Young
1995 Choi Chan Young Iyagi (The Story of Chan Young Choi). Seoul: Joy Sungyohoe.

Clark, C. A.
1934 "The Missionary Work of the Korean Presbyterian Church." The Korea Mission Field 29(8):169.

Clements, R. E.
1980 Isaiah 1-39. Grand Rapids, MI: William B. Eerdmans.

Colish, Marcia L.
1997 Medival Foundations of the Western Intellectual Tradition 400-1400. New Haven, CT: Yale University Press.

Conzelmann, Hans
1961 The Theology of St. Luke. G. Buswell, trans. New York: Harper.

Crockett, Larrimore Clyde
1966 "The Old Testament in the Gospel of Luke: With Emphasis on the Interpretation of Isaiah 61.1-2." 2 vols. Ph.D. dissertation, Brown University.

Dahl, Nils
1977 Studies in Paul: Theology for the Early Christian Mission. Minneapolis, MN: Augsburg Publishing.

Dales, Douglas
1997 Light to the Isles. Cambridge, UK: The Lutterworth Press.

Dempster, Murray W., Byron D. Klaus, and Douglas Petersen
1999 The Globalization of Pentecostalism: A Religion Made to Travel. Oxford, UK: Regnum Books International.

Denny, James
1903 The Death of Christ: Its Place and Interpretation in the New Testament. London: Hodder and Stoughton.

1918 The Christian Doctrine of Reconciliation. New York: Doran Company.

Dillon, Myles, and Nora K. Chadwick
1967 The Celtic Realms. London: Weidenfeld and Nicolson.

Dupont, Jacques
1979 The Salvation of the Gentiles: Essays on the Acts of the Apostles. New York: Paulist Press.

Fee, Gordon D.
1987 The First Epistle to the Corinthians. Grand Rapids, MI: William B. Eerdmans.

Fitzmyer, Joseph A.
1981-85 The Gospel According to Luke: Introduction, Translation, and Notes. 2 vols. Garden City, NY: Doubleday.

1989 Luke the Theologian: Aspects of His Teaching. New York: Paulist Press.

Friedmann, Robert
1973 The Theology of Anabaptism. Scottdale, PA: Herald Press.

Furnish, Victor Paul
1984   II Corinthians. Garden City, NY: Doubleday.

Garrison, Roman
1993   Redemptive Almsgiving in Early Christianity. Sheffield, UK: JSOT Press.

Gelin, Albert
1964   The Poor of Yahweh. Collegeville, MN: The Liturgical Press.

George, Timothy
1991   Faithful Witness. Birmingham, AL: New Hope.

Global Mission Society
1997   Annual Report to the 82nd General Assembly of the Presbyterian Church in Korea. Seoul: Global Mission Society.

1998   Annual Report to the 83rd General Assembly of the Presbyterian Church in Korea. Seoul: Global Mission Society.

2000   Annual Report to the 85th General Assembly of the Presbyterian Church in Korea. Seoul: Global Mission Society.

2001   Annual Report to the 86th General Assembly of the Presbyterian Church in Korea. Seoul: Global Mission Society.

Gougaud, Louis
1992   Christianity in Celtic Lands. Dublin, Ireland: Four Courts Press.

Green, Miranda J., ed.
1995   The Celtic World. London: Loutledge.

Guinan, Michael D., O.F.M.
1981   Gospel Poverty. New York: Paulist Press.

Gutierrez, Gustabo
1993   Las Casas: In Search of the Poor of Jesus Christ. Robert R. Barr, trans. Maryknoll, NY: Orbis Books.

Haenchen, Ernst
1971   The Acts of the Apostles. Oxford, UK: Basil Blackwell.

Han, Woo Keun
1971   The History of Korea. Kyung-Shik Lee, trans. Graton K. Mintz, ed. Honolulu, HI: East-West Center Press.

Han, Young Je, ed.
1987   Hankuk Kidokkyo Inmul baeknyun (Who's Who in 100 Years of Korean

Christianity). Seoul: The Christian Literature Press.

Hanke, Lewis
1974 All Mankind is One. DeKalb, IL: Northern Illinois University Press.

Hanna, James Arthur
1963 A History of the Celtic Church from Its Conception to 1153. Ann Arbor, MI: Edwards Brothers.

Hanson, R. P. C.
1968 Saint Patrick: His Origins and Career. Oxford, UK: Clarendon Press.

Hengel, Martin
1974 Property and Riches in the Early Church. Philadelphia, PA: Fortress Press.

1981 The Atonement: The Origins of the Doctrine in the New Testament. Philadelphia, PA: Fortress Press.

Hershberger, Guy F., ed.
1957 The Recovery of the Anabaptist Vision. Scottdale, PA: Herald Press.

Himmelman, Donald
1976 "Jesus' Eschatological Concern for Poor Folk: An Exegetical Study of Luke 6:20-21, 24-25." In Vita Laudanda: Essays in Memory of Ulrich S. Leupold. Erich R.W. Schultz, ed. Pp. 73-83. Waterloo, Canada: Wilfred Laurier University Press.

Hodge, Charles
1950 A Commentary on the Epistle to the Ephesians. Grand Rapids, MI: William. B. Eerdmans.

Hooker, Morna Dorothy
1979 Pauline Pieces. London: Eoworth Press.

Hoyt, Thomas, Jr.
1974 "The Poor in Luke-Acts." Ph.D. dissertation, Duke University.

Hubert, Henri
1966 The Rise of the Celts. New York: Biblo and Tannen.

Jeremias, Joachim
1963 The Parable of Jesus. New York: Charles Scribner's.

1969 Jerusalem in the Time of Jesus. Philadelphia, PA: Fortress Press.

Jervell, Jacob
1972 Luke and the People of God: A New Look at Luke-Acts. Minneapolis, MN: Augsburg Publishing.

Johnson, L. T.

1977   The Literary Function of Possessions in Luke-Acts. Missoula, MT: Scholars Press.

Judge, Edwin A.

1966   "The Conflict of Educational Aims in New Testament Thought." Journal of Christian Education 9:32-45.

1968   "Paul's Boasting in Relation to Contemporary Professional Practice." Australian Biblical Review 16:37-50.

Kenney, James F.

1993   The Sources for the Early History of Ireland: Ecclesiastical. Dublin, Ireland: Four Courts Press.

Kim, Dae In

1995   Sumgyojin Hangookkyohoesa (The Hidden Korean Church History). Seoul: Handol.

Kim, Yung Jae

1996   Hanguk Kyohoesa (Korean ChurchHistory). Seoul: The Korea Society for Reformed Faith and Action.

Kingsbury, Jack Dean

1991   Conflicts in Luke: Jesus, Authorities, Disciples. Minneapolis, MN: Fortress Press.

Kirk, J. Andrew

1999   What is Mission? London: Darton, Longman and Todd.

Korea Mission Field, The

1923   "Foreign Mission Work of the Korean Presbyterian Church." 18(4):69-71.

Kraemer, Hendrik

1958   A Theology of the Laity. Philadelphia, PA: Westminster Press.

Kuitse, Roelf S.

1993   "Holy Spirit: Source of Messianic Mission" In The Transfiguration of Mission. Wilber R. Shenk, ed. Pp. 106-129. Scottdale, PA: Herald Press.

Leatham, Diana

1951   Celtic Sunrise. London: Hodder and Stoughton.

Lee, Dorothy A.

1996   "Women as Sinners: Three Narratives of Salvation in Luke and John." Australian Biblical Review 44:1-15.

Lee, Tae Woong
1994 Hanguk SonKyoeui Ironkwa Shilje (The Theory and Practice of Korean Mission). Seoul: GMF Press.

Lenski, R. C. H.
1946 The Interpretation of St. Paul's First and Second Epistle to the Corinthians. Columbus, OH: Wartburg Press.

Lightfoot, Joseph Barber
1897 Saint Paul's Epistles to the Colossians and to Philemon. New York: Macmillan Publishing.

Loewen, Jacob A.
1975 Culture and Human Value: Christian Intervention in Anthropological Perspective. Pasadena, CA: William Carey Library.

Lund, Nils Wilhelm
1942 Chiasmus in the New Testament. Chapel Hill, NC: University of North Carolina Press.

Malina, Bruce J.
1993 The New Testament World. Revised edition. Louisville, KY: Westminster/ John Knox Press.

Malina, Bruce J., and Jerome H. Neyrey
1991 "Honor and Shame in Luke-Acts." In The Social World of Luke-Acts. Jerome H. Neyrey, ed. Pp. 25-66. Peabody, MA: Hendrickson Publishers.

Marshall, Alfred, trans.
1976 The New International Version Interlinear Greek-English New Testament. Grand Rapids, MI: Regency Reference Library.

Marshall, I. Howard
1978 The Gospel of Luke: A Commentary on the Greek Text. Grand Rapids, MI: William B. Eerdmans.

Marshall, Peter
1987 Enmity in Corinth: Social Conventions in Paul's Relations with the Corinthians. Tübingen, Germany: J.C.B. Mohr.

Marshman, John Clark
1859 The Life and Times of Carey, Marshman, and Ward. 2 vols. London: Longman, Brown, Green, Longmans, and Roberts.

Martin, David
1990 Tongues of Fire. Oxford, UK: Blackwell.

Martin, Ralph P.

1981   Reconciliation: A Study of Paul's Theology. Atlanta, GA: John Knox.

1986   2 Corinthians. Waco, TX: Word Books.

McGavran, Donald A.

1990   Understanding Church Growth. Grand Rapids, MI: William B. Eerdmans.

McNeill, John T.

1974   The Celtic Churches: A History A.D. 200 to 1200. Chicago, IL: The University of Chicago Press.

Min, Kyung Bae

1996   Hanguk Kidokkyohoesa (Korean Christian Church History). Seoul: Yonsei University Press.

Moltman, Jurgen

1974   The Crucified God. New York: Harper and Row.

Newbigin, Lesslie

1958   One Body, One Gospel, One World. New York: International Missionary Council.

1989   The Gospel in a Plural Society. Grand Rapids, MI: William B. Eerdmans.

1995   The Open Secret. Revised edition. Grand Rapids, MI: William B. Eerdmans.

Nichol, John Thomas

1966   Pentecostalism. New York: Harper and Row.

Nicols, David Reid

1992   The Strength of Weakness, the wisdom of Foolishness: a Theological Study of Paul's Theologica Crucis. Ann Arbor, MI: UMI.

O'Neill, J. C.

1961   The Theology of Acts in Its Historical Setting. London: SPCK.

Paik, L. George

1987   The History of Protestant Missions in Korea 1832-1910. Seoul: Yonsei University Press.

Park, Jong Koo

1994   Segyesongyo, Geu Dojongwa Galdeung (World Mission, Its Challenge and Conflict). Seoul: Shin-Mang-Ai Press.

Park, Timothy Kiho

1999   "The Ministry Condition and Role of the Korean Missionaries in the Mission

Fields." In Hangook Songyoeui Bansonggwa Junbi. Jong Pyo Im, ed. Pp. 19-42. Seoul: Nurikom.

2002 Personal interview with author. Pasadena, CA, May 7.

Pickett, Raymond
1997 The Cross in Corinth: The Social Significance of the Death of Jesus. Sheffield, UK: Sheffield Academic Press.

Pierson, Paul E.
1997 "Historical Development of the Christian Movement," MH520, class syllabus. Pasadena, CA: Fuller Theological Seminary, School of World Mission.

Pilgrim, Walter E.
1981 Good News to the Poor: Wealth and Poverty in Luke-Acts. Minneapolis, MN: Augsburg Publishing.

1986 "History and Mission." In Bible and Mission. Wayne Stumme, ed. Pp. 31-46. Minneapolis, MN: Augsburg Publishing.

Pixley, George V., and Clodovis Boff
1989 The Bible, the Church and the Poor. Paul Burns, trans. Maryknoll, NY: Orbis Books.

Rhodes, Harry A., ed.
1984 History of the Korean Mission: Presbyterian Church U. S. A., 1884-1934. Vol. 1. Seoul: The Presbyterian Church of Korea Department of Education.

Ridderbos, Herman
1975 Paul: An Outline of His Theology. Grand Rapids, MI: William B. Eerdmans.

Sanders, Jack T.
1985 "The Pharisees in Luke-Acts." In The Living Text. Dennis E. Groh and Robert Jewett, eds. Pp. 141-188. New York: Unversity Press of America.

1987 The Jews in Luke-Acts. Philadelphia, PA: Fortress Press.

Sanders, James A.
1974 "The Ethic of Election in Luke's Great Banquet Parable." In Essays in Old Testament Ethic. Pp. 247-271. New York: Ktav Publishing House.

1992 "Sins, Debts and Jubilee Release." In Text as Pretext. Robert P. Carroll, ed. Pp. 273-281. Sheffield, UK: JSOT Press.

Savage, Timothy B.
1996 Power through Weakness: Paul's Understanding of the Christian Ministry in 2 Corinthians. Cambridge, UK: Cambridge University Press.

Seccombe, David Peter

1982   Possessions and the Poor in Luke-Acts. Linz, Austria: Studien zum Neuen Testament und seiner Umwelt.

Seim, Turid Karlsen

1994   The Double Message: Patterns of Gender in Luke-Acts. Nashville, TN: Abingdon Press.

Smith, George

1909   The Life of William Carey: Shoemaker and Missionary. London: J. M. Dent.

Son, Bong Ho

1995   "Some Dangers of Rapid Church Growth." In Korean ChurchGrowth Explosion. Bong Rin Ro and Marlin L. Nelson, eds. Pp. 256-273. Seoul: Word of Life Press.

Strong, Douglas M.

1997   They Walked in the Spirit. Louisville, KY: Westminster/John Knox.

Tannehill, Robert C.

1972   "The Mission of Jesus according to Luke 4:16-30." In Jesus in Nazareth. Erich Grasser, August Strobel, Robert C. Tannhill and Walther Eltester, eds. Pp. 51-75.

Berlin: Walter de Gruyter.

1986-90 The Narrative Unity of Luke-Acts: A Literary Interpretation. 2 vols. Minneapolis, MN: Fortess Press.

Taylor, Vincent

1952   Forgiveness and Reconciliation: A Study in New Testament Theology. London: Macmillan Publishing.

Thrall, Margaret Eleanor

1965   The First and Second Letters of Paul to the Corinthians. Cambridge, UK: The University Press.

Tyson, Joseph B.

1992   Images of Judaism in Luke-Acts. Columbia, SC: University of South Carolina.

Van Engen, Charles E.

1998a "The Holy Spirit and Mission in Luke-Acts." MT523, class syllabus. Pasadena, CA: Fuller Theological Seminary, School of World Mission.

1998b "Theology of Church Growth." MC 530, class syllabus. Pasadena, CA: Fuller Theological Seminary, School of World Mission.

Verkuyl, Johannes
1987 Contemporary Missiology: An Introduction. Grand Rapids, MI: William B. Eerdmans.

Wagner, Ellasue
1938 "Through the Hermit's Gate with Suh Sang Yun." The Korea Mission Field 33(5):93-96.

Webster's New Collegiate Dictionary
1981 Springfield, MA: G. & C. Merriam Company.

Wright, Addison G.
1982 "The Widow's Mites: Praise or Lament? A Matter of Context." The Catholic Biblical Quarterly 44:256-265.

Yoder, John Howard
1961 As You Go: The Old Mission in a New Day. Scottdale, PA: Herald Press.

1994 The Politics of Jesus. 2nd edition. Grand Rapids, MI: William Eerdmans.

1997 For the Nations. Grand Rapids, MI: William B. Eerdmans.

1998 The Royal Priesthood. Michael C. Cartwright, ed. Scottdale, PA: Herald Press.

York, John O.
1991 The Last Shall Be First; The Rhetoric of Reversal in Luke. Sheffield, UK: JSOT Press.

1 누가복음 4장 18, 19절은 구약 중에서도 특히 이사야서를 인용한 것이다. 특히 예수님의 사명에 관한 표현은 누가복음 전체를 뒷받침하는 핵심 개념이다. 4장 18, 19절에서의 '가난한 자'를 통해 이 이슈에 관한 구약 부분을 이해하는 것이 바람직하다고 생각한다.

2 히브리어 구약의 가장 영향력 있는 헬라어 버전.

3 이 부분에서 Gelin(1964)을 함께 참고했다.

4 예수의 탄생을 이해하기 위해 참고한 문헌들 : Brown(1977), Brown, Donfried, Fitzmyer, Reumann(1978), Fitzmyer(1989)

5 J. T. Sanders(1985)를 참고했다.

6 이 부분에서 다음과 같이 참고했다: Johnson (1977), Garrison (1993), Hengel (1974), Pixley and C. Boff (1989), Hoyt (1974), L. Boff, (1988) and Seccombe (1982).

7 이 이야기의 제목을 New International Version에서 인용했다.

8 이 부분 또한 J. A. Sanders(1992)를 참고했다.

9 이를 위해 Malina(1993)를 참고했다.

10 이 부분 또한 J. A. Sanders(1974)를 참고했다.

11 이 부분을 위해 Jeremias(1969)를 참고했다.

12 이 부분을 위해 Conzelmann(1961)을 참고했다.

13 여기서부터 몇몇 헬라어 용어들을 음역하여 사용할 것이다.

14 사도행전의 구조적 틀을 위해 Ernst Haenchen을 참고했다.

15 나는 이것에 대해 Jervell(1972)과 Tyson(1992)를 참고했다.

16   이것을 위해, 나는 Pilgrim을 참고했다.

17   이것을 위해, 나는 다음을 참고했다. Assaad(1986), Adams(1988), Balch(1995)

18   이를 위해 나는 또한 Pickett(1979)을 참고했다.

19   나는 이 장에서 고린도전서의 구조적 특색을 위해 Gordon D. Fee(1987)를 참고했다.

20   나는 이를 위해 Barrett(1982)을 참고했다.

21   P. Marshall(1987:182-218, 특별히 194)에 따르면, 바울은 고린도교회의 거만한 반대자들에 의해 부끄러움을 당해야 했다. 이를 위해 나는 또한 Barrett(1982)을 참고했다.

22   이 부분을 위해 또한 Nicols(1992)와 Pickett(1997)을 참고했다.

23   이 부분을 위해 Hengel(1918), Denny(1918), Ridderbos(1975)를 참고했다.

24   A. Marshll(1976:762-763)에 기초해서 번역했다.

25   보쉬는 켈트교회와 로마가톨릭(English Counterpart) 수도원 운동 사이에서 일어난 일단의 중요한 문제들을 상세하게 다루지 않았다. 여기서 한 가지 언급할 것은 아우구스티누스가 강함의 자리로부터 수도원 운동과 만났고, 그래서 켈트 수도원 운동은 로마가톨릭으로 흡수되었으며, 생명력 넘치던 켈트교회 운동은 약화되기 시작했다는 것이다. 자세한 내용은 4장에 있다.

26   스페인 정부는 스페인 사람들이 이교도 인디언들을 기독교인으로 개종시킨다는 조건하에 스페인 기독교인인 식민주의자들에게 일정한 수의 이교도 인디언들을 자유롭게 부릴 수 있도록 권한을 부여했다.

27   나는 3장에서 이 이슈를 다루었다.

28   Johannes Blauw(1962:109-119)를 보라.

29   평신도의 사도직(the apostolate of the laity)의 개념을 위해 Hendrik
     Kraemer(1958)를 참고할 것.

30   이 책의 모체가 논문이었으며, 논문 연구 성격상 할 수 없이 한국교회
     중 장로교 교단만 언급하게 되었음을 알린다.

31   장로교회 고신측은 한국 장로교 교파들 중 하나다.

32   선교에 대해 순수하거나 불순한 동기의 목록에 관해 Johannes
     Verkuyl(1987:163-175)을 보라.

33   장로교회 합동 측은 장로교단 중의 하나다. 최초의 장로교회는 1959
     년 중요한 분열을 맞게 되는데 합동 측은 이때 생겨났다.

후기

2002년 여름, 논문이 어느 정도 윤곽을 갖추어 가던 무렵, 박사과정 학생들이 모두 참여해야 하는 세미나에 등록해야 했다. 이 세미나에서 학생들은 각자 발표를 해야 했으며, 정식 등록을 위해서는 전 학기까지 밀린 등록금과 학교 숙소의 월세를 모두 납부해야 했다. 당시 나는 재정적으로 극심한 압박 속에 있었고, 그로 인해 상당 기간 월세를 내지 못하고 있었다.

기도 외에는 다른 방법이 없다고 여겨 이 문제를 하나님 앞에 간절히 매달렸다. 그러나 부담은 거기서 그치지 않았다. 세미나에서는 모든 학생과 지도교수 앞에서 한 시간 반 분량의 발표를 두 차례 해야 했다. 학문적 깊이와 영어 발표 모두에서 허술함이 드러나지 않도록 준비해야 한다는 부담이 컸다. 여러 나라에서 온 교회 지도자들과 영어를 모국어로 하는 미국 학생들이 다수 참여하고 있었기에, 발표 준비는 긴장이자 기도의 제목이 될 수밖에 없었다.

오랫동안 연구해 온 이 논문의 주제가 결코 가볍지 않으며 심오한 학문적 의미를 담고 있다고 여겼다. 그러나 그것을 발표

해야 하는 자신은 여전히 부족하게 느껴졌다. 이 문제 또한 주님께 반복해서 아뢸 수밖에 없었다.

세미나 당일, 필요한 돈은 여전히 마련되지 않은 상태였다. 차례가 되어 '약함으로부터의 선교'를 발표하기 시작하였다. 긴장한 탓에 청중의 표정을 살필 여유도 없이, 준비한 흐름을 따라 말을 이어 갔다. 쉬는 시간이 되었을 때, 함께 참석한 한인 선교사가 조용히 다가와 말했다.

"지금 학생들이 울고 있어요."

곧이어 지도교수인 윌버트 쉥크 박사의 평가 시간이 이어졌다. 내내 말없이 앉아 있던 그는 천천히 자리에서 일어나 연단에 섰다. 그리고 짧지만 또렷하게 말했다.

"We are standing on holy ground(우리가 지금 거룩한 땅 위에 서 있습니다)."

그 말은 오래 남았다. 그 자리에서 나는 잠잠해질 수밖에 없었다. 이 일을 계기로 쉥크 박사와 가까워졌고, 그분이 2021년 소천하실 때까지 깊은 사제의 관계를 이어 갈 수 있었다. 풀러신학교에서 선교학을 배우고, 훗날 이를 가르치게 된 여정은 생애의 중요한 전환점이 되었다.

2007년, 논문은 일부 수정을 거쳐 쉥크 박사의 추천으로 피터 랭 출판사에 제출되었고, 'American University Studies' 시리즈의 한 권으로 출판되었다.

논문 지도교수였던 찰스 밴 엥겐 박사는 이 소식을 듣고 갑자기 손을 들며 외쳤다.

"글로리, 할렐루야!"

어린아이같이 기뻐하는 지도교수의 뜻밖의 외침 앞에서 잠시 말없이 서 있었다.

이 모든 일은 주님의 은혜였다. 그분의 이름만이 높임을 받으시기를 바라며, 이 글을 맺는다.

윌버트 쉥크 박사와 함께